GW01403187

CC Enfield Libraries 05/24

91200000732907

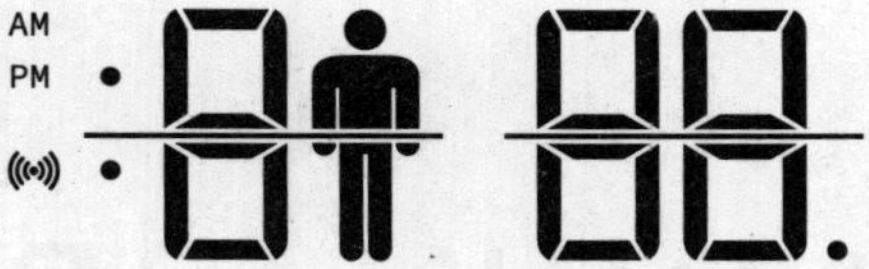
AM
PM

MIKE MICHALOWICZ

CLOCKWORK

М А Й К   М І Х А Л О В І Ц

ТОЧНИЙ ЯК ГОДИННИК

ОПТИМІЗУЙТЕ СВІЙ БІЗНЕС, ЩОБ КЕРУВАТИ СОБОЮ

Харків

Vivat
видавництво

2022

УДК 005.32
М60

Серія «Бізнес»

This edition published by arrangement with *Portfolio*,
an imprint of *Penguin Publishing Group*,
a division of *Penguin Random House LLC*

Перекладено за виданням:
Michalowicz M. Clockwork / Mike Michalowicz. — New York :
Portfolio/Penguin, 2018. — 272 p.

Переклад з англійської *Богдани Синякевич*

Дизайнер обкладинки *Аліна Бєлякова*

Міхаловіц М.

М60 Точний, як годинник. Оптимізуйте свій бізнес, щоб керувати собою / Майк Міхаловіц ; пер. з англ. Б. Синякевич. — Х. : Віват, 2022. — 272 с. — (Серія «Бізнес», ISBN 978-966-942-862-2).

ISBN 978-966-982-333-5 (укр.)
ISBN 978-0-525-53401-3 (англ.)

Прагнете ефективніше розвивати власний бізнес? Отримувати більший прибуток, витрачаючи на роботу менше часу? Не боятися, що без вашої постійної присутності усе просто розвалиться? Мегакрутий підприємець та стартапер Майк Міхаловіц переконує: обов'язки можна і треба делегувати, а бізнес — оптимізувати, зробивши всі процеси точними, як годинник. Низка потужних стратегій допоможе переформатувати керування бізнесом у максимально автономний режим — без щоденної роботи до ночі, безкінечної комунікації з клієнтами та гори дедлайнів.

LONDON BOROUGH
OF ENFIELD
91200000732907 84719
BOOKS ASIA 14/05/2024
UKR 158.1 £21.24
ENORDN

ISBN 978-966-942-862-2 (серія)
ISBN 978-966-982-333-5 (укр.)
ISBN 978-0-525-53401-3 (англ.)

© Mike Michalowicz, 2018
© ТОВ «Видавництво "Віват"», видання українською мовою, 2022

Присвячую Джейку Міхаловіцу. Як справи, бро?

ВСТУП

На годиннику — 2:00, я пишу вам у відчаї.

Так починався лист від підприємиці Селести[1], яка звернулася до мене по допомогу. Упродовж останніх восьми років я отримав безліч електронних листів від читачів, а також від тих, хто почув заклик моїх книжок, промов, статей, відео й подкастів: викорінити бідність із власного бізнесу. Я відповів на всі листи, але зберіг лише кілька. Лист Селести спонукав мене взятися до написання цієї книжки.

У листі писалося:

Я — власниця дошкільного закладу. Ми не заробляємо ані копійки. Я не одержувала зарплатні, відколи ми заснували наш заклад. Хіба що дедалі більше заборговую. А сьогодні вночі я просто зламалася. Не лише фінансово, а й морально. Гадаю, передчасно піти з життя — найкращий вихід з цієї ситуації.

Серце завмерло. Я був стурбований, навіть не так — наляканий тим, що може статися з Селестою. Я побачив, яка вона вразлива.

Будь ласка, зрозумійте, я не надсилаю Вам передсмертної записки і не збираюсь вчиняти таку дурість зараз,

---

[1] Ім'я змінено. (*Тут і далі прим. авт., якщо не зазначено інше.*)

бо це тільки завдасть болю моїй сім'ї. Була б я самотня, давно б уже не було мене на цьому світі. Розумієте, у мене двостороннє запалення легень. Я не маю коштів найняти прибиральницю, тож останні чотири години відшкрябувала підлогу і відчищала стіни. Я втомлена, заплакана і зупинилася тільки тому, що втомилася плакати. Мені треба виспатися. Я хвора, а всі ці турботи заважають спокійно спати. Єдине, що я ще можу віддати своєму бізнесу, — це час, але його також майже вичерпано.

Моє серце краялося від історії Селести. Я підприємець і пережив схожі ситуації кілька разів у житті. Та й тих, хто опинявся за межею і відчайдушно шукав порятунку, — не злічити.

Останні рядки того листа я запам'ятаю на все життя:

Що сталося з моєю мрією? Я у пастці. Виснажена. Не можу працювати ще більше. Або можу. Можливо, моя робота — повільне самогубство, про яке я думаю.

Що сталося з моєю мрією? Ви коли-небудь ставили собі таке запитання? Я — так. І згадав про це, щойно прочитав листа. Ми працюємо, працюємо, працюємо, працюємо — і навіть не помічаємо, що бізнес-ідея, якою ми колись гордо ділилися з друзями, план, який розписували на дошці, бачення проєкту, яке передавали першим працівникам, — усе стає блідим спогадом про недосяжну мету.

Зазвичай я прошу дозволу поділитися листом, але не знаю, як зв'язатися із Селестою, тож, сподіваюся, вона прочитає ці рядки й відпише мені. Я писав їй безліч разів, проте так і не отримав відповіді, тож мені не пощастило зв'язатися з нею. Навіть зараз я думаю про неї та ділюся її історією як застереженням.

Селесто, якщо ви зараз читаєте ці рядки, надішліть мені листа ще раз. Я вам допоможу. Якщо ж ви не хочете продовжувати листування, просто знайте: не ви ведете власний бізнес у прірву, а ваші системи. Усе можна виправити.

Можливо, ви, шановний читачу, опинилися в аналогічній ситуації або (сподіваюся) у вас не так усе погано, проте ви намагаєтеся триматися на плаву, тиждень за тижнем крутячи колеса власного бізнесу.

У будь-якому разі, ви, імовірно, ще не відчули, що можете розслабитися чи вкладати *менше* часу та зусиль у власний бізнес. Чому?

Більшість підприємців, яких я знаю, роблять практично все. Навіть якщо надходить допомога, ми витрачаємо стільки ж часу, коли не більше, пояснюючи працівникам, *як* і що робити. А ми про це не повинні турбуватися взагалі. Ми працюємо понаднормово. Засиджуємося допізна. Працюємо ще більше — на вихідних, на свята. Ми не виконуємо зобов'язань перед сім'єю і пропускаємо посиденьки з друзями. Викладаємось іще більше, аніж раніше. Поспішаємо, женемо, нехтуємо здоровим сном.

Іронія в тому, що, навіть коли бізнес процвітає, ми однаково виснажені. Ми працюємо ще наполегливіше, якщо все добре, бо «хтозна, скільки це триватиме?». А можливості розвитку, за які потрібно хапатися, стратегічне мислення (таке важливе для стрімкого зростання), усе, що ми *любимо* робити, день у день відкладається, й наші ідеї згодом зникають у морі паперів та списків завдань і не мають шансів бути знайденими.

Ми гаруємо. Усі ми гаруємо. «Працюй іще більше!» — мантра як успішного, так і провального бізнесу. Працюй більше — мантра кожного підприємця, власника бізнесу, першокласного працівника чи просто людини, яка намагається втриматися на плаву. Хибне відчуття гордості за те, що працюєш довше, швидше чи важче, аніж інші, — проблема нашої індустрії. Замість пробігти марафон ми намагаємося виграти десять спринтів. Якщо нічого не змінити, такий стиль життя неминуче призведе до зриву. І до двостороннього запалення легень на додачу.

Можливо, вам це знайомо. Якщо так, хочу, щоб ви знали: ви такі не самі. Ви не єдиний підприємець, який вважає, що потрібно працювати більше. Виснажений і не впевнений, що зможе довго витримати такий темп роботи. Ви — не єдиний підприємець, який не може зрозуміти, чому всі поліпшення не вплинули на фінальний результат, не забезпечили більшої кількості клієнтів, не допомогли втримати працівників або ж просто не подарували хоч трішки більше дорогоцінного часу. Ви — не єдина людина, яка взяла до рук цю книжку, бо зрозуміла, що застрягла, що потребує відповідей і... сну. Як сказано у статті на сайті 20SomethingFinance.com, Сполучені Штати Америки — «розвинута нація, яка перепрацьовує найбільше у світі» (G. E. Miller, 2 січня 2018 року). Іронія в тому, що американці тепер на 400 % продуктивніші, ніж у 1950 році. Проте як наймані робітники ми працюємо більше і відпочиваємо менше, аніж службовці в інших країнах. Графік роботи підприємців чи власників бізнесу ще щільніший. А відпустка? Її в нас немає.

Почавши писати цю книжку, я поставив собі ключове запитання: чи може мій бізнес досягти запланованого розмаху, рівня прибутків та впливу, проте за однієї умови — щоб я не виконував усю роботу або не працював узагалі? Процес пошуку відповіді забрав у мене пів десятиліття. Я зробив це для себе, власників бізнесу та підприємців, яким допомагаю. *Для вас*.

Якщо ви не читали моїх попередніх книжок або не чули виступів, знайте: моя місія у житті — *викорінити підприємницьку бідність*. Я зобов'язуюся ніколи більше не допускати, щоб підприємці відчували нестачу: грошей, часу, життя. У своїй книжці «Прибуток понад усе»[1] я намагався побороти монстра, який доводив до відчаю більшість підприємців, — нестачу грошей. У цій книжці я допоможу вам подолати ще більшого монстра — брак часу. Ви знайдете справжні, дієві стратегії для налагодження ефективного бізнесу, якими користуюся не тільки я, а й багато інших підприємців та власників бізнесу.

Збільшити кількість годин у добі — не головне завдання, адже це жорсткий підхід до бізнес-операцій і, навіть якщо вдасться викроїти трішки часу, згодом ви однаково заповните його роботою. Наша мета — організаційна ефективність. Із цієї книжки ви дізнаєтеся, як просто, але дієво змінити власне мислення та щоденні дії, щоб автоматизувати бізнес. Я маю на увазі передбачувані результати, мій перетруджений друже! Я про справжній та стабільний розвиток, про успішну корпоративну культуру, про свободу робити те, що вдається найкраще і що *подобається* робити. А це, друже, єдиний спосіб побудувати справді успішний бізнес — звільнити час для роботи, яку справді вмієш і любиш виконувати.

---

[1] Вийшла в українському перекладі у видавництві «Vivat», 2018 р. (*Прим. пер.*)

Ми також звільнимо вас від важкої рутинної праці. Ми скоротимо непотрібні витрати вашого часу, тіла, розуму і... банківського рахунку.

Так, полегшити бізнес — можливо. Так, повернути ваш оптимізм на етапі зародження компанії — можливо. Так, розширити бізнес, не перепрацьовуючи й не відмовляючись від щастя, — можливо.

Усе, що потрібно, — припинити робити все підряд. Треба налаштувати бізнес так, щоб він працював без вас. Я маю на увазі, що ваш бізнес може працювати, як злагоджений механізм, котрим керує ефективна команда, що поділяє ваші цілі та цінності. Працювати чітко, як годинник.

Процес, описаний у цій книжці, — сміховинно простий. Ви не знайдете тут обхідних шляхів, фокусів чи банальних порад. Натомість зрозумієте, як виконувати найважливішу роботу й уникати непотрібної, а також бачити різницю між ними. (Так, я позичив уривок з молитви про смирення. У вас, перепрацьованих, може скластися враження, що безтурботність — недосяжна мета. Чорт забирай, зараз ви, певне, киваєте на знак згоди. Але дотримання описаних у цій книжці семи кроків допоможе вам знову стати безтурботним, приятелю!)

Життя — це про вплив, а не про години. На смертному одрі я питатиму себе: чи виконав свою місію в житті, чи відбулося моє становлення як особистості, чи справді служив іншим, чи глибоко та постійно виявляв любов до родини та друзів. Можу сміливо припустити, що ви цікавитиметеся саме цим.

Саме час приєднатися до «Клубу точного годинника». А якщо серйозно, розправте плечі та долучайтеся до нас, для початку — до нашого вебсайту: Clockwork.life[1], а згодом — десь на пляжі. Час повернутися до того, що любите, — у житті, роботі, бізнесі. Час легко та із задоволенням застосувати стратегії. Час збалансувати власне життя. Ця книжка допоможе. Моя щира вам обіцянка.

---

[1] Щоб вам було простіше отримати всі безкоштовні ресурси, я створив сайт під назвою Clockwork.life. Усе, що вам потрібно, зокрема короткий посібник з використання, можна знайти на цьому сайті. Крім того, якщо ви хочете отримати професійну допомогу від незалежного консультанта, якого можна задіяти у власному бізнесі, у мене є невелика компанія, яка робить це на RunLikeClockwork.com. Зауважте, що Clockwork.life — не.com, a.life, тому що Clockwork Club — це спосіб життя. І RunLikeClockwork.com — це.com, оскільки наша компанія обслуговуватиме вашу компанію.

РОЗДІЛ 1

ЧОМУ ВАШ БІЗНЕС (ДОСІ) СТОЇТЬ

Як і більшість людей, народжених та вихованих у південних штатах, щоліта ми з дружиною збираємо дітей та їдемо до моєї сестри та її родини в гості на тиждень, щоб повеселитися на пляжах Нью-Джерсі. Ще кілька років тому наша поїздка на літніх канікулах мала вигляд приблизно такий: удень усі засмагали на пляжі, тоді, близько четвертої години, грали в ігри аж до заходу сонця, а десь о сьомій лягали спати.

Я рідко встигав на ці ігри і майже не бував на пляжі. Я працював. Постійно. Коли не завершував проєкт чи не проводив наради, намагався викроїти «кілька хвилин», щоб перевірити пошту. А коли нарешті приєднувався до всіх, думками залишався на роботі. Відтак постійно стресував і нервував родину.

Щороку я намагався покласти край цій звичці «роботопустки». У мене був такий самий план: виконати всю роботу наперед, щоб «*от уже цього разу*» насолоджуватися відпусткою і бути із сім'єю не тільки тілом, а й душею. А тоді, думав я, повернуся з відпустки, усю роботу буде виконано або майже виконано і я швидко відновлю звичний режим. Але цей план ніколи не спрацьовував. Усе ставалося зовсім не так, як я планував.

Останнього разу, коли я намагався довести, що справді можу здійснити план відпочинку, усе пішло шкереберть. Якраз пополудні у день нашого від'їзду в мого клієнта виникла проблема. Зараз я навіть не пригадаю, що ж там сталося, але тоді здавалося, що це важливо, тож я засидівся у пошуку розв'язання цієї проблеми до пізньої ночі. Я працював дуже довго, щоб закінчити роботу, перш ніж у клієнта виникне справжня криза.

Уже майже світало, коли я нарешті повернувся додому з роботи. Я спав три години, а тоді вирушив до Лонґ-Біч (якщо ви не з Нью-Джерсі, то, до вашого відома, Лонґ-Біч — справжнісінька берегова лінія, а не якась там вечірка). Перш ніж піти на пляж, я вирішив перевірити поштову скриньку, щоб «переконатися, що все гаразд». Аж ні. Тому решту дня я провів, телефонуючи комусь і надсилаючи листи. І навіть наступного дня, коли я нарешті потрапив на пляж, мене обсідали думки про роботу, а тіло благало про сон. Знову ж таки, я ніби був десь в іншому місці. Відпустка моєї родини також була зіпсована, тому що моє напруження поширювалося, як сигаретний дим у барі. Одна людина справді може зіпсувати повітря і веселу атмосферу.

Дружину добряче рознервували ці «роботонікули», тож якось пополудні вона випхала мене прогулятися пляжем і забрала мій телефон. Я дивився на будиночки біля пляжу і думав: «Але ж людям, які відпочивають у цих величезних особняках, якось удалося вирватися у справжню відпустку». Вони фінансово незалежні. Вони можуть взяти відпустку і не перейматися через роботу. Вони можуть насолоджуватися моментом, а потім повернутися до власного бізнесу, який і далі зростатиме та даватиме прибуток». Ось чого я прагнув.

Та варто було придивитися ближче, і виявилося, що всі ці люди сиділи на своїх верандах, несамовито бігаючи пальцями по клавіатурі ноутбуків. Я побачив людей, які сиділи на пляжі, тримаючи ноутбуки на колінах і хвилюючись, що піщинки потраплять на клавіатуру, поки вони намагатимуться повернути екран від сонця. Люди, що, як я собі думав, устигали все, насправді нічим не відрізнялися від мене. Усі вони працювали під час відпустки. *Що, в біса, коїться?*

На той час я запустив, а тоді продав один багатомільйонний бізнес приватній особі, а ще один — компанії «Fortune 500», написав дві книжки про бізнес, витратив значну частину року на розмови з тисячами підприємців про те, як швидко та органічно розвинути власну компанію. Складається враження, наче моє життя — казка, еге ж? Ви, певне, подумали, що відтоді я почав дотримуватися плану: відпочивати на відпочинку. Але постійний стрес через роботу під час іще однієї відпустки довів, що це не так. Геть не так.

Було очевидно: я точно не сам. І ви теж.

РІШЕННЯ — ЦЕ НАСПРАВДІ НЕ РІШЕННЯ

Я думав, що вилікувати трудоголізм можна більшою продуктивністю. Якщо я в рази швидше виконуватиму більші обсяги роботи, то знайду додатковий час для сім'ї, здоров'я, розваг та *справ, які я люблю*. У мене буде робота для душі.

Та я помилявся. На шляху до збільшення продуктивності я спробував усе: додатки Focus, методи Pomodoro[1], колективну роботу. Починати день о 4-й ранку. Закінчувати день о 4-й ранку. Записи на жовтих стікерах. Нотатки на телефоні. Переліки з п'яти пунктів. Списки всього. Знову записи на жовтих стікерах. Метод «не перерви ланцюжок» швидко перетворився на метод «прив'яжи себе ланцюгом до робочого місця». Байдуже, які методи чи техніки я спробував, наскільки продуктивним став, я й досі лягав у ліжко пізніше, ніж мав би, і прокидався раніше, ніж міг би, — ще й зі списком справ, який, здавалося, за ніч казковим чином збільшувався. Можливо, якусь роботу я виконував швидше, але точно не працював менше, якщо й не більше. Можливо, у багатьох маленьких проєктах я прогресував, але ще більше нових проєктів заповнювали простір навколо. Це був повний провал.

Якщо ви не спробували хоча б деякі з цих стратегій продуктивності, що їх я перевіряв на собі, наче неефективні дієти, то впевнений: у вас просто є ще один список. Уся індустрія побудована на бажанні робити більше і швидше. Подкасти, статті, книжки, групи і тренери, челенджі з продуктивності, календарі, журнали і програмне забезпечення. Ми просто з відчаю купуємо за чиєюсь рекомендацією дедалі більше продуктивних порад. Відчайдушно намагаємося збільшити компанію, працюючи швидше і більше, стараючись налагодити роботу і не з'їхати з глузду. Деякі експерти з продуктивності пропонують гру «часовий злам». Досліджуючи матеріали під

---

[1] Метод Помодоро — це метод керування часом, розроблений наприкінці 1980-х років (за допомогою таймера робота розбивається на 25-хвилинні інтервали з короткими перервами). (*Прим. пер.*)

час підготовки до написання цієї книжки, я познайомився з колишнім *maven*[1] продуктивності Крісом Вінфілдом. Він саме завершив один зі своїх відомих курсів з ефективності, де навчав приблизно двадцятьох бізнес-лідерів та професіоналів виконувати більші обсяги роботи у стислі терміни.

Ми зустрілися за горнятком кави у Нью-Йорку біля Лінкольн-центру, щоб він пояснив мені, що справді потрібно, щоб стати продуктивним. Я був готовий дізнатися секрет продуктивності, який мав звільнити мене від стресового життя. Я приїхав на сорок п'ять хвилин раніше. Просто не міг дочекатися розголошення секрету.

Кріс приїхав вчасно — цілком типово для експерта з продуктивності.

Коли ми обмінялися традиційними коментарями «тут справді смачна кава», Кріс подивився мені просто в очі:

— Продуктивність — лайно.

— Щоооо?! — вигукнув я, ледь не вихлюпнувши на себе горнятко запашної кави «Fazenda Santa». Я можу стати кавовим снобом (чи, як люблю казати, «зернолюбом»), якщо доводиться десь згаяти сорок п'ять хвилин перед зустріччю.

— Лайно, брате. Я роками навчав людей продуктивності, усі вони, і я теж, тепер працюють іще більше.

— Не розумію. Чому? — здивувався я.

— Тому що продуктивність заповнює все навколо. Продуктивність дає змогу тобі виконувати швидшими темпами більші обсяги роботи. І ключове слово тут — *ти*. *Ти*

---

[1] «Maven» — засіб для автоматизації роботи з програмними проєктами. У тексті — метафора. (*Прим. пер.*)

можеш виконувати більші обсяги, і, врешті, *ти* це й робиш, себто *ти* робиш усе. Навіть якщо ти передаєш роботу на аутсорс, рішення на аутсорсинг ти не передаш. Ти ставиш перед кимось одне завдання, а він натомість повертається до тебе з мільйоном запитань. У результаті тобі доводиться працювати ще більше.

Кріс вів далі:

— Кажу тобі, Майку: продуктивність шкодить багатьом людям. Я від неї просто вмираю, але я ж її проповідую. Тепер я намагаюся менше працювати, більше заробляти і жити нормальним життям.

Мозок. Вибухнув.

Виявилося, продуктивність не допомагає. Просто дає змогу виконувати більші обсяги роботи. Отже, мій пошук годинникової точності почався з фейкового Грааля!

ПЕРЕОСМИСЛЕННЯ ЗАКОНУ ПАРКІНСОНА

Ми обидва знаємо неймовірно продуктивних людей, які працюють по шістнадцять годин на день. Ми обидва дуже добре знаємо людей, які «зроблять усе, якщо на них тиснути». Можливо, ви — один із них. Колись таким був і я.

Мені знадобилося п'ятнадцять років, щоб це зрозуміти. Урешті я начепив почесний значок «Трудоголік». Я був почесним членом. Я був найшвидшим серед «розв'язати всі завдання компанії» в країні. (Що? Ось такі справи.)

У книжці «Прибуток понад усе» я процитував закон Паркінсона: «Попит на ресурс завжди зростає відповідно до пропозиції ресурсу»[1]. Ми витрачаємо всі часові та

---

1 uk.m.wikipedia.org/wiki

грошові ресурси, щоб завершити проєкт, ось чому більшість підприємців рідко отримують стільки ж, скільки їхні працівники. І це не кажучи про прибутки. Що більше грошей потрібно витратити, то більше ми, зрештою, і витрачаємо. Що більше часу в нас є, то більше часу ми витрачаємо на роботу. Ви зрозуміли.

Як це виправити? Дуже просто: скорочуйте ресурси, і ви обмежите їх використання. Наприклад, якщо ви отримуєте дохід, виділіть спочатку з нього прибуток і сховайте його (десь на віддаленому банківському рахунку), так у вас залишиться менше грошей для витрат. І знаєте що? Ви витрачатимете менше. Якщо у вас немає доступу до готівки, яку отримаєте з власного бізнесу, вам доведеться залучати менше коштів.

А якщо говорити про час, закон Паркінсона ще актуальніший. Скільки часу ви виділяєте на роботу, стільки й витрачаєте. Ночі, вихідні, відпустки — якщо ви вважаєте, що так треба, працюватимете весь цей час. Ось де провал продуктивності. Суть продуктивності — виконувати більші обсяги роботи в максимально стислі терміни. А от і суть проблеми: якщо ви переважно витрачаєте значний часовий ресурс на бізнес, то завжди знаходитимете, чим заповнити робочий час. Працюючи ще продуктивніше, ви тільки берете на себе більше роботи. Що більше ви на себе берете, то продуктивнішим доводиться бути. Розумієте, у чому пастка продуктивності?

Якщо ви працюєте так, як я чи більшість моїх знайомих підприємців, то зекономлений час використовуєте на роботу, як і сказав Кріс. Але не на роботу, яка вам до душі. Не на роботу, яка справді впливає на ваш бізнес. Ні. Ви виконуєте термінові справи.

Ви викладаєтеся на повну, а тоді беретеся до наступних завдань, і знову викладаєтесь на повну. І так, поки раптом не виникне якась іще терміновіша справа. Ви працюєте, як кінь, розуміючи: що більше встигаєте, то більше роботи з'являється.

Після знайомства з Крісом Вінфілдом я раптом збагнув: так, продуктивність важлива. Усім нам варто повчитися раціонально використовувати час. Бути непродуктивним — це наче грішити перед богами бізнесу (до того ж, якщо ви ніжитиметеся на дивані, поїдаючи чипси і цілісінький день переглядаючи рекламу тренажерів, бізнес не посунеться з місця). Та я усвідомив, що справжній Грааль — це організаційна ефективність. Продуктивність — це наче потрапити на стадіон. А організаційна ефективність — це класно вдарити бейсбольним м'ячем і заробити чимало балів.

Організаційна ефективність означає налаштувати всі механізми бізнесу на гармонійний лад. У цьому й полягає її основна перевага, адже ви скеровуєте ресурси компанії на злагоджену роботу, щоб досягти найкращих результатів. Організаційна ефективність — це використовувати найяскравіші таланти своєї команди (навіть якщо ця команда складається з однієї людини), щоб виконати найважливішу частину роботи. Тут ідеться про скерування ресурсів на виконання найважливішої роботи, а не про постійну метушню від одного термінового завдання до іншого. Не потрібно важко працювати — потрібно працювати з розумом.

Для багатьох із нас (надто багатьох) святкування двадцятої річниці відкриття бізнесу відбувається з усвідомленням, що всі ці двадцять років ми буквально виживали під гаслом «я зараз здохну». Але так не повинно бути. Ви — не сам. Таких, як ви, — мільйони. Я був таким, і от я тут, поруч із вами. Якщо бути відвертим, я й досі прогресую в цій темі, навіть пишучи ці рядки. Мені досі доводиться нагадувати собі, що потрібно працювати з розумом, а не гарувати. Так легко знову повірити у те, що магія продуктивності врятує твій день. Хоч який ваш вибір сьогодні, усе гаразд. Я знайшов вас. Ви — у парку. А тепер відкладіть сосиску з квашеною капустою і ступіть крок уперед, бідолашко. Ви здійсните найважливіший хоум-ран[1] у підприємницькому житті. Можете зробити селфі, тицяючи на зорі у небі, тому що ви тільки збираєтеся започаткувати власний бізнес і самого себе. Не поспішайте і гарно станьте в кадрі. Я почекаю.

То що ж ми змінимо? Ми змінимо систему навколо нас так, щоб не змінюватися самим (у будь-якому разі, й не вийшло б змінитися кардинально) та налаштуємо ці системи так, щоб спрямовувати наші природні нахили у правильне русло й отримувати бажані результати.

Частина рішення під назвою «годинникова точність» — це обмежити затрати часу, використати закон Паркінсона на власну користь. Але це лише частина рішення, вона не допоможе припинити бігати, як білка в колесі. Якщо у вас менше часу, доводиться вирішувати, *куди* цей час спрямовувати. Я не кажу про те, що треба робити більше у стислі терміни, я за те, щоб робити менше, щоб досягти більшого. Слід ставити перед собою та виконувати потрібну роботу, маючи обмежену кількість часу. Так само

---

[1] Бейсбольний термін, який позначає ситуацію, коли бетер успішно відбиває м'яч, що вилітає за поле, тож гравець може безперешкодно оббігти всі чотири бази і повернутися на домашню.

ваша команда повинна виконувати потрібну роботу, маючи обмежений ресурс часу.

Інакше кажучи, бізнес, який працює, наче добре налагоджений годинниковий механізм, — це про вибіркову ефективність, а не про високу продуктивність.

ОБЕРЕЖНА ГРА

Мій перший бізнес-коуч, Френк Мінутоло, пройшов зі мною три стартапи і дві покупки бізнесу, зокрема угоду з «Fortune 500». Френк вивів на ринок Сполучених Штатів японську «Konika» і розвинув її від стартапу до компанії вартістю 100 мільйонів доларів[1]. Відійшовши від справ, він і далі йшов за покликом свого серця, тренуючи групу молодих підприємців. Я був щасливим тридцятим (здається) учнем, який зміг називати його своїм радником.

Я повік буду Френковим боржником, адже він дав мені мудру пораду. Я побудував свою книжку «План гарбуза»[2] на простій стратегії швидкого органічного зростання, якою він зі мною поділився. Усе почалося з нашої першої зустрічі. Він провів з нашою командою чотири години, оцінюючи кожен аспект нашого бізнесу, а потім ми мали зустріч віч-на-віч.

Френк трохи схожий на Реджиса Філбіна[3], а говорить як хрещений батько.

---

[1] Ми досі час до часу бачимося з Френком, хоча він давно вже на пенсії. Чоловік не може відмовити мені в тому, щоб пообідати разом, а я не можу відмовити собі в тому, щоб повчитися у нього.

[2] «The Pumpkin Plan», українською не перекладена. (*Прим. пер.*)

[3] Американський актор, співак і ведучий. Помер 2020 року. (*Прим. пер.*)

— Майку, — сказав він мені, — треба розважливо поставитися до розширення власного бізнесу. Ти ж не хочеш вкласти туди всі зусилля, перебуваючи в стресі, щоб урешті нічого не отримати? Бо сидітимеш на пенсії в іржавому кріслі десь на газоні, з одним горіхом, що випинатиметься з шортів, і шкодуватимеш, що прожив таке складне життя.

Один горіх? Якого біса? Найдивніший прогноз, який я коли-небудь чув. Уявиш раз — і вже ніколи не забудеш.

Виявляється, яскравий опис прогнозів для твого вбогого клієнта, приправлений кричущими натяками на твої геніталії, — це стратегія продажу із шоковим ефектом. Того самого дня я запросив Френка до співпраці, а згодом він переконався, що мені вдасться уникнути такого жахливого майбутнього, і допоміг швидко розширити та продати дві компанії. Але це сталося лише через десять років нашої співпраці, тоді я нарешті зрозумів, що саме він намагався мені сказати. Страх може бути величезним каталізатором змін.

Якось пополудні я покликав Френка на обід до «Fuddruckers» і спитав, чому під час першої зустрічі він поділився зі мною такою химерною історією. Френк усміхнувся так, як зазвичай усміхаються стариган, коли сміх переходить у напад задухи.

— У цій історії, — пояснив Френк, — головне, що каменюка на дорозі — це ти. Проблемою стає те, що нам знайоме. Підприємці не відрізняються від інших людей, адже щось знайоме стає для нас комфортним. Підприємці й ти, Майку, гарують, як воли. І коли ви кажете «ненавиджу» чи «більше цього не робитиму», то говорите про те, що вам знайоме. А якщо ви до чогось звикли, хоч як гидко, легше і далі робити те саме. А робити те, що вам знайоме, — пряма дорога до того іржавого крісла на газоні й горіха, що випинатиметься з шортів. Моя мета — зробити тебе обачнішим щодо того, що ти вважаєш безпечним і звичним, але не боятися того, що може стати великим стрибком до чогось нового. Я хотів, щоб ти боявся стежки, якою йдеш. Я використав твій страх комфортного шляху, щоб провести тебе до некомфортного місця, де ти і маєш бути.

Переконання, що нам треба «працювати більше», «працювати важче», стає чимось до болю знайомим. Попри виснаження ситуація для нас цілком комфортна, відповідно ті самі проблеми потребують аналогічних розв'язань. Багатогодинна робота не потребує виходу із зони комфорту та вивчення чогось нового — і не дає волю егоїстичній потребі самоорганізовуватися.

Підприємці надто зручно почуваються у зоні трудноголіків, тож продовжують робити те саме, тільки б не виходити із цієї зони. Якщо хочете прибутковості та ефективності від свого бізнесу, припиніть робити те, що робите. Ви виконуєте роботу, працюєте за інших — робите те, що знаєте. Дуже зручно. Зупиніться.

ПАСТКА ВИЖИВАННЯ

Якщо ви читали інші мої книжки, певне, уже чули про пастку виживання. Я давно розповідаю про пастку виживання, проте щоразу повертаюся до цієї теми, адже, на превеликий жаль, у неї потрапляє більшість підприємців. Мало кому з нас удалося її уникнути. Пасткою виживання я називаю безконечну вервечку реагування на все, що трапляється у вашому бізнесі, — і не важливо, проблема це чи можливість. Головне — рухатися вперед. Чому пастка? Бо ми реагуємо на нагальне, а не на важливе, і дістаємо задоволення від розв'язування проблем. Ми отримуємо дозу адреналіну, заощаджуючи на всьому — рахунках, замовленнях, похвалах, бісових днях, адже тоді почуваємося так, наче бізнес розвивається, хоча насправді ми просто застрягли у вервечці реагування. Ми постійно бігаємо туди-сюди, намагаючись щось виправити чи заощадити. У результаті бізнес заносить спочатку праворуч, потім ліворуч, тоді відкидає назад, а потім штовхає вперед. Наш бізнес — це павутина неправильних вказівок, яка з роками заплутується дедалі більше, а все тому, що ми намагаємось вижити.

Пастка виживання — це жити сьогоденням, але не думати про завтра, робити те, що тобі знайоме, як застерігав Френк. Ми щасливі, що пережили цей день. Проте колись ми прокинемося й усвідомимо, що роками така стратегія не просувала наш бізнес ні на йоту, що наше намагання вижити — це пастка, яка повільно знищує наш бізнес і бажання ним займатися.

Сумно, проте ви побачите, що життя у пастці виживання призводить до жахливого «жити одним днем», швидких злетів, але не менш стрімких падінь — і все для того, щоб заробити копійчину. Будьмо відвертими, такий стиль життя — не для успішного бізнесмена, радше для осоромленого жигало. Я був таким. Я став залежним — брав запропоновану роботу і погоджувався на запропоновану ціну. Я займався проституцією власного бізнесу, щоб протриматися ще один день, а тоді продовжував у тому самому дусі, допоки мій бізнес і зовсім не вийшов з ладу.

Десять років тому я почав усе з нової сторінки, і зміни пішли нам на користь. Спочатку я сконцентрувався на прибутках, чим поділився з вами у книжці «Прибуток понад усе». А потім зосередився на топклієнтах, тож мій бізнес розвивався швидко та органічно. Сьогодні я вже на фінальній стадії перезавантаження власного життя, оскільки створив бізнес, який працює самостійно. І ви також це зробите.

У книжці «Прибуток понад усе» я виокремив невеликий розділ, що став зародженням цієї книжки. Стала прибутковість залежить від ефективності. Під час кризи ви не досягнете ефективності. Під час кризи ми намагаємося заробити гроші будь-якою ціною, навіть якщо доводиться уникати сплати податків чи продавати душу. Під час кризи пастка виживання стає принципом роботи, і так триває, допоки наша стратегія виживання не спричинить нову, ще глибшу кризу, яка налякає, чи, простіше кажучи, вижене нас, наляканих, з бізнесу.

Чи потрапила Селеста, власниця дошкільного закладу, про яку я згадував у вступі, у пастку виживання? Судячи з усього, так. Вона пережила найгіршу з усіх можливих пасток, у якій ви ніби почуваєтеся цілком комфортно, можливо, навіть усім якось керуєте. Можливо, навіть пишаєтесь цим. І яка різниця, що ви досі у пастці?

Пастка виживання стоїть на заваді розвитку бачення бізнесу й досягнення короткострокової або довгострокової мети. Ми ніби все розуміємо, картаємо себе за те, що не дивилися на п'ятирічний план упродовж семи років. Бачимо, як інші власники бізнесу запускають нові ініціативи чи трендову продукцію, і дивуємось, як вони знайшли час передбачити та зреагувати на зміни в індустрії (певне, у них є суперсила). Ми усвідомлюємо, що залишилися десь на задвірках інноваційних технологій та корпоративної культури. І прекрасно розуміємо: щоб вивести бізнес на вищий рівень, потрібно переглянути першооснови — ідеї та плани, а ще *запал*, який був у нас на початку створення бізнесу.

Пастки виживання уникнути важко, тому що бізнес постійно вимагає триматися на плаву. Проте я покажу вам, як усе-таки її уникнути і створити бізнес, що працюватиме самостійно, даючи змогу вам робити те, що хочете, у зручний для вас час. Попрацюймо над тим, щоб не працювати взагалі, гаразд?

СІМ КРОКІВ ДО ГОДИННИКОВОЇ ТОЧНОСТІ

У наступних семи розділах ми пройдемо кроки, які допоможуть вашому бізнесу працювати, як добре налагоджений годинниковий механізм. Якийсь крок може тривати довше, аніж інший, можливо, час від часу доведеться повертатися назад і більше працювати над певним кроком. Цей процес може потребувати двох днів або двох місяців, проте, пройшовши весь шлях, ви досягнете мети.

Аби бізнес процвітав і допомагав клієнтам, потрібно все реалізувати. Ця частина бізнесу називається Реалізація. Бізнес повинен спрямовувати зусилля людей та систем так, щоб вони доповнювали одне одного і розвивали цей бізнес. Це називається Розробка Бізнесу. Оскільки люди у вашій команді працюють пліч-о-пліч, їхня комунікація передбачає ухвалення Рішень та Розподіл (делегування) роботи, яку потрібно виконати. Правильний розподіл часу для Реалізації, ухвалення Рішень,

Розробки та Розподілу (назвемо це мікс 4P) відігравати-муть вирішальну роль у становленні бізнесу, який пра-цюватиме самостійно.

Більшість мікропідприємств та малий бізнес витрача-ють забагато часу на Реалізацію. Уявіть підприємця, який працює самостійно і бігає навколо бізнесу, наче курка без голови, чи малий бізнес, де всі, і бос теж, працюють май-же цілодобово, не виділяючи часу на планування. Голо-вна мета точного, як годинниковий механізм, бізнесу — змістити вашу увагу на Розробку, щоб бізнес працював сам, допоки інші люди та ресурси опікуються Реаліза-цією. Аби втілити цей план, потрібно почати із себе і ро-зібратися, скільки часу ви витрачаєте на Реалізацію (а для *цього* необхідно проаналізувати ваш мікс 4P і мікс 4P вашої компанії).

Як і з будь-якими проблемами чи можливостями в жит-ті, якщо ви хочете щось поліпшити, потрібно почати з основ. Розібравшись із цим, ми точно зможемо повести компанію туди, де вона повинна бути. Оптимальний мікс 4P — це коли 80 % часу в бізнесі витрачається на Реаліза-цію, 2 % — на ухвалення Рішень, 8 % — на Розподіл (деле-гування), а решта 10 % — на Розробку задля досягнення більшої ефективності, кращих результатів і зменшення затрат на процес. Байдуже, скільки у вас працівників — один, тисяча чи десь між тим, — оптимальний 4P повинен залишатися незмінним.

Ось сім кроків, які допоможуть вашому бізнесу працю-вати самостійно.

1. Проаналізуйте мікс 4P — визначте орієнтовні рівні Реалізації, ухвалення Рішень, Розподілу

та Розробки, на яких працює ваш бізнес зараз. Бізнес годинникової точності балансує між виконанням роботи, управлінням ресурсами та постійним удосконаленням. Перший етап на шляху до автоматичного управління бізнесом — аналіз затрат часу, щоб зрозуміти, скільки часу ви виділяєте на кожну з цих чотирьох категорій. Коли дізнаємося результати аналізу, зможемо пристосувати вашу компанію до оптимального міксу 4Р.

2. **Визначте корпоративну Бджолу-Королеву — головну функцію вашого бізнесу — як найбільшу детермінанту успіху компанії.** У кожній компанії існує функція, що має вирішальне значення для успішності компанії. Саме тут поєднано таланти — ваші особисті та всієї команди. Усе залежить від того, що ви називаєте успіхом компанії. Я називаю це «функція Бджоли-Королеви», або ФБК. Якщо підтримувати цю функцію на сталому рівні, бізнес розвиватиметься, а якщо вповільнити чи зупинити — постраждає вся справа. Кожен бізнес має ФБК. Потрібно її визначити, задекларувати, а тоді зосередитися на розвитку цієї функції, розвиваючи в такий спосіб увесь бізнес. ФБК — це фактор процвітання вашого бізнесу, і саме вам вирішувати, яким він повинен бути.
3. **Захищайте та виконуйте функцію Бджоли-Королеви — дайте змогу команді зберегти та забезпечити розвиток найбільшої детермінанти успіху компанії.** ФБК — настільки важлива роль у бізнесі, що кожен працівник (навіть якщо він безпосередньо не залучений до ФБК) повинен знати, як захищати та працювати на її благо. У високоефективному

бізнесі ФБК має найбільший пріоритет, тож системи вибудовуються так, щоб люди та ресурси працювали на неї безвідривно. Тільки коли ФБК у стійкій позиції, усі залучені до бізнесу люди можуть зосередитися на іншій важливій роботі (вона називається Першочергова Робота).

4. **Збережіть системи — готові документи чи записи, щоб команда змогла працювати так, як ви вимагаєте.** Навіть якщо здається, що таких систем у вас немає, вони існують. Насправді кожен бізнес (на будь-якому етапі) має всі необхідні системи. Просто ці системи потрібно зберігати, передавати, впорядковувати чи позбуватися їх узагалі. Кожен підприємець і працівник має власні способи виконання різноманітних завдань, але часто їх не документує і не передає. Використовуючи простий метод оцінювання та збереження, ви легко ділитиметеся цією інформацією з командою чи фрилансерами. Підказка: ви *не* створите навчальний посібник. Як створення, так і використання таких посібників — неефективне, тож їм немає місця у бізнесі, що працює з годинниковою точністю.
5. **Збалансуйте команду — прилаштуйте функції та перерозподіл ресурсів для максимізації ефективності та рівня якості пропозицій компанії.** Бізнес — це як живий організм. Він росте, контактує і змінюється. Щоб оптимізувати діяльність, потрібно дати працівникам роботу, де вони зможуть проявити свої сильні сторони. Оптимізована компанія більше схожа на павутиння, ніж на вертикаль. Не прив'язуйте працівників до однієї функції. Ефективна організація

визначає природні нахили та сильні сторони працівників та пов'язує їх із завданнями, щоб дістати від такого поєднання найбільше користі.

6. **Візьміть на себе зобов'язання — узгодьте процес виробництва з попитом.** Найбільший корінь неефективності бізнесу — різноманіття. Що більше послуг ви надаєте ширшій когорті клієнтів, що більше різноманітності у вашому бізнесі, то важче зберігати якість послуг на високому рівні. На цьому етапі ви виокремите найкращий тип клієнта, а також зменшите варіативність послуг чи продукції, яку зможете надати таким клієнтам на високому рівні.
7. **Створіть бізнес, що працює з чіткістю годинникового механізму, — припиніть будувати бізнес, який залежить тільки від вас, і позбудьтеся залежності від власного бізнесу.** Бізнес із годинниковою чіткістю — це про сталі результати і зростання без вашого активного залучення. Якщо ви приділятимете бізнесу менше часу, природно він почне працювати без вас. На цьому етапі ви навчитеся створювати бізнес-панель, що дасть змогу вам залишатися на вершині бізнесу, навіть якщо ви ще досі не там.

Ну от. Сім кроків. По порядку. Ви розберете та використаєте їх на наступних сторінках цієї книжки. Ви розчаруєтесь, застрягнете, боротиметесь із бажанням усе облишити. Не здавайтеся! Ви просто призвичаюєтеся до некомфортного нового знання, яке я вам даю. Знову ж таки, не здавайтеся і навіть не думайте зупинятись! Тоді ваш бізнес працюватиме самостійно, як добре налагоджений годинниковий механізм.

Сім етапів бізнесу, що працює з годинниковою чіткістю

ЕТАП	КЛЮЧОВИЙ КОНЦЕПТ	КЛЮЧОВІ ДІЇ
1	**МІКС 4 Р.** Чотири типи роботи: Реалізація, ухвалення Рішень, Розподіл та Розробка	Проведіть аналіз затрат часу та визначте тип роботи
2	**ФБК** Основна функція, від якої залежить успіх компанії	Визначте ФБК компанії та закріпіть відповідальних осіб
3	**ЗАХИЩАЙТЕ ТА ВИКОНУЙТЕ ФБК** Основна функція вашого бізнесу — це ваш пріоритет	Навчайте команду працювати на ФБК і давайте команді достатньо можливостей, щоб захищати та виконувати ФБК
4	**ЗБЕРІГАЙТЕ СИСТЕМИ** Усі системи уже є у вашому бізнесі	Упорядкуйте, передайте або позбудьтеся завдань, щоб звільнити час для Розробки, ФБК та Першочергової Роботи
5	**ЗБАЛАНСУЙТЕ КОМАНДУ** Оптимізована організаційна система схожа на павутиння	Поєднайте сильні сторони членів вашої команди та завдання, виконання яких потребує система
6	**ЗОБОВ'ЯЗАННЯ** Ефективність бізнесу — на першому місці, тоді ви націлюєтеся на клієнта, який отримає найбільший зиск	Визначте, зосередьтеся та задовольніть цільового клієнта, який користуватиметься вашими послугами й дістане максимальну вигоду від вашої пропозиції
7	**САМОРЕГУЛЬОВАНИЙ БІЗНЕС** Реалізація змушує вас працювати на бізнес, а Розробка змусить бізнес працювати на вас	Візьміть чотиритижневу відпустку

Час — це все. Абсолютно. Повністю. Усе. Час — єдина річ у світі (поки хтось не винайде машину часу), яку неможливо повернути. Або ви використовуєте його з розумом, або навпаки. Час спливатиме, спливатиме, спливатиме, не важливо, як ви його використовуєте. Підозрюю, зараз ви нервово поглянули на годинник, час збігає, сподіваючись, що ви швидко загубитеся у книжці (і в роботі). Еге ж? Хоч трішки? Якщо так, хочу, щоб ви знали: це не ваша провина. Це закон Паркінсона. Хочу також, щоб ви знали, що все гаразд, ваше становище — непогане. Навіть не так, ви — у вигідному становищі. Ваш бізнес, очевидно, користується попитом, ви його ведете (хоч і неефективно). Ми збираємося трішечки змінити налаштування, щоб ваш бізнес запрацював, як злагоджений механізм, а у процесі роботи ви повернете безцінний час, який, схоже, спливатиме повільніше і зручніше для вас.

Ця книжка *не* про те, як виконувати більші обсяги роботи у встановлений час. Книжка про те, як ваш бізнес виконуватиме більші обсяги роботи у ті самі часові проміжки, а у вас знайдеться час на інші справи. Ви повернетеся до життя, а бізнес підійматиметься до омріяних висот. Ось що станеться. Насправді *так* і відбувається весь час із будь-яким бізнесом, і наше завдання зараз — зробити так із вашим. Проте доведеться діяти спільно. Готові? Добре. До роботи! Докладімо зусиль. І *зменшимо* кількість роботи.

ГОДИННИКОВА ТОЧНІСТЬ У ДІЇ

Насамперед ми зосередимося на розробці такого стилю роботи вашої компанії, де інші люди та інструментарії виконуватимуть роботу. Поставте на перше місце власні результати, а на друге — продуктивність. Як? Дуже просто... Ви знайдете правильні відповіді, поставивши правильні запитання. Годі питати: «*Як* зробити більше?», запитайте себе: «*Що* найважливіше зробити?» і «*Хто* виконає цю роботу?»

Наприкінці кожного розділу я ділитимусь ключовими діями, простими для виконання (переважно до тридцяти хвилин), проте дієвими. У першому розділі дія лише одна, проте, напевне, найважливіша. Вона одразу скоригує ваше бачення власної ролі у розвитку бізнесу. Яка це дія? Я хочу, щоб ви... довірилися мені.

Надішліть мені електронного листа на адресу Mike@OperationVacation.me, зазначивши у темі листа «My Clockwork Commitment[1]». Так я легко зможу відрізнити вашого листа від іншої кореспонденції. У листі, будь ласка, напишіть щось на кшталт: «Від сьогодні я зобов'язуюся розробити власний бізнес так, щоб він працював самостійно». Додайте інформацію, яку вважаєте доцільною, наприклад, чому ви більше не дотримуватиметесь попереднього способу ведення бізнесу чи що ці зміни означатимуть для вас і вашої сім'ї.

Навіщо надсилати мені листа? Бо якщо ви такий самий, як я, то коли доводиться взяти перед кимось зобов'язання — ви зі шкіри випнетеся. Запам'ятайте, я особисто відповідаю на всі листи від читачів (хоча іноді дуже повільно). Чекаю на ваші!

P. S. Зверніть увагу, що домен моєї пошти — унікальний (OperationVacation.me). Знаю, зараз ви не бачите у цьому сенсу, проте незабаром усе з'ясується. Незабаром ви зрозумієте, що це таке OperationVacation.

---

[1] Моє зобов'язання годинникової точності. (*Прим. пер.*)

РОЗДІЛ 2

КРОК ПЕРШИЙ: ПРОАНАЛІЗУЙТЕ ЗАТРАТИ ЧАСУ

Коли Скотт та Елайза Ґрайс уперше завітали в мій офіс у Нью-Джерсі, ми цілих двадцять хвилин говорили про прання. Так, ви все правильно прочитали. Прання. Якщо бути точним, говорили про те, як речі, на прання яких знадобилося б тижні три, вони відпирають за годину і десять хвилин, ще й устигають виконувати повсякденну роботу. Я ніколи всерйоз не замислювався над пранням, проте, коли Скотт і Елайза пояснили, як їм удається прискорити процес, був приголомшений. Серйозно, вони якісь ніндзя системи.

Під час нашої розмови я дізнався, чому ці системи — такі важливі для Скотта й Елайзи. Засновники «Hey, Sweet Pea», команда брендингу, що розпочинала свій шлях в Остіні, штат Техас, вони вивчили і розвинули бренди понад 1400 креативних підприємців (фотографів, письменників, стилістів, графічних дизайнерів). За два роки роботи вони випрацювали брендинг

30–40 клієнтів одночасно. Щоб пояснити вам, якими успішними вони були у цій сфері, досить сказати, що інші компанії в цій галузі переважно опікувалися 4–5 клієнтами. Скотт та Елайза були неперевершені, поки життя не вирішило втрутитися.

У 2013 році Елайза підхопила вірус із Західного Нілу, їй довелося лягти в лікарню, проте вірус швидко перейшов у бактеріальний менінгіт. З двох наступних місяців вона шість тижнів провела у лікарні, а два місяці, повністю знерухомлена, — удома чи в кареті швидкої допомоги, що везла її назад до лікарні. Через хворобу щоразу, коли Елайза дивилася на екран — телефона, планшета чи ноутбука, — її голова розколювалася від болю. Робота за клавіатурою надто втомлювала, тож жінка просто не могла працювати. Їй довелося залишити роботу, а це означало, що їм обом — Елайзі та Скотту — доведеться покинути бізнес. Тому бізнес-команда теж мусила припинити гру.

— У нас була команда з дев'ятьох осіб, які виконували всю роботу, але Елайза була креативним директором, тож ми нічого не могли надіслати клієнтові без її затвердження, — пояснив Скотт. — Коли вона вже не могла дивитися на екран, щоб затверджувати роботу, усе зависло в повітрі. Бізнес просто зупинився, і ми більше не могли нікого обслуговувати.

Через два місяці по тому, як Елайза підхопила вірус, вони зі Скоттом сиділи на лікарняному ліжку серед купи рахунків за медичні послуги, що накопичилися за останній час, не знаючи, як усе це сплатити, якщо Елайзі не стане ліпше.

— Ми обоє розплакалися. Я сказав: «Якщо ти повністю не одужаєш, ми не зможемо далі вести цей бізнес. Ти —

єдина, хто може затверджувати все це, ніхто, навіть я, на це не здатен». Ми нараховували зарплату з власних заощаджень. Я непокоївся за дружину. Я хвилювався за наш бізнес. Я гадки не мав, що робити.

Бізнес повністю залежав від Елайзи, і за два місяці її відсутності шалено успішна компанія опинилася у скрутному становищі. Знадобилося всього *два місяці*. Ось чого найбільше бояться власники бізнесу — що, коли ми залишимо все, навіть на кілька днів, справа постраждає або розвалиться. Знаю, я думав про це багато разів, використовував цей страх, як виправдання, щоб працювати, працювати, працювати, а тоді — ще трохи попрацювати. Я думаю, у вас було те саме. (А от і маленький секрет: усю роботу ніколи не переробиш.)

На наступних сторінках ми ще повернемося до сім'ї Ґрайс і дізнаємося, чи витримав їхній бізнес, але якщо ви боїтеся, що станеться з вашим бізнесом, коли ви вирішите або будете змушені зробити павзу, — це яскравий, як неоновий бігборд, сигнал, що ваш бізнес потребує змін, щоб працювати самостійно. Якби всі системи вашого бізнесу були налагоджені так, що справи йшли добре як з вами, так і без вас, ви не переймалися б необхідністю відійти від справ. Думаю, ви це розумієте, адже читаєте цю книжку. А от чого, певне, ви ще не зрозуміли — щоб бізнес працював без вас, потрібно почати із себе, а також з вашого бачення власної ролі у компанії. Спочатку треба перейти від етапу Реалізації до Розробки.

У попередньому розділі я розповідав, що продуктивність — це пастка, тому що, зрештою, саме ви виконуєте усю роботу. Більшість із вас усіма силами намагається втримати бізнес на плаву — ключове слово тут «утримати».

На початку ми просто не маємо вибору, слід узяти на себе всі ролі у перспективному стартапі. Підприємці жартують: «Я обіймаю посаду генерального директора, посудомийки і всі інші посади теж». Дуже добре. Але такий спосіб не зробить бізнес ефективним.

Підприємці — природні майстри, але про нас не крутять передачі на TV. Зйомки! Ми просто повинні мати власний канал! Створюючи власний бізнес, ми робимо все, тому що *повинні* робити все. На той момент ми ще не маємо можливості найняти когось, проте й надалі знаходимо час на виконання всієї роботи. Не завжди нам добре вдаються всі завдання (хоча ми переконуємо себе, що це не так), проте на загал усе досить добре. Поки нам здається, що виконувати різні функції, коли наш бізнес тільки стає на рівні ноги, — цілком розумне рішення, розвиток такого бізнесу — зовсім не стійкий. Урешті ми таки вперше наймаємо когось на роботу, попри фінансові труднощі[1], відчуваємо невелике полегшення, оскільки просто не можемо втримувати темп і робити все самотужки. Проте спринт нікуди не зникає. Навіть якщо ми наймаємо людей, щоб допомогти самому собі, байдуже — працівників чи підрядників, на нас однаково *звалюється* тонна роботи, і виконати її означає отримати *ще більше*

---

[1] Фінансова дилема — наймати людей чи ні — дуже складна особливо для власників малого бізнесу. Коли ви наймаєте працівників, іноді доводиться скоротити власний — і так мізерний — дохід. Тож ми відкладаємо рішення найняти нового працівника, доки не зможемо собі цього дозволити. Та цей час так і не настає. Ми наче між двох вогнів. Працюємо більше, а так нічого і не вдається. Або наймаємо когось, кого просто не можемо собі дозволити. Вихід із цієї ситуації я описав у книжці «Прибуток понад усе». Я також створив відео, пояснюючи, що робити у такій ситуації та як успішно з неї вийти. Відео доступне на сторінці Clockwork.life.

роботи, тому що ми, як і Елайза — головний стрижень, на якому все тримається.

Розробити бізнес так, щоб він працював самостійно, — розумне рішення. Дуже розумне. Аби все вийшло, потрібно переключитися з Реалізації та спрямувати більше — ще більше — часу на Розробку вашого бізнесу.

ЧОТИРИ Р ДЛЯ СТВОРЕННЯ БІЗНЕСУ, ЯКИЙ ПРАЦЮВАТИМЕ З ГОДИННИКОВОЮ ТОЧНІСТЮ

Існують чотири види діяльності, що ними ви можете опікуватися як підприємець. Ці «4Р» — Реалізація, Рішення, Розподіл та Розробка. Хоча у процесі розвитку власного бізнесу ви задіяні в усіх чотирьох видах діяльності (ви витрачаєте певний час на Розробку бізнесу, перш ніж його запустити) і під час роботи міксуєте ці чотири Р, наша мета — аби ви, як підприємець, Розробляли більше, аніж Реалізовували.

Перейти з Реалізації до Розробки — це не рішення з розряду «Почну з понеділка». Це не перемикач, яким можна просто клацнути. Це наче повітря.

Ви до цього йдете. Ви дедалі краще опановуєте майстерність розподілу власного часу, але цьому процесу немає ні кінця ні краю.

1. **Реалізація**: етап, коли ви робите все самотужки. Ви все добре знаєте і добре робите (достатньо добре). Коли ви працюєте самі, робити все — просто необхідність. Так починається майже кожен стартап, на цьому етапі вони всі переважно й застрягають. Із 28 мільйонів власників малого бізнесу в США понад 22 мільйони

не мають жодного найманого працівника[1]. Інакше кажучи, власник робить усе.

2. **Рішення**: етап, коли ви розподіляєте завдання між людьми. Байдуже, хто вони, — працюють на повну ставку чи погодинно, фрилансери чи підрядники, — усі вони виконавці одного завдання. Вони намагаються виконати одне дане вами завдання, потім повертаються до вас, ставлячи запитання, просячи затвердити роботу, розв'язати проблеми чи допомогти з ідеями. Якщо у процесі виконання завдання з'являється непередбачуване відхилення, людина повертається до вас за рішенням. Коли люди завершують виконувати завдання, то або б'ють байдики, або питають вас: «А що робити далі?»

Більшість підприємців плутають етапи Рішення та Розподілу. Коли ви даєте комусь завдання, проте для його виконання мусите відповідати на запитання, то ви не Розподіляєте (делегуєте), а приймаєте Рішення. Власники бізнесу, яким підпорядковуються двоє чи троє працівників, застрягають на цьому етапі, витрачаючи дуже багато часу. Ваші працівники виконують роботу, але усі рішення доводиться приймати вам, тому бізнес просто не може залучити більше від двох чи трьох працівників. Робота перетворюється на рутину і потік запитань від працівників, що відволікає. Врешті все настільки погано, що в розпачі ви вирішуєте: «Хай буде так, як раніше», — і знову самотужки виконуєте всю роботу. Ви відмовляєтеся від допомоги, робите все самотужки (тому що легше зробити все самому, аніж

---

1 www.forbes.com/sites/jasonnazar/2013/09/09/16-surprising-statistics-about-small-business

вирішувати все за всіх), допоки роботи не накопичиться стільки, що доведеться знову наймати когось — і знову розчаровуватися на етапі Рішення. Ви скачете, як блошиця на батуті бізнесу, між виконанням власних обов'язків і прийняттям рішень замість найманих працівників. І так знову і знову.

3. **Розподіл**: на цьому етапі ви доручаєте завдання найманому працівникові, уповноважуючи його приймати рішення щодо завдання. Працівник повністю відповідає за виконання завдання. Він працює самостійно. Витративши більше часу на етап Розподілу, ви відчуєте полегшення в робочому графіку, проте тільки за умови, якщо делегуєте правильно. Спочатку треба давати працівникам завдання, а *не* готовий результат, тому що головна мета: передати їм відповідальність за приймання рішень.

   Якщо карати за неправильні рішення, це просто спонукатиме працівників звертатися до вас за готовими рішеннями. Ви колись теж приймали неправильні рішення — так ви вчилися. Ваші працівники прийматимуть неправильні рішення — і навчатимуться. Етап Розподілу може бути дуже складним для підприємців, адже, на нашу думку, ми можемо робити все ідеально і нервувати, коли підлеглі не можуть упоратися із завданням. Вам слід облишити перфекціонізм, якщо хочете, щоб бізнес успішно працював без вас.

4. **Розробка**: процес, коли ви створюєте та постійно вдосконалюєте бачення вашої компанії та керуєте бізнесом так, щоб утілити це бачення. Бізнес, що самостійно працює щодня. Уявляєте, ви навіть можете взяти відпустку на чотири тижні, а бізнес не гальмуватиме (запам'ятайте!). Коли ваш бізнес функціонуватиме на

такому рівні, ви не тільки звільнитеся від рутини, а й відчуєте справжнє задоволення від роботи. Ваша справа зростатиме, а ви відстежуватимете показники, втручаючись лише тоді, коли щось піде не так. Вам більше не треба виконувати всю роботу, ви просто тримаєте все під контролем (на тому рівні, який самі встановлюєте) і виконуєте ту роботу, яку хочете. Ось що називається — хороше життя, мої брати та сестри.

ЕТАП РЕАЛІЗАЦІЇ ЗАВОДИТЬ У ГЛУХИЙ КУТ

Я можу прочитати ваші думки. Знаю, вам трохи моторошно, але ви тепер мій найкращий друг, тож я впевнено можу сказати, що ви думаєте: «Я не можу припинити виконувати роботу. Тільки я знаю, як все робити, де і що лежить. Мої працівники — чудові і все таке, але вони можуть виконувати лише свої завдання. А от мою роботу, окрім мене, ніхто не виконає. Я викладаюся на повну. Я — профі. Тільки мені під силу зробити все це. Чуваче, навіть якщо ми в лайні, я все розрулю. Усе я!»

Я вгадав? Думаю, так.

Читати ваші думки — не так складно, я вас розкусив, тому що ми дуже схожі. Мені знадобилися роки, щоб припинити вірити в усе це, і, якщо чесно, я досі воюю з бажанням «робити все самостійно». За 20 років підприємницької діяльності «робити все» — ось чого я прагнув. Я був «серйозним» підприємцем. Я робив «абсолютно все», щоб мій бізнес розвивався. Оскільки бізнес був доволі успішним, я приписував цей успіх «невтомній» професійній етиці. Навіть коли у мене в штаті було близько 30 найманих робітників, я вночі спалював енергію, розгрібаючи робочі завали і пильнуючи справи, бо «ніхто не зробить цього так, як я». Я тільки мріяв про те, щоб мої працівники «виросли» і «діяли, як власники». Але не так сталося, як гадалося. Вони просто відволікали мене безліччю нескінченних запитань. Ви, до речі, знайшли у цьому абзаці хоч один знак запитання? Це тому, що всі мої уявлення були цілковитою фігнею.

Знову ж таки, як керівник бізнесу, ви повинні знаходити час на Розробку, а не Реалізацію. Що ж маємо на увазі під Розробкою? Використаймо футбольну аналогію («Hokies»[1], вперед!). Історія про власника команди, тренера і гравців. Гравці можуть приймати швидкі (миттєві) рішення безпосередньо на полі, тренер вибудовує та обговорює план гри, а власник формує футбольну команду. Власник створює бачення франшизи, набирає тренерів, а тоді спостерігає, як команда втілює план гри. Для стороннього спостерігача все це звучить дивно. Адже він уявляє старого багатія у шикарному костюмі, і той багатій пожирає маленькі сосисочки. Проте від вашого ока стільки всього приховано! Власник постійно оптимізує кожнісінький елемент франшизи: команду, спонсорські угоди, продаж квитків, розпродажі, маркетинг, бюджет тощо.

Як розробникові, вам потрібно продумувати всі кроки наперед. Ви — стратег. Ви зважуєте можливості та ризики. Чи всі кроки виважені? Звісно, ні. Проте ви прораховуєте кожен крок і коригуєте подальші дії. Щоб стати розробником власної компанії, треба забратися з поля і вдягнутися у костюм. Просто спробуйте не їсти тих сосисок, бо нічого хорошого з цього не вийде.

---

[1] «Tech Hokies» — команди з атлетики, які представляють Вірджинський політехнічний інститут. (*Прим. пер.*)

Кожен підприємець спочатку — Реалізатор, тому що йому це добре вдається. Проблеми починаються, коли ми застрягаємо на цьому етапі, а етап Реалізації перешкоджає Розробці стрімкого розвитку бізнесу. Ви уже обізнані з етапом Розробки бізнесу, тим, що ви так любите на початку, — створення бачення компанії, прийняття важливих, стратегічних рішень. Отже, щоб виконувати роботу ефективно і спрямовувати бізнес у правильне русло, потрібні саме ваші практичні знання. Коли ви витрачаєте більшість часу на Розробку, компанія досягає максимальної ефективності й має потенціал до зростання. Як розробник, ви віддаєте компанії найкраще — свій геній, з якого все почалося. Ви не задіяні у щоденних операціях, а відтак бізнес може розвиватися і без вас, а відповідно — зростати без вас. Ваша мета — розробляти власний бізнес, окреслювати шлях розвитку, приймати стратегічно важливі рішення, щоб закріпити, змінити та/чи поліпшити становище, коли щось піде не так.

Навіть усвідомлюючи важливість процесу Розробки, більшість із нас витрачає забагато годин на Реалізацію. Це стосується не лише підприємців, які працюють самі й не мають кому делегувати завдання, а й очільників команд чисельністю п'ятеро, п'ятдесят чи п'ятсот працівників. Власники, менеджери та керівники корпорацій можуть потрапити у пастку Реалізації аналогічно, як і підприємці, які працюють самостійно.

Дослідження, проведене Науково-дослідним інститутом біологічної кібернетики Макса Планка у Тюбінґені (Німеччина) у 2009 році, підтвердило, що люди, які намагаються знайти дорогу в лісі чи пустелі, де немає міток (і сонця, як орієнтира), переважно ходять по колу. Люди намотують кола у 66 футів, думаючи, що йдуть прямо. Таке відчуття, наче перетинаєш футбольне поле з пов'язкою на очах, намагаючись скоротити шлях і дійти прямо від однієї сторони поля до іншої, але марно.

Учені дійшли висновку, що за відсутності точного маркування відстані та напрямку ми продовжуємо вносити мікрокоригування у свій маршрут, щоб дістатися мети, проте ці корективи досить однобокі. Ми постійно змінюємо своє розуміння прямої стежки, а отже, ходимо колами. Ходимо, ходимо, допоки ноги не перестануть слухатися, а могли ж легко вибратися з хащів, просто йдучи навпростець.

Можна перехитрити цю тенденцію, якщо поставити маркер і йти прямо. Якщо пощастить, ви будете озброєні компасом або GPS. Точний маркер відстані допоможе не сходити з правильного шляху. Навіть якщо ви стикатиметеся з труднощами, яких неможливо уникнути, треба обійти їх, віддалитися на безпечну відстань, а тоді відшукати маркування й скористатися ним, щоб вийти на правильну стежку.

Чому я розповідаю вам усе це? Тому що бізнес, у якому немає часу на визначення шляху, пошуку маршруту, щоб вийти на цей шлях, маркерів, які допоможуть скоротити дорогу, приречений постійно кружляти. Боротьба з пасткою виживання точиться постійно. Власники бізнесу та їхні команди трудяться протягом місяців та років, сподіваючись просунутися вперед, проте за відсутності точного напрямку, здивовані та спустошені, кружляють навколо однієї точки.

Ваша функція Розробника власного бізнесу полягатиме у визначенні шляху компанії, маркерів, які окреслюватимуть процес, забезпеченні інструментарієм себе та команди (наприклад, інформаційна панель у бізнесі правитиме за GPS), а також розробці стратегії, щоб шлях був безпечним, швидшим та ефективнішим (це наче будувати міст через річку).

Бізнес зможе розвиватися надзвичайними темпами тільки завдяки надзвичайній розробці. А цьому слід присвятити час — аби визначити Велику Прекрасну Благодатну Сміливу Мету своєї компанії. Треба подумати і про бажаний вплив на клієнтів. Щоб досягти такого впливу, необхідно визначити правильну стратегію. Тепер слід обрати шкалу для вимірювання прогресу компанії та команди. От і пункт призначення для вашої компанії та ваше бачення її розвитку.

Знаєте, що найгірше у цьому блуканні колами? Ми не віримо в це, навіть якщо маємо докази. У тюбінґенському дослідженні частину учасників залишили посеред німецького лісу, а решту — у пустелі Сахара. До людей прикріпили датчики GPS і дали прості інструкції: іти прямо кілька годин. Поки на небокраї виднілося сонце чи місяць, люди трималися правильного курсу. Але у похмурні дні чи безмісячні ночі одразу кружляли. Що гірше, місцевість ускладнювала пошук правильного шляху, створюючи ефект лабіринту. Люди не могли йти без указівників, а труднощі на шляху часто розвертали їх в іншому напрямку.

Намагання збудувати бізнес, Реалізовуючи і не Розробляючи, — це наче блукати густим лісом із зав'язаними очима. Звісно, ви ходитимете колами і кидатиметеся від одного маршруту до іншого, щойно на шляху з'явиться перешкода. Навігація організацією, що поступово зростає, потребує розробника, який дивитиметься крізь постійний потік труднощів та можливостей, щойно вони з'являться, і торуватиме шлях до успіху. Ви — цей розробник. Навіть якщо ви втратили те бачення, що було спочатку. Навіть якщо протягом останнього десятиліття ви не мали часу на креативність. Навіть якщо ви не певні, що маєте все необхідне, щоб спрямувати новий корабель до нових квітучих берегів — ви найкраще підходите на роль «розробника». Ви зможете.

ТРУДНОЩІ ЕТАПУ РОЗПОДІЛУ

Коли у вас уперше виникне бажання розширити власний бізнес, одразу настане етап прийняття Рішень. Легкий процес — найняти людей та сказати їм, що робити. А як їм працювати без вашого втручання? Нелегко. Тому ми беремо цю проблему на себе. Щоразу, коли постають запитання, працівники звертаються до мене за рішенням, і це логічно. Вони — нові працівники, їх потрібно навчити, як правильно (на нашу думку) виконувати роботу. Тож я відповідав їм і відсилав знову працювати. Окрім того, щоразу, коли у них з'являлися запитання, на які міг відповісти лише я, це задовольняло моє его, я почувався потрібним. Хочу бути чесним тут з вами, а вам слід бути чесними із самими собою: знати те, чого не знають інші, — це тішити власне его.

Я вважав, що потреба відповідати на всі запитання зникне сама собою. Працівники сформують навички, тож запитань стане менше. Проте, хоч як дивно звучало, кількість запитань тільки зростала. Я надто пізно зрозумів: проблема в тому, що я привчив працівників шукати відповіді на всі запитання у мене. Вони засвоїли лише систему ЗВМЦЛ. І це ж моя школа! Ну розумієте, система Заберіть Від Мене Це Лайно.

Я впевнений, ви також навчили свою команду системи ЗВМЦЛ. Не маю сумнівів, ви надто добре обізнані з тим, як усе відбувається. Усе починається з моменту «от добре». Ви наймаєте працівника онлайн, на повну чи неповну зайнятість. У перший день єдина людина, яка радіє і хвилюється більше, ніж той новенький, — це ви. Ви думаєте: «Цей новий працівник перейме стільки роботи. Чому я раніше його не найняв? От добре!»

У новенького буде вагон запитань, але це цілком передбачувано. Урешті, саме цього ви й хотіли — учня. Але через кілька тижнів кількість запитань не зменшиться. Людина ставитиме запитання, відповіді на які вже повинна знати. Що відбувається? Минає ще кілька тижнів чи місяців, а працівник досі відволікає вас від роботи. Потік запитань не зупиняється. Вас постійно відривають від роботи. Тоді ви розумієте, що цей помічник — радше палка в колесі, гнучкий ціпок чи пеньок засушений. Отоді й закрадається думка: «Легше працювати самому».

Відповідаючи на всі запитання працівників, ви перешкоджаєте процесу їхнього навчання. Підозрюю, ви навчилися кермувати машиною тільки тоді, коли справді сіли за кермо. Так, ви проходили курс у школі водіння, вас учили, що педаль газу — праворуч, а гальмо — ліворуч. Але навіть після такого інструктажу, коли нарешті сідаєте за кермо, ви або женете надто швидко, або тиснете на гальмо надто різко. Б'юсь об заклад, поки ви навчилися кермувати автомобілем, то розчавили один чи два обмежувальні конуси.

Навчання, справжнє навчання — це практика. Варто спробувати, щоб засвоїти ці знання. Ваші працівники повинні пробувати приймати рішення самотужки, щоб сформувати навички. Іронія в тому, що ви наймаєте людей спеціально для того, щоб зняти із себе частину обов'язків, проте, якщо дозволяєте собі приймати рішення замість працівників, обсяги роботи тільки збільшуються, а нових навичок працівники так і не опановують.

Нагляд за працівниками не зменшив годин моєї роботи. Насправді я працював ще більше, тому що постійно відкладав власні завдання, щоб прийняти рішення замість когось. А коли повертався до своєї роботи, доводилося синхронізувати все знову, а це, як ви знаєте, потребує часу. Відволікаючись від роботи, щоб прийняти рішення, я припинив ефективно працювати. Підлеглі *зупиняли* роботу, чекаючи своєї черги, щоб поставити мені запитання. Вони просто *не* працювали, допоки я не давав їм інструкцій. Зупинялася і моя робота, і їхня. Поєднувати власну роботу й управління працівниками — це наче друкувати лист *і* водночас писати від руки інструкції. От спробуйте. Не вийде![1]

Набувши такого досвіду, я дійшов висновку, що треба передати комусь частину роботи, і найняв ще одного працівника. А тоді ще одного. І ще одного. Відтак я приймав рішення за всю команду, намагаючись виконувати власну роботу вночі, на вихідних чи під час перерв. У результаті моя компанія стала ще більш неефективною, бо всі ці люди чекали на мої рішення. Замість знайти і використати найпотужніший ресурс, що був у моєму розпорядженні, — їхній розум, я просто змусив усіх покладатися лише на мене. Ах так, ще один бонус — їхні зарплати з'їдали мій банківський рахунок.

Я вирішив повернутися до початкового формату — я і тільки я. Я звільнив усіх, щоб завершити *власну* роботу.

---

[1] Якщо хочете довести, що я не маю рації, будь ласка, надішліть відео, як ви друкуєте та пишете від руки одночасно. Дуже цікаво подивитися.

Подумав, що так буде легше. Я мав романтичні уявлення: працюватиму, наче самотній вовк, який «Збиратиме Це Лайно». Проте то був самообман, наче я й забув, як це — виконувати за всіх усю роботу. Усе почалося знову. Іноді ми навіть не здогадуємося, як часто доводиться розриватися між Реалізацією та прийманням Рішень. Ось чому в більшості підприємців штат не перевищує одного чи двох працівників.

Відповідаючи на запитання співробітників, я ставив на паузу власну роботу, а коли продовжував — працівники припиняли працювати, бо ж чекали на відповіді. Як писав Деніел С. Ваканті, автор книжки «Практичні показники продуктивності: Вступ» [1], понад 85 % життя ми чекаємо на когось чи на щось. Такі часові затрати не лише неефективні, а й виснажливі. Якщо ми зможемо скоротити час очікування, бізнес розвиватиметься краще.

Здебільшого бізнес, де працюють менше від трьох найманих працівників, залипає у цій грі під назвою «Очікування», розриваючись між етапами Реалізації та приймання Рішень. Власники бізнесу починають із «робитиму все самотужки» і потім вирішують «найняти для цього людей». Зрештою вони виявляють, що робочий графік аж ніяк не звільнився, стресу тільки побільшало, а грошей катастрофічно бракує, а відтак думають: «Дебіли вони всі, краще їх звільнити і робити все самотужки». Урешті знову крутяться думки: «О Боже, я не витримую, украй треба найняти людей», — а закінчується все як завжди: «Я що, живу на планеті недоумків?»

---

1 «Actionable Agile Metrics for Predictability: An Introduction» (книжка не перекладена українською). (*Прим. пер.*)

Ні, не недоумків. Аж ніяк. Треба, щоб *ви* зупинили процес Реалізації та ухвалення Рішень і нарешті почали Розподіляти не лише завдання, а й рішення. Справді.

Скотт Олдфорд, засновник «INFINITUS Marketing & Technology», сказав мені:

— Найбільша проблема в тому, що ніхто не вчить підприємців навичок делегування. Річ не в тім, що вони не знають про необхідність делегувати. Просто їм треба опанувати підхід до делегування. Згодом слід навчитися делегувати правильно.

Скотт пояснив, що делегування — це процес.

— Спочатку ви розподіляєте завдання. Потім — відповідальність. Опісля просите досягти конкретного результату. Врешті просите показати фінальний результат як наслідок попередніх результатів.

Чого ж ви зможете досягти, якщо команда сконцентрується не на виконанні завдань, а на результаті для компанії? Зміни правил гри, правильно? У четвертому розділі ми поговоримо про це детальніше, проте дозвольте ознайомити вас із поняттям «делегувати». Спитайте себе: чи можна полегшити собі життя, якщо дати можливість працівникам приймати рішення? Чи почуватимуся я впевненіше, якщо вони щодня прийматимуть рішення, які підтримуватимуть і розвиватимуть мій бізнес? Чи стане моє життя легшим, якщо працівники діятимуть, як власники?

Це не маніпуляція, еге ж? Тоді ви зможете відповісти хіба: «Чорт забирай, Майку! Та моє життя перетвориться на казку!»

Коли *ви* хочете досягти того самого результату, що й *ваші* працівники, просто спробуйте і дайте команді можливість *виконувати роботу*. Все буде добре. Навіть краще.

Ви станете машиною делегування. Ви станете Опрою Вінфрі в галузі делегування: «Ви отримаєте проєкт! І ви отримаєте! І *ви* теж отримаєте проєкт!»

Ви прибережете для себе вихідні, збережете душу і відстежуватимете власний бізнес, розуміючи, який етап із 4Р — найважливіший. Чи зможете ви коли-небудь повністю відійти від Реалізації? Напевне ні, але зможете нарешті виконати ту роботу, над якою працюєте зараз, і перейдете до Реалізації того, що справді любите.

Згадайте хоча б Джеффа Безоса, мегамозок компанії «Amazon». У четвер, 27 липня 2017 року, новини рясніли заголовками, що він перегнав Білла Ґейтса і став найбагатшою людиною в світі. Проте першість була короткотривалою, фондова біржа зіграла на користь Білла Ґейтса, тож наприкінці дня він знову став найбагатшою людиною планети[1]. Що Ґейтс, що Безос спрямували свою енергію на етап Розробки. Але навіть сьогодні Реалізація потребує чимало їхнього часу. Можу закластися на долар, що Білл Ґейтс бере участь у всіх важливих переговорах. І що, коли «Amazon» запускає новий продукт, що цілком змінює правила гри, не лише команда розробників, а й сам Безос тестує прототипи продукту. Етап Реалізації ніколи не зникає з життя підприємця, просто потребує вже не так багато часу. Приймаючи будь-які дріб'язкові Рішення, ви

---

[1] Через кілька днів після того, як Джеффа Безоса оголосили найбагатшою людиною в світі зі статком 90 мільярдів доларів, Білл Бровдер, виконавчий директор «Hermitage Capital Management», заявив, що насправді найбагатша людина в світі — російський президент Володимир Путін, його активи перевищують 200 мільярдів доларів. Тільки Ґейтс та Безос досягли позначки 90 мільярдів, як цей російський грошовий монстр вийшов на ринг і виштовхав їх обох. Як на мене, звучить ніби «Rocky IV». Однак у своїй книжці я не братиму Путіна за приклад успішного бізнесмена.

цілком знищуєте цю фазу. Вам не вдасться повністю відмовитися від прийняття Рішень, проте ви збільшите масштаби, змінивши дріб'язкові рішення на вирішальні. А люди, з якими ви працюєте, почуватимуться комфортніше, знаючи, що рішення — за ними. А оскільки ваш бізнес розвиватиметься та змінюватиметься, вам доведеться витратити певний час на Розподіл роботи. Ви делегуватимете, як керівник, чия Першочергова Робота — постійно давати команді можливість одразу вирішувати і захищати вас, поки ви опікуєтеся Розробкою. Нагадування: ви не переходите від одного етапу до іншого, бо це тільки сповільнить роботу. Ваша мета — використовувати *більше* робочого часу на контроль перебігу роботи та розробляти майбутнє компанії. Якщо ви хочете, щоб бізнес працював із годинниковою точністю, як у Ґейтса і Безоса, треба спрямувати всі зусилля на розробку.

4Р — ЦІЛЬОВЕ СПІВВІДНОШЕННЯ

Якщо ви хочете поліпшити самопочуття, бізнес чи будь-який значущий аспект життя, слід розуміти, чого саме хочете досягти *і* яке становище зараз. Поставити мету скинути сто фунтів — не надто хороша ідея, якщо ви важите п'ятдесят.

Ясність з'являється, коли ви маєте мету *і* знаєте, звідки починаєте шлях. Ось що ми робитимемо на цьому етапі для розвитку вашого бізнесу.

Є чотири способи працювати на бізнес. Кожна людина в організації або Реалізовує роботу, або приймає Рішення щодо роботи замість інших, Розподіляє (делегує) роботу, Розробляє роботу. Загалом, як ви знаєте, я називаю це 4Р.

4 типи роботи

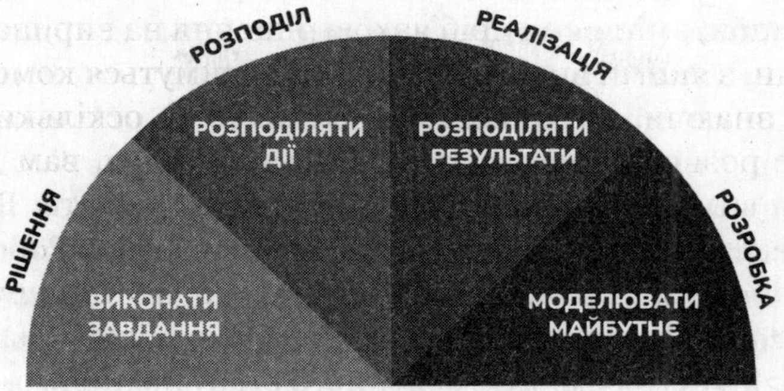

Ці 4Р реалізовуються у вашому бізнесі, та й загалом у будь-якій іншій організації цієї планети. Така формула спрацьовує, і якщо ваша команда складається з одного, і якщо із сотні тисяч працівників. Ця формула — незмінна для кожного працівника вашої компанії — від стажера до члена правління, від класних хлопців у костюмах до милих пацанів з вулиці, — усі вони працюють за принципом 4Р.

Кожна людина у вашій організації певним чином поєднує ці 4Р, навіть якщо ви не контролювали цей процес (поки що). Дехто постійно задіяний на етапі Реалізації. Дехто — приймає Рішення, хто що має робити, на додачу Реалізовує завдання за десятьох і витрачає буквально кілька секунд, намагаючись Розробити стратегію на майбутнє. Знайомо, еге ж?

У сукупності 4Р кожного працівника формують 4Р усього бізнесу. Якщо бізнес — це ви, а ви — підприємець, який працює самостійно, ваш 4Р і є 4Р вашої компанії. Якщо ж у компанії багато працівників, сукупність 4Р цих працівників і є 4Р *компанії*.

Ідеальне поєднання для компанії — це 80 % (Реалізація), 2 % (ухвалення Рішень), 8 % (делегування — Розподіл) та 10 % (Розробка) — див. рис. 2. Чому ж бізнесу потрібно витратити стільки часу на Реалізацію? Тому що компаніям треба задовольняти бажання клієнтів, а це підвищує ціни на ринку, так бізнес отримує прибуток. Ще 20 % цього ідеального поєднання поширюється на менеджмент та ведення бізнесу. Аби створити компанію, яка працюватиме самостійно, слід досягти такого поєднання. Простіше кажучи, вам потрібно з'ясувати 4Р компанії, порівняти з оптимальним 4Р, а тоді використати систему годинникової точності, щоб оптимізувати бізнес. Важливо і корисно: аналіз оптимального співвідношення — важкий та часозатратний. Оскільки бізнес — динамічний, дуже важко (майже неможливо) постійно підтримувати таке співвідношення. Отже, варто зосередитися на найбільшій відсотковій частині — 80 % Реалізації. Ваша компанія витрачає значну частину часу на обслуговування клієнтів (80 % Реалізації)? Якщо 95 % вашої діяльності — Реалізація, ви можете сказати напевне, що не вистачає часу на Розробку чи інші завдання, тому що на інші 3Р залишається тільки 5 % часу. Якщо Реалізація 60 % — це сигнал, що ви в халепі оскільки бізнесу бракує часу на виконання всіх інших завдань. Якщо ви відстежуєте Реалізацію й орієнтуєтесь на досягнення 80 %, інші 3Р теж стабілізуються. Якщо використовувати 20 % часу на Розробку, Розподіл роботи та приймання Рішень, усе стане на свої місця — коли ви дозволятимете працівникам самостійно приймати рішення у межах їхньої компетенції.

Тепер ви знаєте ідеальне поєднання 4Р, тож саме час визначити, на якому етапі ваш бізнес. Нам необхідно

Оптимальний мікс 4Р

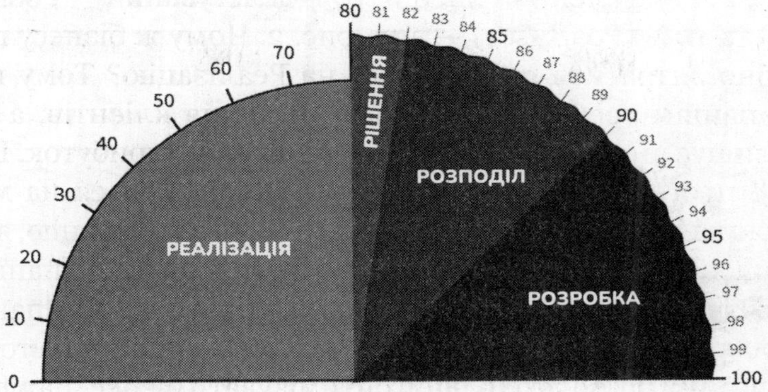

РЕАЛІЗАЦІЯ: .... **РІШЕННЯ:** .... **РОЗПОДІЛ:** .... **РОЗРОБКА:** ....

визначити, як працівники вашої організації використовують свій час, проте, оскільки саме ви читаєте цю книжку і, напевне, виконуєте ФБК (поговоримо про це пізніше), треба проаналізувати саме ваш 4Р. А якщо ви працюєте самостійно, то уособлюєте власний бізнес. Не важливо, скільки працівників у вашому підпорядкуванні, важливо, щоб ви зрозуміли цей процес і те, що він означає для вашого 4Р. Відповідно, цей процес допоможе зрозуміти, як обчислити 4Р компанії.

Проаналізуйте останні п'ять робочих днів. Якщо ви ведете календар чи маєте планер для завдань — це досить легко. Намагайтеся якнайкраще описати кожне виконане завдання чи дію в межах цих п'яти днів.

1. На аркуші паперу накресліть шість колонок: Дата, Діяльність, Початок, Кінець, Загальна кількість витраченого часу, Тип роботи. Це робочий макет аналізу затрат часу.

Макет аналізу затрат часу

<table>
<tr><th>Дата</th><th>Діяльність</th><th>Початок</th><th>Кінець</th><th>Загальна кількість витраченого часу</th><th>Тип роботи</th></tr>
<tr><td></td><td></td><td></td><td></td><td></td><td>РЕАЛІЗАЦІЯ | РІШЕННЯ | РОЗПОДІЛ | РОЗРОБКА</td></tr>
<tr><td></td><td></td><td></td><td></td><td></td><td>РЕАЛІЗАЦІЯ | РІШЕННЯ | РОЗПОДІЛ | РОЗРОБКА</td></tr>
<tr><td></td><td></td><td></td><td></td><td></td><td>РЕАЛІЗАЦІЯ | РІШЕННЯ | РОЗПОДІЛ | РОЗРОБКА</td></tr>
<tr><td></td><td></td><td></td><td></td><td></td><td>РЕАЛІЗАЦІЯ | РІШЕННЯ | РОЗПОДІЛ | РОЗРОБКА</td></tr>
<tr><td></td><td></td><td></td><td></td><td></td><td>РЕАЛІЗАЦІЯ | РІШЕННЯ | РОЗПОДІЛ | РОЗРОБКА</td></tr>
<tr><td></td><td></td><td></td><td></td><td></td><td>РЕАЛІЗАЦІЯ | РІШЕННЯ | РОЗПОДІЛ | РОЗРОБКА</td></tr>
<tr><td>ЗАГАЛЬНИЙ ЧАС</td><td colspan="5">РЕАЛІЗАЦІЯ: .... РІШЕННЯ: .... РОЗПОДІЛ: .... РОЗРОБКА: ....</td></tr>
</table>

2. Заповніть форму, прописуючи кожне завдання чи дію, які ви виконали впродовж останніх п'яти днів. Краще поетапно згадати один день, а тоді скопіювати все згадане на інші дні.
3. У колонці «Дата» напишіть число, коли щось відбувалося.
4. У колонці «Діяльність» декількома словами опишіть завдання чи дію, які ви виконували.
5. У колонках «Початок» та «Кінець» опишіть, коли ви почали та коли закінчили виконувати завдання (це потрібно лише для макета аналізу затрат часу. Якщо ви покладаєтеся лише на власну пам'ять, пропустіть колонки «Початок» та «Кінець» і просто заповніть колонку «Загальна кількість витраченого часу», впишіть, скільки часу ви витратили на виконання завдання).
6. Останній крок — визначте, до якої категорії належать виконані завдання: Реалізація, Рішення, Розподіл чи Розробка.
7. Якщо у вас немає чітких календарних записів, тому вам важко відтворити останні п'ять днів роботи (вітаємо у світі підприємців! у нас так буває), просто заповніть

макет аналізу затрат часу, паралельно продовжуючи працювати наступні п'ять днів. Вивчивши систему годинникової точності ще глибше, ви поділитеся нею з колегами. Активний аналіз затрат часу — це найкращий підхід. Ви зможете відстежувати дії, які виконуєте, та переконуватись, що нічого не пропустили.

АКТИВНИЙ АНАЛІЗ

Почекайте, я зараз підкину вам трохи чисел. Як Дороті з «Дивовижного чарівника Країни Оз»[1], можливо, ви не захочете вирушити на прогулянку лісом, щоб дістатися Смарагдового міста. Їй було страшно, а вам цей шлях, може здатися виснажливим та непосильним. Відсотки, відсотки, відсотки — аж голова запаморочилася! Я розумію, можливо, ви не настільки занурені у бізнес, щоб працювати після вправ та аналізів, як-от я. Але спробуйте заради мене, о'кей? Вам потрібна ця інформація, щоб дістатися пункту призначення. (До речі, сподіваюся, що ви прямуєте до прекрасної країни Оз, а не до пустелі Депресії штату Канзас. І чому та Дороті так хотіла повернутися?)

1. Заповніть актуальний макет аналізу затрат часу, як це описано вище.
2. Упродовж дня зазначте час та завдання, над яким працюєте, а також час початку роботи. Тоді продовжуйте роботу над цим завданням. У момент, коли ви звернетеся до іншої роботи, будь-якої, навіть якщо відволіклися, щоб відповісти на запитання колеги, отримати

[1] Переклад А. Сагана, «Видавництво Старого Лева», 2006 рік. (*Прим. пер.*)

терміновий лист чи піти на обід, швиденько занотуйте час, коли закінчили роботу над завданням (навіть якщо повністю ще не закінчили… на цей момент ви завдання не виконуєте). Запишіть нове завдання (наприклад, відповідь на запитання колеги), а тоді уже відповідайте. Коли завершили, занотуйте час. А тоді зробіть те саме і з іншим завданням. І так цілий день.

3. Коли робочий день добіг кінця, переконайтеся, що заповнили всі колонки. Усі рядки — з верху до низу заповнені чітко та ефективно (урешті ця книжка про ефективність). Прогляньте кожне завдання, виконане за день, та зазначте, до якого типу роботи воно належить: Реалізація, Рішення, Розподіл, Розробка. Один тип роботи — на кожне завдання. Якщо не певні, серед варіантів обирайте найменший за рівнем (Реалізація — нижче, Розробка — вище). Знаю, робота копітка, проте це лише п'ять днів вашого життя, і вони дуже показові (ви можете здивуватися, побачивши прірву між своїми уявленнями та реальністю). А ще цей крок дуже важливий, щоб ваш бізнес працював самостійно. Вам треба чітко розуміти, де ви просто зараз, щоб ми разом швиденько перейшли туди, де ви повинні бути.
4. Коли макет аналізу затрат часу п'яти днів завершено, підсумуйте час, витрачений на Реалізацію. Тоді — на приймання Рішень, опісля — на Розподіл роботи, а наостанок — на Розробку. Запишіть усі підсумкові цифри у стовпчик та збережіть ці записи для наступного аналізу.
5. Маючи підсумкові числа для 4Р, складіть графік (або заповніть графік, який я склав нижче), щоб проілюструвати свій 4Р. Обчисліть у відсотках, скільки часу ви приділяєте кожному із 4Р та 4Р у сумі. Наприклад,

якщо ви витрачаєте сорок п'ять годин на Реалізацію, чотирнадцять годин — на Рішення, одну годину — на Розподіл роботи і жодної години на Розробку, сума 4P (45 + 14+1 +0) — це шістдесят годин.

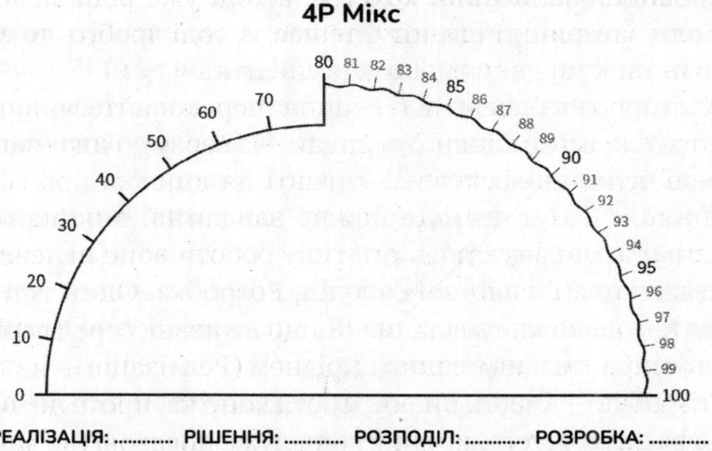

Щоб обчислити відсоток Реалізації, поділіть сорок п'ять годин на шістдесят годин, отримаєте 0,75, себто 75%. За такими розрахунками, Рішення — 23%, Розподіл — 2% (обидві цифри заокруглено), а Розробка — 0%. Обчисливши відсотки, заповніть кожну категорію Р наприкінці графіка.

6. Останній етап аналізу — заповніть «шматочок» кожного Р, щоб отримати правильне відсоткове співвідношення у графі (мікс 4P). Це проілюструє розподіл різних типів роботи (4P).

Хоча кожен тип роботи — необхідний, часто бізнес незбалансований. Ми проаналізуємо весь хід бізнесу згодом, проте зараз погляньмо на поточне становище. Знову ж таки, якщо ви — підприємець, який працює самостійно, чи маєте маленький бізнес (менше від п'ятьох працівників), ви уособлюєте або весь бізнес, або велику його частину. Що ви помітили? Що зрозуміли?

Багато підприємців, які працюють самостійно, потрапляють у пастку, витрачаючи 95 % часу на етап Реалізації. Вони живуть у пастці «час — це гроші» — пастці виживання, коли єдиний спосіб зростати — Реалізовувати більше, але це неможливо, тому що бракує часу.

Я також бачив, як підприємці, які працюють самостійно, самі ж потрапляють у пастку Розробки 4P. Те, що ви витрачаєте 40 % часу на Розробку (більше, ніж оптимальні 10 %), означає, що ви, певне, мрійник і точно витрачаєте замало часу на Реалізацію, щоб утілити ці мрії.

Обережно! Оскільки ми проаналізували тільки п'ять днів вашого життя, це міг бути той тиждень, коли ви, наприклад, складали квартальний робочий план. Я детально описав цю стратегію в книжці «The Toilet Paper Entrepreneur»[1], проте основна ідея дуже проста: такий план — це квартальний протокол, у якому ви досліджуєте ваш ринок та його вплив на поставлені вами цілі, а тоді підлаштовуєте вашу бізнес-стратегію під досягнення Великої Прекрасної Благодатної Сміливої Мети.

Якщо ви здійснюєте аналіз у цей період (себто на стадії планування), він не буде репрезентативним і не відображатиме типовий розподіл вашого робочого часу. Тому нумо домовимося: ви можете і повинні довіряти самі собі. Ви знаєте, який ваш звичайний робочий тиждень, тому

[1] Книжка не перекладена українською. (*Прим. пер.*)

що ви його проживаєте. Отже, маєте дозвіл повернутися до першого кроку й описати типовий, на вашу думку, робочий тиждень.

Оптимальний 4Р, звісно, спрацьовує у компаніях з багатьма працівниками. Наприклад, якщо у вас є двоє працівників (а ви — один з них), середній показник вашого 4Р становитиме 4Р компанії. Тож, якщо ваше 4Р складається з 50 % Реалізації, 0 % Рішень, 0 % Розподілу і 50 % Розробки, а 4Р вашого працівника — 80 % Реалізації, 20 % Рішень, 0 % Розподілу і 0 % Розробки, то середнє статистичне кожного з цих показників — 4Р вашого бізнесу. (Майте на увазі: я розумію, ви можете працювати сімдесят годин на тиждень, а ваш працівник — сорок. Саме тому потрібно сконцентруватися на ваших відсотках. Але ці деталі не так уже й впливають на результати, не будемо чіплятися до дрібниць. До того ж наша мета — скоротити ваш робочий тиждень тривалістю сімдесят годин. Пам'ятаєте?)

У цьому разі мікс компанії — це 65 % Реалізації (середнє 50 і 80 %), 10 % Рішень (середнє 0 і 20 %), 0 % Розподілу (середнє 0 і 0 %) і 25 % Розробки (середнє 50 і 0 %). Отже, такий бізнес — 65/10/0/25. Порівняйте з оптимальним 4Р — 80/2/8/10, і стане очевидно, що треба збільшити відсоток Реалізації (роботи) і скоротити обсяг прийняття Рішень (можливо, ви працюєте у сфері онлайн і слід багато чого пояснювати). Ви не опікуєтеся Розподілом (делегуванням), а ми хочемо, щоб 8 % часу ви витрачали на передачу повноважень, щоб досягти гарних результатів. Двадцять п'ять відсотків часу обох людей витрачається на Розробку (бачення та моделювання майбутнього) бізнесу, цього забагато (потрібно приблизно 10 %).

Якщо у вас — велика компанія з десятками, сотнями, тисячами працівників, ви також можете виконати з кожним цю вправу. Але краще — у групах (за відділами та зонами відповідальності). Наприклад, у вас двісті працівників, а в бухгалтерії працює десятеро людей. Попросіть кожного з цих десятьох працівників проаналізувати 4P. Визначте середній показник, отримаєте 4P бухгалтерії. Зробіть так само в кожному відділі та створіть схеми для кожного відділу. Додайте 4P кожного відділу, щоб обчислити 4P компанії.

ПОЧНІТЬ З ОДНОГО ВІДСОТКА

Я розумію, зміни, над якими прошу вас попрацювати, можуть здатися чимось непосильним. Ви просто не можете уявити, як звільнити хоча б *дрібку* часу, щоб попрацювати над Розробкою бізнесу. Ось чому, коли ви тільки починаєте весь цей процес, я прошу вас виділити на Розробку лише 1% робочого часу. Якщо ви працюєте 40 годин на тиждень, 1% — це 24 хвилини на тиждень, які можна заокруглити до пів години. Якщо ви переважно працюєте 60 годин на тиждень, тоді виділіть на Розробку до години. Вам не потрібно знаходити цілу годину (цей 1% часу) на Розробку, можна розбити її на частини і робити перерви.

Навіть витрачаючи лише 1% часу на Розробку, можна зосередитися на оптимізації своїх 4P та інших стратегіях, щоб розвивати бізнес. А знаєте, що ще ви можете зробити? Нарешті взяти до рук теку з назвою «Ідеї на колись», яка вже запорошилася в шухляді, й визначити, чи ви досі хочете їх утілювати. Статті про нові тренди в індустрії, нові технології, які ви хотіли прочитати, відеоуроки, за які ви заплатили, але так і не переглянули. Ви можете використати цей 1% часу, щоб нарешті зібратися і здійснити одне з найважливіших досліджень вашого бізнесу. Навіть 30 хвилин на тиждень достатньо, щоб проаналізувати ваш бізнес; розпитайте, що працює, як зробити так, щоб збільшити обсяги такої роботи, що не працює, та як уникати такої роботи надалі.

Коли виділення дрібки часу стане звичкою, ви почуватиметеся комфортніше і витрачатимете час доцільніше. Ви побачите зміни у власному ставленні до бізнесу, а ще зміни у бізнесі, щойно почнете втілювати ідеї та стратегії, які придумали на етапі Розробки. Щойно час на Розробку стане звичкою, ви захочете витрачати на неї ще більше часу.

ТАК, ВИ МОЖЕТЕ НАЛАШТУВАТИ БУДЬ-ЯКИЙ БІЗНЕС, ЩОБ ВІН ПРАЦЮВАВ ТОЧНО, ЯК ГОДИННИК

Якщо ви — креативний підприємець або маєте особливі навички, на яких тримається бізнес, як перейти від Реалізації до Розробки? Час від часу я отримую таке запитання. Важливо пам'ятати, що Реалізація, Рішення та навіть Розподіл роботи підтримують ваш бізнес, а Розробка — *вдосконалює* його. Навіть якщо ви працюєте у такій спеціалізованій та незалежній сфері, як-от живопис, ви можете бути розробником власного бізнесу. Не вірите? Дозвольте Пітерові пояснити все.

Англійський художник XVII століття Пітер Лелі був, звісно, не першим митцем, який систематизував власне мистецтво, але точно першим, чия майстерня почала працювати, наче добре налагоджений годинник. Знаєте, що він зробив? Лелі писав у стилі бароко, популярному на той час. Коли він переїхав до Лондона, то швидко став популярним портретистом, а згодом — головним художником королівської родини. Художник відомий серією портретів придворних дам — «Віндзорські красуні», ці картини експонуються у Віндзорському палаці.

Роботи користувалися попитом, тож Лелі відкрив майстерню та навчав молодих художників, які допомагали йому закінчувати полотна. У цього чоловіка було не просто кілька помічників, а ціла команда, яка дозволяла робити те, за що він і став відомим і що вдавалося йому найкраще: обличчя, — решту частин портрета він залишав асистентам. Клієнти прагнули отримати хоча б дрібку магії «Віндзорських красунь» — малюнок обличчя. Проте якби Лелі вимальовував кожен свій портрет від початку до кінця, зокрема предмети одягу чи антуражу, більшість часу довелося б витратити поза зоною його генія, себто зображення людського обличчя. Якби він застряг у Реалізації, Розробці та Розподілі праці, єдине, що йому залишалося б, щоб витримувати темпи роботи, — гарувати.

Відтак, звертаючи увагу тільки на Розробку (при цьому ніколи повністю не нехтуючи іншими етапами), Лелі творив ескізи поз. Зазвичай він використовував один тип суконь чи деталей. Коли ж закінчував змальовувати обличчя з натури, його головний асистент призначав когось із команди, щоб той використав пронумерований шаблон і закінчив картину. Без сумніву, Лелі був хрещеним батьком картин за номерами.

Бізнес процвітав, тому що Лелі давав клієнтам те, чого вони хотіли найбільше: його бачення їхніх облич. Інше — обстановка, колір суконь — не мали такого значення. Оскільки художник міг сконцентруватися на Реалізації малюнків облич та розподіляв усю іншу роботу, він написав за життя тисячі картин, натомість його сучасникам пощастило створити лише сотню.

Наступного разу, коли ви наважитесь сказати: «Мій бізнес так не впорядкуєш» чи «Я сам маю виконувати всю роботу», — почекайте. Ви самі себе обманюєте. Ваш бізнес може працювати самостійно. Якщо художник старої школи зміг, то ви точно зможете.

Я дуже довго відмовлявся вірити, що в моєму бізнесі хтось може виконувати ключову роботу чи (от би мої слова та Богові у вуха) *усю* роботу. Моїм ворогом було власне его. Вірив, що я найбільший розумака в кімнаті, принаймні в усьому, що стосується мого бізнесу. Але все стало іншим, коли мій друг Майк Аґуґліаро розповів про прості зміни, на які зважилися вони з бізнес-партнером. Майк та його бізнес-партнер, Роб Задотті, перетворили вантажний бізнес, де працювали лише вдвох, на бізнес вантажного транспорту вартістю 30 мільйонів доларів, яким керували вже з дому. Як Майк перейшов від Реалізації до Розробки бізнесу світової першості (котрий вони придбали ще влітку 2007 року, за словами Роба, за «копійки на бочці»)? Їм вдалося, бо вони змінили запитання. Вони вже не питали: «Як мені виконати цю роботу?» Вони запитали: «*Хто* ж виконає цю роботу?» Така проста зміна у постановці запитання і спонукала дати відповіді, які перетворили Майка й Роба на розробників бізнесу. Для того аби стати розробником бізнесу, не варто питати «як», варто запитати «хто». Запитання «Хто ж виконуватиме роботу?» відкриє вам очі на бізнес, що вирушить просто до етапу Розробки.

Не злічити кількість разів, коли підприємці казали мені: «Мій бізнес — занадто унікальний. Його нереально систематизувати». Вибачте, якщо доведеться вас засмутити, але не такі вже ви особливі. Так, існують справді особливі речі, але 90 % бізнесу — такі, як у всіх. Як у мене. Як у вас.

Лише кілька бізнесів у світі — справді унікальні. Якщо вони справді унікальні (й успішно розвиваються), інші їх копіюють. Попрощайтеся з унікальністю. І не розкисайте. Ваша мама має рацію, ви — особливі, унікальні та все таке. Я просто кажу, що фундамент бізнесу — однаковий для всіх. Оскільки ви читаєте цю книжку, я вважаю, що ви як мінімум хочете відкласти власне его і спробувати вести бізнес із годинниковою точністю.

А ось і хороша новина — процес перебудови бізнесу не потребує багато роботи над створенням нових систем. Насправді все стає *простим*, коли розумієш, що *всі системи вже є*. Головна мета — просто вивести їх із формату «задокументовано в моїй голові». Ви дізнаєтесь, як це зробити, у п'ятому розділі. А потім зробите все, що від вас залежить. Хоч яка у вас робота, її можна поділити на етапи й делегувати комусь іншому.

Не хочете зменшувати кількість часу, яку витрачаєте на Реалізацію, бо любите це робити? Будь ласка, робіть те, що любите! Бізнес повинен робити вас щасливим. Суть у тому, що ви *можете* делегувати більше, ніж думаєте. Навіть якщо ваш бізнес — це витвір мистецтва.

ОПЕРАЦІЯ «ВІДПОЧИНОК»

На початку розділу я розповів вам першу частину історії Скотта та Елайзи Ґрайс. Елайза провела в лікарні сумарно шість тижнів, не маючи можливості працювати. Більшість із нас навіть не може уявити, як це — втратити шість годин роботи, не те що шість тижнів. Не тільки підприємці, наймані працівники беруть дедалі менше часу відпустки. Дослідження[1] 2017 року показало, що лише 50 % американських працівників беруть оплачувану відпустку, хоча право на неї мають усі.

Не дивно, що двоє з трьох американських працівників таки *витрачають* час відпустки на роботу (принаймні частину відпустки). У цьому проблема не тільки підприємців — це частина корпоративної культури. А якщо ви будете змушені взяти відпустку? Того дня Елайза сказала:

— Ми вдячні за моє перебування у лікарні, бо це стало переломним моментом. Того дня, коли здавалося, що все безнадійно, ми вирішили почати з чистого аркуша, тому ставили собі різні запитання. Замість спитати: «Як нам це все витримати?», — ми спитали себе: «Якби нам платили за будь-яку роботу, що ми хотіли б виконувати?» Ми опинилися на самому дні, ось що спонукало нас *поставити* це запитання.

Я теж можу сказати, що побував на цьому дні свободи. Упевнений, що ви чули популярне запитання, яке ставлять, щоб дізнатися про вашу пристрасть та мету: «Якби у вас були всі гроші світу, що ви робили б?» Хороше запитання, але упереджене. Воно передбачає, що незалежно від вибору вам не потрібна стабільність. Ви можете сказати: «Я б з ранку до вечора дивився "Угамуй свій запал"[2]», — а оскільки у вас завжди будуть гроші, то компанія Ларрі Девіда — хороший вибір. Звісно, мета цього запитання —

---

[1] Опитування на замовлення «Glassdoor». Емі Елайза Джексон. «Ми не можемо відірватися: двоє із трьох працівників інформують про те, що працюють під час відпустки», 24 травня 2017. www.glassdoor.com/blog/vacation-realities-2017/.

[2] «Curb Your Enthusiasm» — американський комедійний телесеріал. (*Прим. пер.*)

визначити, яка справа припаде вам до душі, коли ваш вибір не залежатиме від потреби заробляти гроші.

Я відкрив для себе не менш важливе запитання, яке ставлять рідко: «Якби у вас не було ані гроша, що ви робили б, щоб прогодувати себе?» Якщо відповідь на обидва запитання — однакова, ви знайшли свій шлях. Ось як я зрозумів, що пристрасть усього мого життя — бути автором. Я мріяв, що «одного дня» стану автором, коли питав себе: «Якщо в мене будуть усі гроші світу...», — але не наважувався здійснити перший крок. А коли мало не довів до банкрутства себе (і свою родину), довелося поставити запитання: «Що я хочу робити, коли зараз у мене — ані гроша?» Відповідь була та сама. Я хотів стати найпродуктивнішим автором книг про малий бізнес. Та сама відповідь — і я вималював собі шлях.

Тільки час покаже, чи зміг я досягнути своєї Великої Прекрасної Благодатної Сміливої Мети — стати найпродуктивнішим автором книг про малий бізнес. Ця подорож — відчуття, наче я знайшов рай на землі. Я люблю те, що роблю. Елайза та Скотт люблять брендинг, вони хотіли розширити власний бізнес, але вже не могли розвивати створену бізнес-модель. Вони хотіли чогось іншого, масштабнішого.

Елайза розповіла:

— Коли я ще була здорова, трішки скаржилася Скоттові. Писала записки «Я звільняюся», переважно тому, що в бізнесі виконувала конфронтаційну роль. Кожнісінького дня я була змушена казати клієнтам, що вони роблять брендинг неправильно. Я більше не хотіла цього робити. Я просто хотіла, щоб мені платили за те, що я ходжу з людьми на каву.

Відповідь Скотта ховалася у його пристрасті до бізнес-систем:

— Я хотів, щоб завдяки бізнесу люди відчули свободу в особистому житті.

Коли Елайза почала одужувати, вони відмовилися від команди, згорнули роботу з клієнтами, виплатили лікарні борг та взялися будувати бізнес нової моделі, який давав би їм особисте задоволення та свободу. Вони перебудували бізнес-модель, щоб спрямувати увагу на навчання та створення контенту для груп, а не для окремих клієнтів. Вони вже не опікувалися проєктами клієнтів. Завдяки онлайн-заняттям вони консультували колишніх клієнтів, нових учнів та послідовників щодо менеджменту власних проєктів. Навіть не знаючи цих термінів, вони успішно збалансували 4P власної компанії. Через сім тижнів вони створили простий бізнес, який навчав наявну (і нову, розширену) клієнтуру, як будувати брендинг та систематизовувати бізнес на базі онлайн-курсів.

Зараз Елайза та Скотт ведуть бізнес зі двадцятивосьмифунтового фургончика. Вони частенько беруть чотири- чи шеститижневу відпустку, щоб відпочити. Відпочинок, коли вони навіть близько не підходять до щоденних справ. А що ж стається з бізнесом, коли їх немає? Він тільки зростає.

— Минулого літа ми взяли три місяці відпустки і подорожували Європою, — каже Елайза. — Ми відключилися повністю. Не бували в соцмережах. Не писали листи. Не відповіли на жоден мейл. Ми побудували свій бізнес так, що, коли нам захочеться взяти павзу, він і далі зростатиме. Ми впорядкували весь процес. І коли повернулися з Європи, бізнес тільки розширився і наші доходи зросли.

Елайза та Скотт зробили дещо надзвичайно важливе для операційної ефективності: вони припинили робити те, що їм не подобалося. Вони не просто делегували таку роботу, а реструктурували бізнес так, щоб не робити того, що не подобається, і зосередитися на тому, що дає задоволення. Вони шукали спосіб робити те, що хочеться, і зберігати гнучкість у роботі. Той етап бізнесу, на якому ви зараз, — безпосередній результат ваших думок про те, що вам треба зробити, щоб опинитися там, де ви опинилися. Якщо ви вірите, що потрібно гарувати, як кінь, щоб бізнес розвивався, то доводитимете свою рацію. Якщо ви вірите, що бізнес може зростати, якщо ви докладатимете мінімум зусиль, то самі собі будете це доводити. Але все реалізовується тільки тоді, коли ви у це вірите. А єдиний спосіб повірити — спитати себе. Як Скотт. Як Елайза.

У власному прагненні знайти простий спосіб, щоб бізнес працював самостійно, я зустрів кількох людей, які відпочивали від роботи і брали вихідні, щоб отримати ще успішніший бізнес, аніж раніше. Один із них залишив бізнес на цілих два роки! Я ще ділитимусь із вами такими історіями. Почувши їх, я зрозумів, що довга відпустка — найкращий тест для добре налагодженого бізнесу, а наважитися *піти* у відпустку — найкраще випробування, щоб налагодити свій бізнес і підготувати його до відпустки.

І тут сяйнула думка: наважитися на чотиритижневу відпустку (тривалістю в більшість бізнес-циклів) — чудовий стимул упорядкувати бізнес. За чотири тижні більшість бізнесів сплатять рахунки, проаналізують ринки, продаватимуть товар клієнтам, керуватимуть нарахуванням заробітної плати, вестимуть бухгалтерський облік, виконуватимуть адміністративні завдання, розроблятимуть технології, надаватимуть послуги, поставлятимуть продукцію тощо. Якби ми знали, що мусимо поїхати на чотири тижні без доступу до власного бізнесу, то зробили б усе можливе, щоб підготувати бізнес до своєї відсутності. Якщо ми не беремо відпустку, то використаємо час на впорядкування бізнесу. А оскільки всі ми люди, то зупинимося, перш ніж ці кроки допоможуть отримати таке очікуване та довготривале полегшення. Наше его сильне, а рутина — всепоглинальна. І перспектива такої до болю знайомої невдачі — легший вибір просто тому, що це щось знайоме. Без вимушеної мети у нас нічого не вийде.

Отже, за допомогою цієї книжки я запускаю операцію «Відпочинок». Ми зробимо це разом, підтримуватимемо одне одного, здійснюючи поступові кроки на шляху до зростання бізнесу *та* полегшення нашого життя. *Я кидаю вам виклик: узяти чотиритижневу відпустку впродовж наступних вісімнадцяти місяців*. І коли я кажу «взяти», я маю на увазі — забронювати все для відпустки. І переконатися, що ви не відступите, — пообіцяти дітям, пообіцяти мамі, занотувати. Або найсміливіший учинок: напишіть пост у фейсбуку, щоб увесь світ узяв вас на кпини, якщо не дотримаєте слова. Хай там як, переконайтеся, що написали мені листа із цим зобов'язанням (через кілька хвилин розповім як). Можливо, ми навіть виберемося у відпустку в той самий час і в те саме місце. Можемо з'їсти кілька кусочків «Маргарити», поки ваш бізнес тільки зростатиме під час вашої відсутності.

У десятому розділі я детально опишу розклад, який допоможе підготувати бізнес до вашої чотиритижневої відпустки. Якщо ви бунтар, не вірите чи вирішили *не* брати відпустку на чотири тижні ще кілька років, однаково прочитайте цей розділ, будь ласка. Такий розклад надає інструментарій із семи кроків, щоб ваш бізнес працював з годинниковою точністю.

Дозвольте пояснити. Я не пропоную вам *лише* чотиритижневу відпустку. Для декого чотири тижні — замало. А дехто планує поповнення в родині, хоче взяти три, шість чи більше місяців відпустки чи навіть не уявляє, як це — взяти і піти у відпустку, і щоб бізнес вижив. Ось чому ми *плануватимемо* чотиритижневу відпустку, щоб ви змогли налаштувати бізнес так, щоб він працював без вас. Коли це станеться, ви зможете витратити на відпустку стільки часу, скільки захочете чи скільки буде потрібно! Уявіть, не треба приймати життєво важливих рішень, щоб бізнес працював і зростав без вас!

Поки я пишу цю книжку, уже зважився на свою першу довгу відпустку (тривалістю місяць). Моя поїздка розпочнеться 7 грудня і триватиме до 7 січня. Я почав планувати свій місячний відпочинок за вісімнадцять місяців і провів безліч тестів, залишаючи бізнес на тиждень, щоб переконатися, що готовий до від'їзду. Упродовж цих вісімнадцяти місяців я сприймав власний бізнес зовсім по-новому. Знаючи, що поїздка от-от розпочнеться, я сконцентрував увагу на тому, щоб віддати всі важливі ролі, які виконував у компанії. Я працював, щоб досягти оптимальних 4Р. Чи я робив би це без примусу? Гадаю, ні. Не впевнений, що ви до цього також узялися б.

Мій неймовірний бізнес-коуч Баррі Каплан з компанії «Shift 180» каже: «Іноді єдиний спосіб вибратися з хащ — просто з них вийти».

От і все. Припиніть витрачати весь час на роздуми, як же вийти з хащ. А якщо все піде не за планом? А якщо бізнес зруйнується? А якщо? А якщо? Просто вийдіть із цих хащ та оцініть результати. Заплануйте відпустку просто зараз! Коли приймете непохитне рішення кудись вирушити, ваш мозок змінить перебіг думок, і ви почнете працювати над переходом до етапу Розробки власного бізнесу.

ГОДИННИКОВА ТОЧНІСТЬ У ДІЇ

1. Настав час приділити увагу Розробці. У книжці «Прибуток понад усе» я закликав читачів зобов'язатися виділити хоча б 1% від доходу на користь прибутку. Навіть якщо вони не виконують інших кроків, описаних у книжці, я знаю, що цей єдиний крок — відкладати 1% від доходу — допоможе у двох аспектах: вони зрозуміють, як просто відкласти таку суму, і навчаться жити без неї. Це — перший крок, тож я хочу, щоб ви виділили 1% вашого робочого часу на Розробку бізнесу. Тільки один відсоток. Не важливо, який довгий ваш список завдань та наскільки вимогливі клієнти чи працівники, ваш бізнес виживе, якщо ви забиратимете трішки часу щотижня, щоб витрачати його на роботу, яка допоможе рухатися вперед.
2. Щотижня виділяйте час на Розробку — і так упродовж вісімнадцяти календарних місяців. Відтак ви виділятимете дедалі більше часу на Розробку, проте зараз потрібно переконатися, що ви довго виділятимете цей один відсоток.
3. Так само як ви ставите на перше місце прибуток у бізнесі, треба надати пріоритет цьому 1% часу в тижні. Не чекайте на кінець тижня, щоб звертатися до Розробки. Натомість виділіть час на початку. Якщо ви попрацюєте над баченням роботи на початку тижня, наступні дні лише доповнять це бачення і, отже, пришвидшать роботу. Проаналізуйте затрати часу впродовж наступних п'яти робочих днів та визначте 4Р.

РОЗДІЛ 3

КРОК ДРУГИЙ: ВИЗНАЧТЕ ФБК КОМПАНІЇ

Як змінити бізнес, щоб досягти оптимальних 4P? Як почати процес змін, щоб зробити бізнес іще ефективнішим? Я почав пошук рішення ще чотири роки тому з простого запитання: яка організація найефективніша у світі? Ми всі так прагнемо створити ефективну організацію, яка автоматично приноситиме гроші та дасть свободу робити те, що ми хочемо і коли хочемо. Що видав ґуґл? Ні-чо-го.

Було б класно, якби відповіді на найактуальніші питання бізнесу можна було легко знайти в інтернеті. Пошук серед теорій «пальцем у небо», списки та визначення — цей шлях не допоможе. Це наче трясти магічну кулю, щоб дістати відповіді на дуже особисті запитання. Ніколи не дістанете! Та все ж я відчайдушно шукав. Я впевнений, ви теж так робили, друкуючи: «Як зробити так, щоб бізнес не з'їдав усі мої нерви?» — чи щось іще виразніше. А ґуґл вибивав рецепти мафінів без цукру, глютену і смаку. І, за іронією долі, ви нервували ще більше... Ну розумієте, якщо забрати з мафіну цукор і глютен, залишиться хіба що повітря. Ну і паперова обгортка.

Ґуґл не дуже допоміг, тож я поплентався в бібліотеку (так-так, вони ще існують). У книжках, наукових працях і статтях пояснювалися системи, які використовували успішні компанії: взуттєва фабрика економила час на виробництві снікерсів, дистриб'ютор прискорив процес доставки, «Disney» успішно використав «The Disney Way».

Я був певен, що десь існує цей список «найефективніших бізнесів», хотів дізнатися, як вони стали ефективними, та трансформувати їхній досвід у практичні поради, якими зможу поділитися з вами. Проблема полягала в тому, що ті приклади бізнесу, які з'являлися у моєму дослідженні, здавалося, «засунули блискавку в банку». Підприємці розповідали, що знадобилося *їм*, а не що потрібно *нам*. Таке не повториш. Урешті, ви ж не бачили «Disney № 2», не пили кока-колу № 2, еге ж? Ви можете створювати конкуренцію, як от «Six-Flags» чи «Pepsi», проте не можете просто скопіювати чужий бізнес і досягти аналогічних результатів.

Одного доленосного дня після довгої подорожі я перемикав радіостанції та випадково натрапив на якийсь репортаж про бджіл. Пасічник розповідав репортерові NPR, як бджілки виконують неймовірну роботу. У типовому для NPR стилі показували все наживо, навіть як репортера вжалила бджола, коли той підійшов надто близько до вулика.

Найбільше мене вразила швидкість, з якою без зусиль розростаються бджолині колонії. Можливо, ви бачили це на власні очі. Одного дня біля вашого вікна літало кілька бджіл, а вже наступного ви помічали там велику бджолину колонію. Як їм це вдається?

Кожна бджілка в колонії знає, що повинна робити: переконатися, що бджола-королева надійно захищена. Немає нічого важливішого за роль, яку виконує ця бджілка. Тоді й тільки тоді всі бджілки виконують свою Першочергову Роботу. В результаті їхній біззззззнес (обіцяю, я зроблю це тільки раз) стрімко та легко зростає.

Як діють колонії бджіл?

1. У кожному вулику є бджола-королева, яка відкладає яйця. Це завдання (відкладання яєць) — функція Бджоли-Королеви (ФБК). Якщо БК порається у вулику, яйця відкладаються, а колонія стрімко та легко зростає. Якщо бджола-королева не виконує цієї ролі, над вуликом нависає загроза.
2. Кожна бджола знає найважливішу функцію колонії — відкладання яєць. Функцію виконує бджола-королева, яку потрібно захищати та якій треба допомагати. Її годують. Їй дають прихисток. Її не відволікають.
3. Не думайте, що бджола-королева — це найважливіша частина колонії. Проте функція, яку вона виконує, — справді найважливіша. Потрібно швидко і безперервно відкладати яйця. Байдуже, виконуватиме цю функцію одна королева чи інша. Важлива ФБК. Тому, якщо бджолина королева помирає чи вже не може відкладати яйця, колонія швидко вибирає іншу бджолу-королеву — аби не зупиняти ФБК.
4. Коли бджоли задовільно обслуговують ФБК, то переходять до виконання Першочергової Роботи: збирають пилок, нектар (їжу), доглядають яйця та личинки, підтримують температуру вулика, захищають його від набридливих репортерів NPR.

Зрозумівши, у чому полягає ефективність бджолиного ладу, я нарешті зміг сказати «агааа». Я зрозумів, що визначення та підтримка ФБК значно поліпшать бізнес та рівень життя підприємця. Я вирішив одразу випробувати цю теорію на практиці власного бізнесу разом з Сінді Томасон, підприємицею, чиїм наставником я був упродовж останніх років (про це розповім згодом).

Якщо ви читали мою книжку «Surge[1]», можливо, згадаєте історію Сінді. Якщо коротко, ми з нею пройшли процес «підйому», описаного у книжці. Вона виконувала все від А до Я і вже за кілька місяців залучала одного потенційного клієнта не щомісяця, а щодня. Її бізнес просто вибухнув. Вона опинилася на новій для себе території, з усіх усюд оточена новими можливостями. То було неймовірне перевтілення. До неї приходили дедалі кращі клієнти і дедалі більші прибутки. Приголомшлива круговерть. Сінді мала більше роботи, аніж коли-небудь раніше. Для неї це стало непосильним тягарем. Вона перебувала у режимі постійної паніки. Увесь час працювала, проте цього було замало, щоб задовольнити попит.

У Сінді — заспокійливий арканзаський акцент, вона чудова ораторка. Щось на кшталт жіночої версії Білла Клінтона. Тільки не того дня, коли вона, як Білл Клінтон в інтерв'ю Барбарі Волтерс, крізь сльози розповідала мені про своє виснаження. Коли я спитав її про ФБК, Сінді не змогла відповісти одразу. Ми обговорили все, і врешті вона спромоглася визначити основну функцію компанії: чітка комунікація. Сінді розповіла:

---

[1] Книжка не перекладена українською. (*Прим. пер.*)

— Коли я розмовляю з клієнтами — не важливо, як усе йде — добре чи погано, — я стараюся, щоб вони зрозуміли всі обставини та повернули собі впевненість. Я дарую їм спокій розуму. Саме комунікація допомагає триматися на плаву.

Коли Сінді не зв'язувалася з клієнтами, щоб поділити їхні переживання та знайти правильне рішення, ми зауважили значний спад прибутків. А коли вона комунікувала з клієнтами — прибуток зростав. Комунікація, вирішила вона, — критично важлива річ для успішного бізнесу.

Відкладання яєць — це ФБК бджолиної колонії, а ФБК Сінді — це активна комунікація з клієнтами. Єдина дія, від якої залежить успіх компанії, — ось ваша ФБК. Не хвилюйтеся, якщо ще не знаєте всієї ситуації. У мене для вас дуже проста, проте дієва вправа, яка швидко поставить усе на свої місця.

— Скільки часу ви витрачаєте на ФБК (комунікацію з клієнтами) упродовж сорокагодинного тижня? — запитав я Сінді.

Запанувала довга павза. Не з тих павз, коли людина намагається порахувати, щоб відповісти. Це така павза, коли людина знає точну відповідь, проте обдумує її наслідки. Урешті Сінді обізвалася:

— Можливо, дві години.

Дві години із сорока. П'ять відсотків! П'ять відсотків часу на найважливішу функцію її бізнесу... І, будьмо відверті, Сінді не обмежує свій робочий графік до сорока годин (і ви теж). Вона витрачала на ФБК навіть менше ніж 5% часу. А ще 95% часу витрачала на літературу, управління працівниками — ну ви знаєте, як це. Навіть коли вона найняла більше працівників, робота не стала легшою, радше навпаки. У неї було більше людей… більше робочих рук. Але Сінді загрузла в процесі приймання рішень. Вона вже виконувала дві дії одночасно: робила власні справи і вислуховувала безліч запитань від людей, які мали б працювати на неї. Її бізнес — то було поєднання її розуму та їхніх восьми рук. У результаті розвиток її бізнесу лише *додав* стресу. Знайомо, чи не так?

Коли ми визначили ФБК Сінді, розпочалися зміни. У неї була одна мета: за будь-яку ціну захистити ФБК. Вона розповіла команді, наскільки важлива ФБК для комунікації з клієнтами. Вона навіть повісила величезний попереджувальний знак в офісі, як візуальне нагадування для всіх, що ФБК повинна вселяти спокій, розуміння і мир у серця та розум клієнтів. Вона передала роботу, яка не стосувалася ФБК, асистентам, працівникам і підрядникам. Вона дала працівникам можливість самостійно приймати рішення. А сама зосередилася на ФБК. Згодом вона визначила, що відволікало її від ФБК: вона власноруч обслуговувала великого, хоч і проблематичного клієнта, якому ніколи не можна було догодити, тож вирішила його просто… позбутися.

Через три місяці ми із Сінді сконтактували.

— Не можу повірити, — сказала вона. — Ми розвиваємося швидше, ніж будь-коли, а бізнес працює безперебійно. І знаєте що?

— Що, рідненька?

— Минулого тижня я *працювала в саду*. Усі вихідні.

Сінді *обожнює* поратися в саду. То її любов, а через бізнес вона повністю закинула цю справу. Визначивши та підтримуючи ФБК, вона наблизила свій бізнес до оптимальних 4Р. Сфокусувавшись на впорядкуванні бізнесу і використовуючи метод бджолиних колоній, з яким ви детальніше ознайомитеся на сторінках цієї книжки, Сінді повернула собі вихідні. Вона повернула собі *життя*, а її бізнес почав процвітати.

ВИЗНАЧТЕ ТА ПІДТРИМУЙТЕ ФУНКЦІЮ БДЖОЛИ-КОРОЛЕВИ: МЕТОД СТІКЕРІВ

Якщо ви ще не визначили ФБК, використовуючи згадані базові кроки, я приберіг іще один чудовий метод, який допоможе. Навіть якщо у вас є певні уявлення щодо власного ФБК, цей метод дасть змогу перевірити здогадки. Метод нотаток на стікерах визначає головне завдання кожного працівника у вашій компанії. Метод також можна застосувати, щоб визначити ФБК компанії та найважливіші завдання для кожного працівника. Найкраще виконувати цю вправу в групах (якщо це можливо), оскільки така вправа — хороший початок для потужних реалізацій та обговорень. Якщо ви працюєте самі, *es no problema, mi amigo*[1].

Ми повернемося до ФБК з дидактичних міркувань. Почнімо з найбільших завдань, які виконують ваші працівники (і ви) у компанії. Коли ми визначимо та проаналізуємо Першочергову Роботу кожного працівника, зможемо ідентифікувати ФБК компанії.

1. Зберіть команду та роздайте кожному стікери. Краще роздати багато кожному (і собі також) — хоча б по шість. Попросіть поставити стікери перед собою. Пам'ятайте, якщо ви працюєте сам на себе, теж можете виконати цю вправу. Усі подальші інструкції напишіть на дошці, щоб

---

[1] Нема питань, мій друже (*ісп.*). (*Прим. пер.*)

всі могли використати стікери, спираючись на власний досвід роботи у компанії.

2. На кожному стікері напишіть шість найважливіших аспектів вашої роботи. З усіх завдань, що ви виконуєте в компанії щодня, щотижня, щомісяця, щороку, які шість — найважливіші? Записуйте коротко. Не треба довгих речень. Наприклад, можна написати «продажі» або «розрахунки».
3. Усі шість стікерів потрібно розмістити перед собою в ряд, переглянути кожен стікер та впевнитися, що на ньому написано справді шість найважливіших речей, які ви робите у компанії. На лівому кінчику кожної записки напишіть приблизну кількість часу, яку витрачаєте на виконання цих завдань.
4. А тепер уявіть, що ви більше не можете виконувати два завдання з-поміж шести обраних. Гра полягає в тому, що потрібно уявити, що ви ніколи більше не зможете виконувати, делегувати чи передавати ці завдання. Якщо ви забрали ці завдання, вони автоматично зникають (у вправі). Відкладіть ці два стікери подалі. Вправа — не така проста, але не зупиняйтеся. Результат розставить усе на місця.
5. Чотири залишені записки для вас — найважливіші. Подивившись на них, подумайте, як змістити обсяг роботи так, щоб компенсувати втрати тих двох забраних функцій. Поясніть групі, чому ви забрали саме ті два стікери. Якщо ж працюєте самостійно, поясніть ці дії самому собі. Однаково зараз ніхто не помітить, що ви звертаєтеся до себе.
6. А тепер заберіть іще один стікер — з тих самих міркувань. Від чогось треба безповоротно відмовитися. Покладіть

його до тих двох, які відклали раніше. Поясніть, чому відклали цей стікер, а залишили інші.

7. У вас залишилося три стікери. Заберіть іще один. Продовжуйте цей процес, щоб зрештою залишити два стікери, від яких найбільше залежить успіх вашого бізнесу.
8. Останній крок — у вас залишилося два стікери. Оберіть стікер, який не можете забрати взагалі. У жодному разі. Саме на ньому ви будуєте успіх компанії. Поясніть групі, чому саме цей стікер важливіший, аніж інший. Ось це я називаю «те, що поповнює гаманець» — завдання, яке завжди слід виконувати. Його треба захищати за всяку ціну. У всіх процесах, у Першочерговій Роботі. Покладіть цей стікер у гаманець, щоб ніколи не забувати і завжди виконувати це завдання. Першочергова Робота — пріоритетне завдання з-поміж інших. Проте якщо ФБК компанії під загрозою, необхідно приділити час, щоб захищати та виконувати ФБК.
9. Зберіть усі стікери, навіть ті, які довелося відкласти. Вони знадобляться під час роботи з наступним розділом.

Насамперед, усі працівники (і ви теж) повинні виконати цю вправу з огляду на роботу, яку мають у компанії. Зважаючи на власні можливості, які шість найважливіших завдань ви виконуєте для компанії? Завдання, яке поповнює гаманець, на думку ваших працівників, найкраще допомагає бізнесу рухатися вперед. Ось це завдання — Першочергова Робота у вашій компанії, найвідповідальніше після завдання (скажімо хором) захищати ФБК.

Коли кожен працівник визначив свою Першочергову Роботу і вона не збігається з вашим баченням пріоритетних завдань, виникають проблеми з комунікацією або непорозуміння. Працівники не розуміють або ваших очікувань, або своєї ролі. Попрацюйте з найманими працівниками, щоб вони зрозуміли, у чому полягає непорозуміння між вами.

Коли ви визначили першочергову функцію кожного працівника, вам як власникові бізнесу потрібно зібрати всі стікери, які залишилися. Якщо у вас п'ятнадцятеро працівників, разом з вами, вам слід зібрати п'ятнадцять стікерів. Тепер ми використаємо ці стікери, щоб повторити вправу для всієї компанії. Ви можете зауважити, що деякі стікери повторюватимуться. Можливо, багато людей визначили, що функція продажу чи доставки, яку вони виконують, — їхня Першочергова Робота. У такому разі об'єднайте ці нотатки, закріпіть їх разом, виберіть ті нотатки, на яких записано *інші* Першочергові Завдання, та покладіть перед собою.

Відкладайте стікери — спочатку зменште їх кількість наполовину. Якщо у вас, до прикладу, залишилося дванадцять з п'ятнадцяти стікерів, треба забрати ще шість (половина) та відкласти вбік. Продовжуйте ділити кількість стікерів навпіл та відкладати їх, поки не залишиться чотири або ще менше стікерів. Коли залишиться шість, відкладіть три; решту залиште. Якщо ж перед вами — чотири чи менше стікерів, розгляньте кожен з них окремо.

Часто саме на цьому етапі люди кажуть, що ця «гра» — неможлива. Наприклад, у вас залишилося три стікери: виписування накладних, послуги доставки і безпосередньо збут, — ви не можете забрати жоден зі стікерів, усе здається потрібним, щоб бізнес вижив. Оформлення накладних — важливе, так само як доставка товару, який ви пообіцяли клієнтам, чи поширення інформації про компанію. Погоджуюсь, усе це — важливо, але питання в тому, від якої саме функції залежить успіх вашого бізнесу. Якщо ви не зможете вибрати щось одне, то і далі ослаблюватимете унікальність свого бізнесу та встромлятимете палиці в колеса процесу самокерованості.

Ви маєте обрати функцію, яку поставите у пріоритет. Уявіть, що вам доведеться надовго відкласти виписування накладних. Поставте собі запитання: чи зможете ви у такій ситуації діяти настільки ефективно та якісно, щоб усі авансові платежі, які регулярно отримуєте, не потребували документального оформлення? Чи можете ви працювати на ринку так, щоб назавжди відмовитися від накладних? Чи можете ви працювати на ринку так, щоб побудувати успішний бізнес? Відповідь: «та звісно». Кампанії стартових кредитів щодня підтверджують, що це можливо.

Із решти (чотирьох чи менше) стікерів відбирайте по одному, поки не залишиться один. Це — ФБК вашої компанії. Яка поповнює *кожнісінький* гаманець.

Ось чудовий лайфхак, який допоможе визначити вашу ФБК. Здебільшого в малому бізнесі цю функцію виконує власник або високооплачуваний(і) працівник(и). Важливо, що ФБК — це *не* власник чи працівник. Це *роль*, яку вони виконують. Ми маємо на увазі функцію Бджоли-Королеви й наголошуємо саме на слові «функція». Ми не маємо на увазі бджолу-королеву... поки що.

Мушу ще раз застерегти вас: більшість підприємців автоматично прирівнюють себе до ФБК, але в цьому вся суть: ФБК — це не особа чи якась машина. ФБК — це завжди роль, функція або завдання. Тому, можливо, ви просто зараз виконуєте ФБК, може, ви поки що — єдина людина, яка захищає ФБК, проте це не означає, що ФБК — це ви. Насправді це не так.

Якщо ви — власник малого бізнесу з п'ятьма, а то й менше найманими працівниками, напевне, саме ви виконуєте ФБК. Якщо ж ви працюєте самостійно, цю функцію ви точно виконуєте самотужки. Якщо ж ваша організація більша, часто (але не завжди) цю функцію виконують найбільш фахові працівники.

Поговорімо про мого друга Джессі Кола. Бейсбольна команда «Savanna Bananas» — певне, одна з найвідоміших бейсбольних команд у світі (великих, малих чи команд коледжів). І не тому, що це найкраща команда з найкращими гравцями. Насправді гравці — це зірки коледжу, які змінюються щосезону. Склад команди так часто змінюється, що багато фанів просто не знають імен гравців. Чому? Бо ФБК команди «Bananas» — це не бейсбол, а *розваги*.

Джессі пояснює:

— Бейсбол — це невеличка перерва між розвагами.

А розваги завжди змінюються. Ну, уявіть, що ви дивитеся, як ваша дитина грає в сокер, двадцять вихідних поспіль. Та ви знудитеся! Хоча почекайте, ви вже це проходили. Перша гра — це дуже навіть весело. Але через кілька ігор вам стає нудно і сумно. Ну просто копни той чортів м'яч замість збирати маргаритки на полі. Просто копни, малий. Просто копни!

Джессі знає, що бейсбол — це ще гірше. Усі утворюють коло і чекають, поки хтось відіб'є м'яча, а ваша дитина ну ніяк не може влучити. Отож Джессі спало на думку, що ФБК — це нові розваги. Усе на світі набридає. Тому Джессі постійно підкидає нові божевільні ідеї для групи підтримки та веселі ігри для вболівальників, у які можна зіграти між подачами.

Джессі запросила мене зробити перший кидок у грі минулого літа просто перед аудиторією п'яти тисяч фанів «Bananas». Яка честь! Але це не був бейсбол. Я кинув рулон туалетного паперу (на честь моєї книжки «The Toilet Paper Entrepreneur»[1]), і юрма дико заревіла: це було якась нова, весела дурненька розвага. ФБК виконується. У «Savanna Bananas» ФБК виконує не лише Джессі, а й кожен, хто розважає натовп. І під час тієї гри, коли я зробив перший кидок туалетним папером, ФБК кілька секунд виконував... я.

Кілька років тому я зустрівся зі своїм другом Клайдом та його дружиною Беттіною[2] за обідом у Франкфурті, у Німеччині. Ми з Клайдом дружимо вже багато років, але з Беттіною я тоді тільки познайомився. За обідом з'ясувалося, що вона — одна з небагатьох педіатрів Сполучених Штатів Америки (таких лише тисяча п'ятсот), яка має ліцензію та сертифікати, щоб практикувати у відділі інтенсивної терапії. Для цього вона вчилася та практикувала одинадцять років.

Для більшості з нас, підприємців, одинадцять років вищої освіти — це наче ціла вічність і один день, проте порівняйте цей час із тими роками, коли ви тільки починали вести бізнес. Або, якщо ви — найманий працівник, котрий вирішив прочитати цю книжку, порівняйте цей відрізок з часом, який ви присвятили освіті, практиці та вивченню професії з початкового рівня. Як Беттіна

---

1 Книжка не перекладена українською. (*Прим. пер.*)

2 Аби захистити право на приватність, я вигадав ці імена: Клайд та Беттіна. На жаль, історія дуже правдива. Вам, певне, цікаво, як я вигадав ці імена. Усе просто. Я спитав їх, які імена їм ніколи б не дали батьки. Відповідь була: Клайд та Беттіна. Тому познайомтеся з Клайдом та Беттіною.

інвестувала час і кошти в кар'єру, так ви інвестували час та гроші у власний бізнес.

Як і ми, Беттіна дуже віддана своїй роботі. Дуже. Вона обожнювала працювати з найважчими пацієнтами в місті, де вона жила, а ще їй подобалося викладати інтернам. Вона навіть обожнювала дослідження, яке хотіла проводити у вільний час.

Єдина проблема полягала в тому, що вона не знала, чи вистачить її надовго. Вона вже багато років працювала, на її плечі лягало безліч тягарів та вимог, тож розуміла, що їй пощастить, коли вдасться протягти так хоча б десять років. Сумарно.

Уявіть: у вас п'ять змін по дванадцять годин, а опісля — ще тридцять годин роботи. Окрім догляду за пацієнтами ще практикуєте та викладаєте. А ще додайте дві чи три години адміністративної документації та заповнювання медичних карток. І наостанок — виписування рахунків та суперечки зі страховими компаніями. Після змін залишається робота з інтернами, яких ви навчаєте. І коли, о диво, на неоплачуваному нічному чергуванні залишається дрібка енергії, ви маєте писати дослідницьку роботу, щоб вас підвищили (через кілька років, якщо пощастить). Ви такі виснажені, що, здається, слова «виснаження» недостатньо і потрібно вигадати щось нове, бажано, щоб римувалося з «будь ласка, допоможіть».

— Я люблю свою роботу, але сумніваюся, що зможу витримати такий напружений графік та зберегти психічне й фізичне здоров'я, — поділилася зі мною Беттіна. — Я повинна змиритися з тим, що не буду лікарем-практиком усе життя. І я така не одна. Схоже, що за десять років вигорають усі медики лікарні, де я працюю.

Мені просто в голові не вкладалося, що Беттіна — першокласна лікарка, яка пройшла спеціальне навчання, котрого так потребують пацієнти, повинна змиритися з кардинальними змінами, інакше не зможе довго витримати такий темп. Їй це також не вкладалося в голові. Вона тільки-но стала профі, аж раптом з болем усвідомила, що доведеться відступити.

— Я розпланувала одинадцять років додаткового навчання, але ніхто не розказав мені про негативний вплив такого робочого графіка. Це стало величезним шоком, з огляду на те, скільки часу і грошей я витратила на практику. Я просто не можу витримати такий інтенсивний темп, зберегти здоров'я і холодний розум, тож мушу змиритися й піти.

Беттіна змушена змінити плани на життя, а її лікарня — втратити одну з найкращих лікарок, яка загрузла в нескінченному потоці додаткової роботи (окрім догляду за пацієнтами), який уже не могла витримати. Чи змогли б поради щодо продуктивності зменшити рівень стресу в житті Беттіни? Ні, тому що лікарня вже дала їй десятки таких способів, а щойно знаходився «вільний час» — вона заповнювала його ще більшою кількістю роботи, як от суперечками зі страховою компанією. Уявляєте? Вам роблять операцію на відкритому серці, яка може врятувати вам життя, і раптом хірург просто посеред операції йде на перерву, тому що треба узгодити з агентом страхової використання десяти швів під час останньої операції замість трьох, прописаних у страховому договорі.

Знаєте, є такий вислів: «Не відволікайте футболіста на гальбу пива». Ось чому ФБК — важлива. У цього футболіста — робота, яку треба виконувати. Він має ганяти м'яча на полі, а не дудлити пиво з друзями. Так само й Беттіну не мали б непокоїти завдання, які відволікають її від виконання ФБК. Це ж очевидно. Беттіна повинна рятувати людські життя в першу, другу та й де б та черга не була, а натомість вона застрягає за келихом пива. То не сором, то гріх.

Також гріх — не виконувати ФБК. У наступному розділі я розповім вам, як переконатися, що ви та ваша команда *справді* визначили гравця (для виконання ФБК), який ганятиме полем м'яча, забиватиме «хокі» й танцюватиме з радощів.

ГОДИННИКОВА ТОЧНІСТЬ У ДІЇ

Тут я підготував для вас лише один крок: визначте та задекларуйте ФБК та її виконавця.

Так, от і все. Якщо у вас маленька команда, ця вправа забере менше ніж 30 хвилин. Якщо ж команда велика, можете просто призначити день, щоб завершити вправу чи поділити команду на менші групи. Оскільки це дуже важливо, виконайте таку вправу. Від цього залежить успіх вашої компанії. До того ж, коли ви задекларуєте ФБК, почнете пошук шляхів із цих хащ і процес перетворення на розробника власного бізнесу, ФБК стане стрижнем, на якому можна побудувати бізнес, що працюватиме самостійно.

РОЗДІЛ 4

КРОК ТРЕТІЙ: ЗАХИЩАЙТЕ ТА ВИКОНУЙТЕ ФБК

Коли в оці вашої семирічної дитини застряг осколок металу, доїхати за двадцять дві хвилини до лікарні Кейп Код у відділ швидкої допомоги — порівняно легко. Тато, досвідчений спеціаліст невідкладної медичної допомоги (СНМД), знає, що найважче — попереду. Хоч як боляче, вони мусять стояти в черзі, оскільки життю його сина ніщо не загрожує. У довгій, незручній черзі.

То був теплий червневий день, у кімнаті очікування повно людей. Сирени знадвору ставали дедалі гучнішими, під'їжджала швидка допомога. А заплаканий хлопчик і тато приготувалися весь день і ніч просидіти в кімнаті очікування.

Усе сталося зовсім не так.

Та кімната була радше не в'язницею, а метушливим вуликом. Через п'ять хвилин хлопця прийняли і почали лікувати. Через чотирнадцять хвилин осколок витягли з ока спеціальним магнітом, око ще раз оглянув лікар, щоб переконатися, що інших пошкоджень немає. Через дев'ятнадцять хвилин огляд завершили, виписали тайленол, а хлопця відпустили. Через шістдесят хвилин після відвідин лікарні тато із сином зайшли у двері свого будиночка. Усе добре. Відпочиваємо далі.

Того самого дня за 256 миль від Брукліна двоє СНМД привезли у Госпітальний центр округу Кінґс психічно хвору жінку 49 років з підозрою на надмірне збудження та психоз. У кімнаті очікування було повно людей. Через п'ять хвилин жінка вже сиділа в кріслі в кімнаті швидкої допомоги. Минуло чотирнадцять хвилин, а вона досі чекала. Минуло дев'ятнадцять хвилин, відколи вона приїхала, — жінка чекала. Годину. Чотири години. Вісім годин. Десять. Пацієнтка чекала у тому самому кріслі. Через *двадцять чотири години* її знайшли мертвою в кімнаті очікування.

Це сталося 18 червня 2008 року. Маленький хлопчик, який повернувся через годину після надання швидкої медичної допомоги, — мій племінник Доріан. А жінка, яка трагічно загинула в кімнаті швидкої допомоги після цілого дня очікування, — Есмін Ґрін. Причина смерті — тромбоемболія легеневої артерії. Це коли у кровоносних судинах ніг сформувалися згустки крові, які по судинах потрапили до легень. Як у міс Ґрін утворилися згустки крові? Судовий медик установив, що причина — «тромбоз глибоких вен нижніх кінцівок унаслідок фізичного знерухомлення». Інакше кажучи, жінка *надто довго сиділа* на місці. Двадцять чотири години. Поки Доріан бігав пляжем з вилікуваним оком, а коротке перебування у відділенні швидкої допомоги лікарні Кейп Код уже встигло вивітритися з його пам'яті, міс Ґрін чекала, поки лікарі нададуть їй допомогу. Навіть не так — вона помирала в очікуванні.

Коли я дізнався, яка трагічна доля спіткала Есмін Ґрін, котру привезли у відділення швидкої допомоги того самого дня, що й мого племінника, я зрозумів, що мушу поділитися цією історією з вами. Якщо ви читали інші мої книжки чи чули виступи, то, певне, знаєте, що зазвичай я не розповідаю історій, де немає жодного жарту, який міг би зняти напруження. Системи — це дуже серйозна річ. Якщо вони працюють, то дають свободу. Якщо ж ні — результат може стати смертельним.

Коли я вперше почув про ці дві історії, які розвивалися паралельно, просто не міг не вдатись до обчислень. Кейп Код обслуговує меншу кількість населення, аніж Бруклін. Кейп Код просто не міг мати те саме обладнання, що Госпітальний центр Кінґса (і не мав). Але рапорт поліції[1] щодо смерті міс Ґрін розставив усе на місця. Системи та звітність у Госпітальному центрі Кінґса були просто в жахливому стані. Не сумнівайтеся, системи відіграли ключову роль в обох випадках. Одна лікарня визначила, як швидко обслуговувати пацієнтів, а інша — ні. А якщо й знала, як це робити, — не використовувала ці знання.

Що ж пішло не так того трагічного дня 2008 року в Госпітальному центрі округу Кінґс? Можна нарікати, що кімната очікування була переповнена, проте того дня у лікарні Кейп Код була аналогічна ситуація. Можна стверджувати, що лікарі робили все за протоколом. Проте я готовий закластися на кругленьку суму, що причина провалу округу Кінґс та успіху Кейп Код полягає в тому, що

[1] wwwl.nyc.gov/assets/doi/downloads/pdf/pr_esmingreen-finalrpt.pdf

одні захищають ФБК, а інші, певно, навіть не знають, що таке існує. Кейп Код точно знає, що таке ФБК, навіть якщо називає її якось інакше, і роблять усе можливе, щоб її захистити. Лікарі Госпітального центру округу Кінґс можуть не знати про ФБК і не перейматися власною ФБК, а якщо вони не знають про неї (чи їм просто байдуже), то не можуть її захищати.

У кімнаті швидкої медичної допомоги ФБК — це радше роль діагностики невідкладних медичних проблем та визначення курсу лікування. Цю роль можуть виконувати тільки лікарі (іноді асистенти лікарів). У кімнаті очікування швидкої допомоги оглянути пацієнта можуть, лише якщо в лікаря з'являється на це час. Якщо в лікаря часу немає, пацієнти змушені довго-довго чекати в кімнаті, яка й створена для того, щоб люди чекали ще довше. Вітаю в чистилищі кімнати очікування, де вмирають усі хороші наміри організаційної ефективності. Проте якщо виконувати ФБК, усі елементи швидкої допомоги налагодяться. Кімната очікування поступово спорожніє, а пацієнти один за одним отримуватимуть необхідну медичну допомогу. Але так відбувається тільки тоді, коли ФБК виконують, а людина (чи люди), які працюють на ФБК, — захищені.

Аби переконатися, що ФБК захищена, добре налагоджена система швидкої допомоги забезпечує лікарів можливістю опікуватися тільки ФБК: визначати медичні проблеми та виписувати курс лікування. Якщо лікар заповнює папери, керує персоналом або нічого не робить, чекаючи, поки пацієнтові виділять палату, він або вона — не захищені, відповідно, ФБК теж не захищена. Не захищена ФБК може призвести до непоправних наслідків.

Діючи наче добре злагоджений вулик, персонал повинен стежити за тим, щоб ФБК не зменшувала темпів, а кожне завдання, не важливо — мале чи велике, важливе чи не дуже, термінове чи ні — передавали комусь іншому, а не лікареві.

Ведення бізнесу схоже на ситуацію між життям і смертю, особливо якщо ви перенавантажені роботою, виснажені та надто втомлені. Саме у таких ситуаціях між життям і смертю трапляються трагедії в різних сферах. Це правда, хоч і більшість із нас не мають у власному бізнесі стосунку до драм рівня швидкої медичної допомоги. Семиденний робочий тиждень, вибагливі клієнти, працівники, які шарпають через кожну дрібничку, — усі ми стикаємося з цим. І хоча нам не потрібно переживати, щоб діяльність компанії, бува, не спричинила випадкову смерть, нескінченний потік вимог повільно нас убиває. Повільно витягує з нас душу. Вбиває драйв. Вбиває щастя. Ситуацію можна швидко та легко змінити у будь-якому бізнесі. Дві лікарні, і два кардинально різні наслідки. Не тому, що то два різні види бізнесу, просто одні знайшли стежку, що веде до найвищих рівнів ефективності, а інші — ні.

Ось чому, щойно ви визначите ФБК, її захист має стати пріоритетом кожного члена команди. А тоді, і тільки тоді, вони можуть зосередитися на Першочерговій Роботі.

Ваша головна мета (як і кожного члена команди) — захищати ФБК, щоб саме ФБК безперешкодно вела бізнес вперед. От і все. Ось ваша головна мета. Ось що допоможе вашому бізнесу швидко досягти організаційної ефективності. Захищайте ФБК. Завжди.

Стратегії, описані у цьому розділі, допоможуть створити план захисту ФБК. Вам не треба з першого дня створення плану щодо захисту ФБК намагатися досягти успіху. Просто почніть, і ви побачите, що буде далі. Це дасть імпульс. Коли ви і ваша команда захищатиме ФБК, оптимальне співвідношення 4Р вестиме вас до мети.

ЗАЛУЧИТИ ВСІХ

Зазвичай я просто презентую нову концепцію або пояснюю її в інший спосіб. Але спочатку я хочу розповісти ще одну історію. Їдальня місіс Вілкс у Савані — безперечно одна з найкращих родинних ресторацій Півдня у штаті Джорджія, а можливо, і в світі. Чудове місце, яке варто відвідати, перш ніж вирушити на вечірню гру «Savanna Bananas». У ресторації місіс Вілкс складається враження, наче дві дюжини найкращих бабусь приготували свої улюблені страви для родинного обіду, але замість виставити на кухонний стіл занесли до легендарного ресторану Савани. Така смачна кухня!

У 1943 році місіс Сема Вілкс купила пансіон в історичній частині Савани, щоб зробити тут найкращу кухню Півдня. ФБК очевидна: неймовірно смачна їжа. Результат говорить сам за себе. Звична черга перед рестораном — до двох годин. Люди шикуються в чергу за годину до відкриття ресторану буквально щодня, не лише на вихідних чи канікулах.

Завдання персоналу (так повинно бути й у вас) — захищати та виконувати ФБК. Кожен працівник має роботу — або ж виконувати ФБК, або її захищати. Шеф та команда в кухні безпосередньо виконують ФБК, збираючи найкращі та найсвіжіші місцеві інгредієнти. Інша частина команди захищає ФБК. Команда офіціантів пильнує, щоб, щойно ви сіли за столик, їжу було подано. Вони починають обслуговувати ваш столик, *перш ніж* ви зручно вмоститесь. Їжу готують швидко, щоб усе було теплим і свіжим. Якщо замовлення довго не виконують, інший член команди поспішає на допомогу. Усі знають, чим відомий цей заклад. Робота команди — пильнувати, щоб усі страви подавали на найвищому рівні! Завдання кожного — пильнувати, щоб найважливіша функція у бізнесі була захищена, кожен у той чи інший спосіб долучається до цієї справи, доповнюючи, підтримуючи, а коли треба, виконує і те, і інше.

Офіціанти — це втілення гостинності Півдня. Ресторан — звичайнісінький, проте не має вад. Атмосфера дуже домашня; приготуйтеся зустрітися з незнайомцями, адже ви точно сидітимете за величезними столами, розрахованими на десятьох осіб. А коли закінчите трапезу, саміноситимете тарілки в кухню, щоб їх помили. Чудова їжа, прекрасний сервіс і добре проведений час. От і все, що треба, щоб вести ресторанний бізнес, проте не варто забувати про ФБК. Якби їжа не була такою вишуканою, ресторанчик здавався б доволі дивним.

Сема Вілкс відійшла у 2001 році. Тепер рестораном керує її правнучка, яка зберігає добрі стосунки з місцевими фермерами, котрі привозять найкращі інгредієнти. Правнучка знає, що успіх бізнесу полягає у виконанні ФБК, а не в особистості Семи. Допоки за Семою сумують усі, хто її знав та любив, ФБК виконується далі. Якщо в кухні потрібні робочі руки, один з працівників одразу кидається на допомогу. Увесь персонал допомагає та ділиться відгуками, якщо виникає якась проблема. Курча сухувате? Якщо страва хоча б трішки не відповідає ідеалу, персонал одразу поспішає в кухню — повідомити про це.

Такого майже ніколи не трапляється, хоча ситуація цілком імовірна. Команда знає все про страви і ФБК.

Якщо ви захищатимете та виконуватимете ФБК так, наче від цього залежить ваше життя, — ваш бізнес стане місцем, де «точно треба побувати», як от їдальня місіс Вілкс для гурманів. Люди з усіх куточків світу мріють побувати у цій їдальні та насолодитися її кухнею. І, якщо ви не знали, їдальня місіс Вілкс працює лише три години на день, з понеділка до п'ятниці. Усі столики зайняті. Завжди.

ВПРАВА: СЕРЦЕВИНА ТА ЩАБЛІ БІЗНЕСУ

Якщо ви ще не зрозуміли, особа чи особи, які повинні виконувати ФБК, схоже, витрачають багато часу на все, *окрім* власне виконання ФБК. Так само й інші працівники витрачають забагато часу на інші завдання замість захищати ФБК та виконувати свою Першочергову Роботу. Напевне вони, хоч і з добрих намірів, применшують роль ФБК та власної Першочергової Роботи.

Виконавши цю просту вправу, ви з командою зможете чітко побачити, наскільки зосереджені на виконанні та захисті ФБК, здійсненні Першочергової Роботи і наскільки відволікаєтеся на інші завдання. Так ви дізнаєтеся, які завдання повинна передати іншим особа (або особи), яка (які) виконує (виконують) ФБК, а також які завдання потрібно автоматизувати, а які — скинути зі своїх плечей.

Аби розібратися в усьому, спершу проведіть аналіз на собі, а тоді — з усіма, хто повинен виконувати ФБК (можливо, ви один з них). Тоді проведіть аналіз з усім персоналом, акцентувавши на їхній Першочерговій Роботі. Вправа не лише весела, а й повчальна.

1. На чистому аркуші паперу напишіть (у центрі) ФБК і обведіть кружечком, що нагадує око бика. Пам'ятаєте, у попередньому розділі ми визначали ФБК, використовуючи метод стікерів? Ви ж визначили, так? Якщо ні, повертайтеся назад і негайно виконайте цю вправу. Я почекаю.

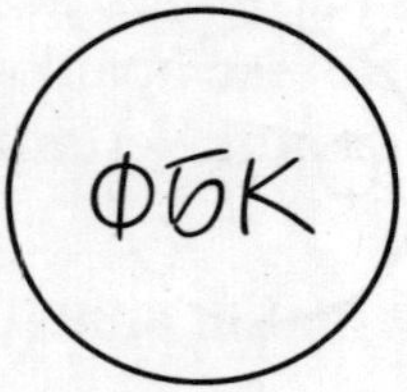

2. Перегляньте п'ять стікерів, які ви створили (ті, які точно не є вашим ФБК), і час, який ви витрачаєте на виконання цих завдань упродовж будь-якого робочого тижня. Ви можете взяти дані про розподіл часу з аналізу затрат часу, який проводили у другому розділі. Визначте, скільки часу ви витрачаєте на кожне з п'яти завдань, подумайте, як порівняти ці завдання, щоб провести лінію від ФБК, яка відповідатиме кількості витраченого часу.
3. Тепер накресліть схему серцевини та щаблів. ФБК — у центрі (серцевина), а завдання — навколо в менших квадратах, з'єднані з ФБК стрілками (щаблями). Відстань між завданням (стрілка) та ФБК відображатиме час, який витрачено на це завдання. Наприклад, якщо на завдання потрібно десять годин на тиждень, стрілка від завдання до ФБК буде в п'ять разів довша, аніж стрілка до завдання, на виконання якого потрібно лише дві години на тиждень.

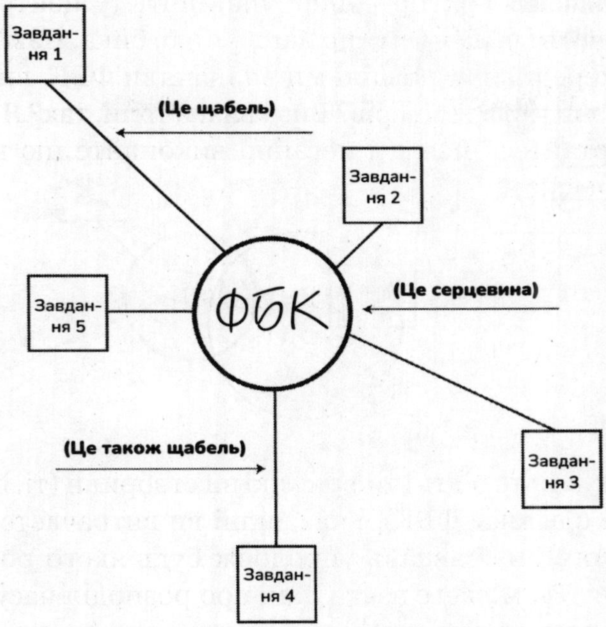

Тепер випишіть усі технічні завдання, які ви виконуєте щотижня, але не вписали у таблицю. Це легко зробити, взявши дані з аналізу затрат часу.

Додатковий перелік може містити такі завдання: відповіді на листи, дзвінки щодо продажів, зустрічі з працівниками, відповіді на запитання, надсилання рахунків, прибирання в офісі, відповіді на ще більшу кількість листів. Запишіть усе. Ваша мета — не перфекціонізм. Запишіть усе, що спадає на думку, але не зациклюйтеся на деталях. Запишіть іще максимум десять нових завдань. Якщо ж немає чого додати — нічого страшного, усе гаразд.

Годинникова точність

Завдання	Час
Відповіді на запитання	4 год
Накладні	2 год
Мейли	8 год
Дзвінки щодо продажів	7 год
Наради	1 год

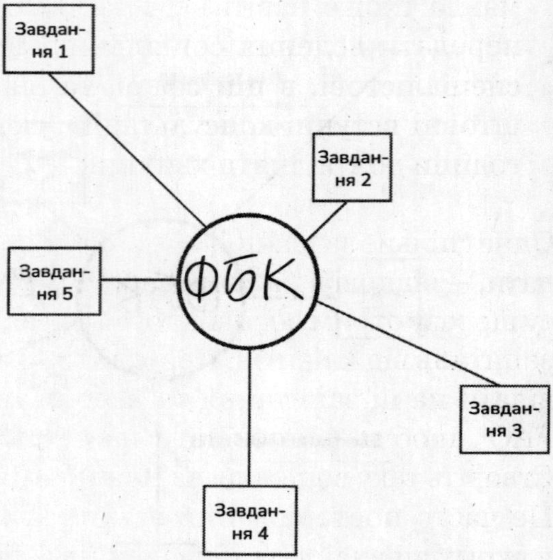

4. Напишіть орієнтовну кількість часу, яку ви витрачаєте на кожне завдання впродовж тижня, і додайте цей час до свого графіка. Ви можете взяти дані з вправи аналізу затрат часу.
5. Тепер додайте до діаграми завдання, написані збоку. Подивіться на власну діаграму (приклад — на с. 101). Певне, вона здається незбалансованою, оскільки деякі стрілки — довгі, деякі, навпаки, — короткі. Такі стрілки добре візуалізують, наскільки деякі завдання віддаляють вас від виконання ФБК. Бачите? Розумієте, як це боляче?
6. **Позбудьтеся, передайте, упорядкуйте**. Почнімо із завдань, що якнайдалі від ФБК. Визначте, чи можете ви позбутися того чи іншого завдання, передати комусь (делегувати) або впорядкувати. Наприклад, ви можете

позбутися звички щодня писати мейли, які ваша команда, схоже, навіть не читає (або не потребує читати), передати ведення соціальних мереж фрилансерові, спеціалістові, в цій сфері, та впорядкувати «безкоштовні вступні консультації», скоротивши їх з однієї години до тридцяти хвилин.

Одне спільне завдання, яке можна впорядкувати або передати, — відповіді на запитання. Більшість власників бізнесу щоразу отримують аналогічні двадцять, а то й тридцять запитань від клієнтів. Передайте комусь обов'язок відповідати на ці запитання та делегуйте завдання створити FAQ[1], щоб не відповідати на часті запитання клієнтів. Створіть таку відповідь на мейли: «Дякуємо за запитання. Це часто повторюваний запит, тож ми створили FAQ, у якому ви знайдете відповіді на свої, а також на ще тридцять типових запитань, які ми постійно отримуємо. Перейдіть за посиланням».

Хоч кому ви передасте необхідні завдання, які відволікають вас від справ, — іншому працівникові, чи фрилансерові, який захищатиме ФБК, виконуючи їх, — головне, щоб воно знову не потрапило вам до рук. До того ж, коли ви передаєте завдання, людина повинна його виконувати і самостійно все впорядковувати (можливо, не без вашого досвіду та стратегічного втручання). Раніше передасте ці завдання — швидше зможете виділити час на виконання ФБК. Упорядкування завдання означає, що ви продовжуватимете його виконувати, проте знайдете спосіб витрачати на це менше часу.

---

[1] FAQ — Frequently Asked Questions (ЧаЗи — Часті Запитання).

Деякі завдання найближчим часом доведеться виконувати лише вам, вони мають бути закріплені тільки за вами або настільки прив'язані до ФБК, що їх просто не можна роз'єднати (принаймні зараз). Наприклад, у вас договірне зобов'язання з клієнтом бути центром зв'язку поточного проєкту. Вам доведеться довести цей проєкт до кінця, перш ніж ви зможете у майбутніх договорах передати такий тип роботи іншому членові команди. Зробіть лінію між таким завданням і ФБК жирнішою.

Годинникова точність

Завдання	Час
Відповіді на запитання	4 год
Накладні	2 год
Мейли	8 год
Дзвінки щодо продажів	7 год
Наради	1 год

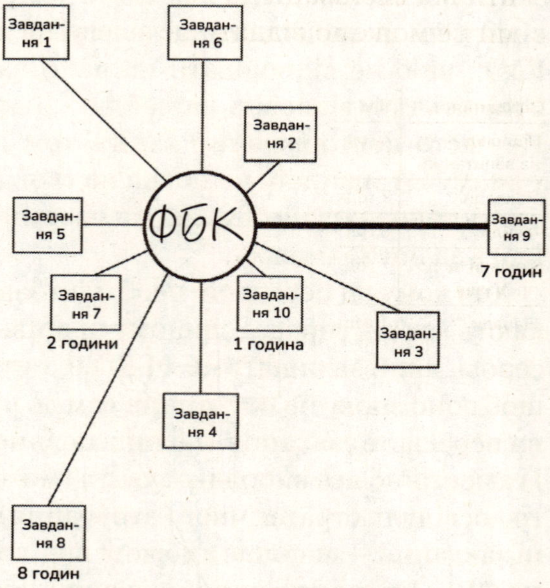

7. Позначте хрестиками завдання, які можна вилучити зі схеми, і припиніть їх виконувати. Позначте галочками стрілки до всіх завдань, які ви можете передати, показуючи в такий спосіб, що вони більше не належать до

зони вашої відповідальності, й зверніться до їх делегування. Хвилястою лінією позначте стрілки до завдань, які ви можете впорядкувати (тобто ви все ще виконуватимете ці завдання, проте більш ефективно). Проведіть жирні лінії до завдань, які ви повинні виконувати (окрім ФБК). Ви можете продовжувати виділяти лінії жирним чи малювати хвильки, проте ця схема — ненадовго, якщо ви хочете, щоб бізнес без вас працював точно, як годинник. Зрештою, ми також заберемо ФБК, щоб ви ним не опікувалися зовсім (ваша мета — перейти від Реалізації до Розробки, пам'ятаєте?), але поки ми не можемо віддати це завдання.

Завдання	**Час**
Відповіді на запитання	4 год
Накладні	2 год
Мейли	8 год
Дзвінки щодо продажів	7 год
Наради	1 год

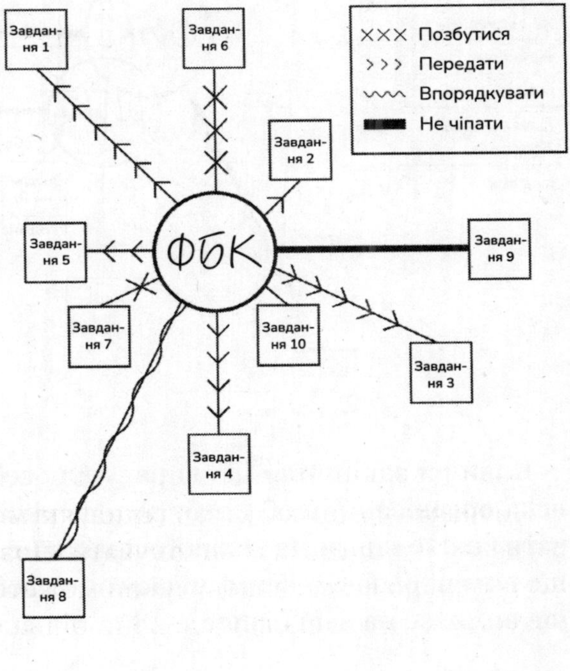

8. Продовжуйте переглядати схему, щоб наближатися до ФБК. Вам треба позбутися, передати або впорядкувати якнайбільше завдань. Щоразу надолужуючи якийсь процес, виділяйте час на виконання ФБК. Коли ви реалізуєте цей план, побачите, як удосконалення ФБК значно поліпшить ситуацію у вашому бізнесі загалом.

Будь ласка, завітайте на Clockwork.life, щоб переглянути відео, яке ілюструє цей процес.

Годинникова точність

Завдання	Час
~~Відповіді на запитання~~	~~4 год~~
~~Накладні~~	~~2 год~~
~~Мейли~~	~~8 год~~
Дзвінки щодо продажів	7 год
Наради	1 год

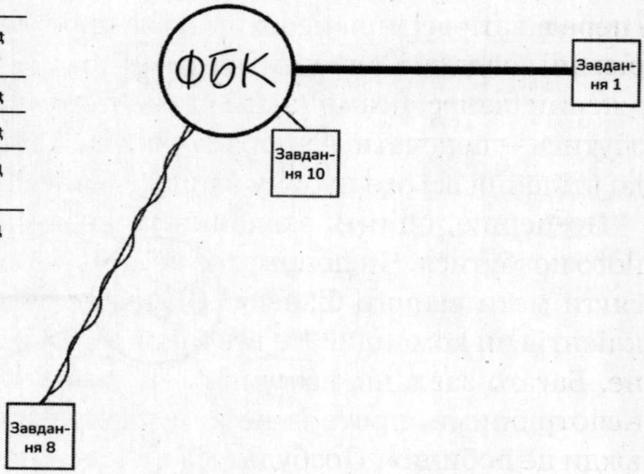

Коли ви закінчили цю вправу для себе, повторіть для всієї організації, щоб позбутись, передати чи впорядкувати кожне завдання кожного працівника і переконатися, що він витрачає максимум часу на ту роботу, яка найкраще впливає на ваш бізнес.

ЧОГО ПОЗБУТИСЬ, ЩО ПЕРЕДАТИ, А ЩО ВПОРЯДКУВАТИ?

Ви виконуєте цю вправу і розумієте, що ділові зустрічі (як одне із завдань) можна передати, але нема *кому*. Що ж робити? Ось вам сигнал: час когось наймати.

Забираючи завдання подалі від ФБК та Першочергової Роботи, ви зрозумієте, що насамперед варто передати менш кваліфіковану роботу іншим працівникам. Зазвичай це означає, що ви можете наймати людей за невисоку зарплату чи на неповний робочий день чи користуватися послугами фрилансерів. Основна мета — отримати фахових членів команди, які будуть зосереджені тільки на виконанні роботи, що потребує найвищої кваліфікації, і передавати всі інші необхідні, але прості та часто повторювані завдання нижчим ланкам. Таким є добре налагоджений бізнес. І саме такий підхід підтримує метод «позбутись — передати — впорядкувати». А тепер візьмімось до втілення всього цього у вашому бізнесі.

По-перше, оцініть завдання та визначте, чи можете його позбутися. Чи допомагає це конкретне завдання досягти мети вашого бізнесу? Чи додає суттєвої ваги для клієнтів чи команди? Не все в бізнесі таке вже й необхідне. Багато завдань, важливих у певний момент, стають непотрібними, проте їх не вилучають, тому що «ми завжди це робили». Позбудьтеся непотрібних речей. Якщо не впевнені, зробіть паузу, щоб побачити, які наслідки матиме таке рішення. Немає наслідків = немає потреби. Позбуваємося.

Потім спробуйте передати роботу іншим людям чи системам, які звільнять вам та висококваліфікованим спеціалістам у вашій команді час для більших та складніших завдань. Передайте роботу на нижчі щаблі — дешеві ресурси, щоб дати новому виконавцеві можливість з меншими затратами досягати кращих результатів. Інакше кажучи, хай ці завдання впорядкують.

Вам треба стежити та оцінювати, які із завдань можна впорядкувати. Чи можна зробити завдання швидшим та легшим? Чи можна зменшити вартість матеріалів та кількість часу, витрачених на це завдання? Якщо завдання не можна забрати чи передати, його потрібно впорядкувати. Пошукайте способи зменшити затрати часу та коштів на виконання завдання для досягнення потрібних результатів.

СХЕМА В ДІЇ

Розгляньмо цю вправу та її практичне втілення на прикладі вигаданого онлайн-магазину найкрутіших джинсів у світі. Назвімо їх ТОВ «Крутезні джинси».

Виконавши вправу зі стікерами, ми зрозуміли, що робота над дизайном найкрутіших джинсів у світі — це ФБК, функція, від якої залежить успіх «Крутезних джинсів». Запам'ятайте, щойно ми визначили ФБК, наша мета — виконувати та захищати її. Для цього ми створюємо системи, щоб звільнити людей, які виконують ФБК, від справ, які посувають ФБК на друге місце.

Посередині аркуша напишіть «ФБК» та обведіть кружечком. Це серцевина «Крутезних джинсів»; ФБК — «надзвичайний дизайн».

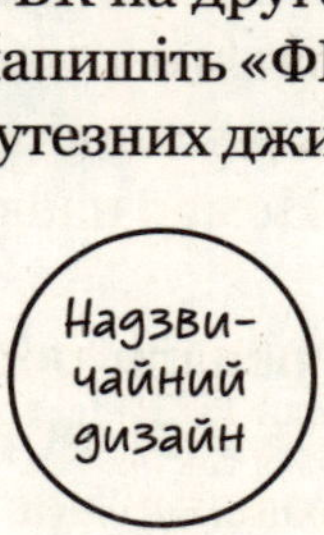

1. Перелічіть людей, які на цей момент виконують ФБК (працівників повного і неповного робочого дня), а також тих, хто повинен виконувати ФБК, але не має на це часу. У процесі ми проаналізуємо роботу кожного члена команди. Кожен працівник виконає вправу зі стікерами та отримає аркуш паперу з ФБК посередині. Визначимо засновника та провідного дизайнера — новатора «Крутезних джинсів», колишнього репера групи «Fat Daddy Fat Back»[1] («Огрядний татусь»), як єдиного розробника «Крутезних джинсів» (ви можете бути цим огрядним татусем або виконувати іншу функцію в команді). Працівників четверо, проте огрядний татусь — єдиний, хто опікується дизайном джинсів.
2. У такому разі ФБК виконує одна людина. Проте часто ФБК може виконувати група людей або комп'ютер. Напишіть ім'я цієї людини чи номер комп'ютера вгорі. Ми напишемо: «Огрядний татусь».
3. Уважатимемо, що Огрядний татусь (це несправжнє ім'я) уже виконав вправу зі стікерами, усі інші завдання додано стрілочками до кола ФБК.
4. Тоді Огрядний татусь додає до списку решту завдань. Доволі каверзно для нього, бо ж він, не замислюючись, завжди виконує всю роботу. Тепер він записує всі виконані завдання, які тільки пам'ятає. Опісля він може провести аналіз затрат часу (за бажанням, зробіть те саме). Він матиме ось такий вигляд.

[1] Якщо ви — фанат подкасту «Profit First», то, по-перше, дякую. По-друге, можете пригадати епізод, коли Рубі Тен почав називати мене «Огрядний татусь». Моє нове реперське ім'я так прижилося, що врешті виник вебсайт — FatDaddyFatBack.com. А я, припустімо, лише припустімо — двійник Емінема.

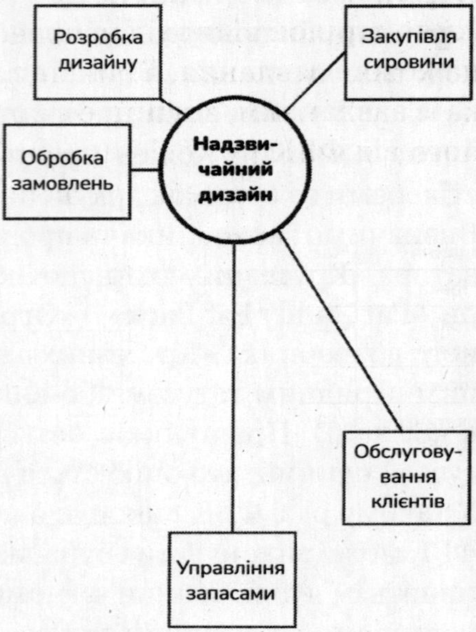

Годинникова точність

Завдання	Час
Доставка	3
Внутрішнє навчання	1
Фотосесія	5
Маркетингові кампанії	10

Зауважте: схема не відображає всіх завдань Огрядного татуся.

5. Огрядний татусь витрачає 65 годин на тиждень, працюючи на бізнес. Із них п'ять годин на тиждень він витрачає на ФБК. Інакше кажучи, п'ять годин на тиждень він витрачає на розвиток бізнесу (дизайн неймовірних джинсів), а решту 60 годин на тиждень опікується справами, які тільки штовхають бізнес назад (подалі від дизайну неймовірних джинсів). Важко повірити, проте він думає, що «все однаково важливе». Але це не так. Решта — необхідне (можливо), але не настільки важливе. Усі ці справи мають стати другорядними порівняно з ФБК. Тому нам треба одним махом забрати такі завдання від Огрядного татуся: позбутися, передати або впорядкувати їх. Для

візуалізації ситуації він креслить схему, у якій довжина стрілок відповідає кількості часу, витраченого на кожне завдання. Біля лінії, яка веде до квадратика із завданням, він пише відстань (час), яка віддаляє його від ФБК.

Завдання	Час
Доставка	3
Внутрішнє навчання	1
Фотосесія	5
Маркетингові кампанії	10

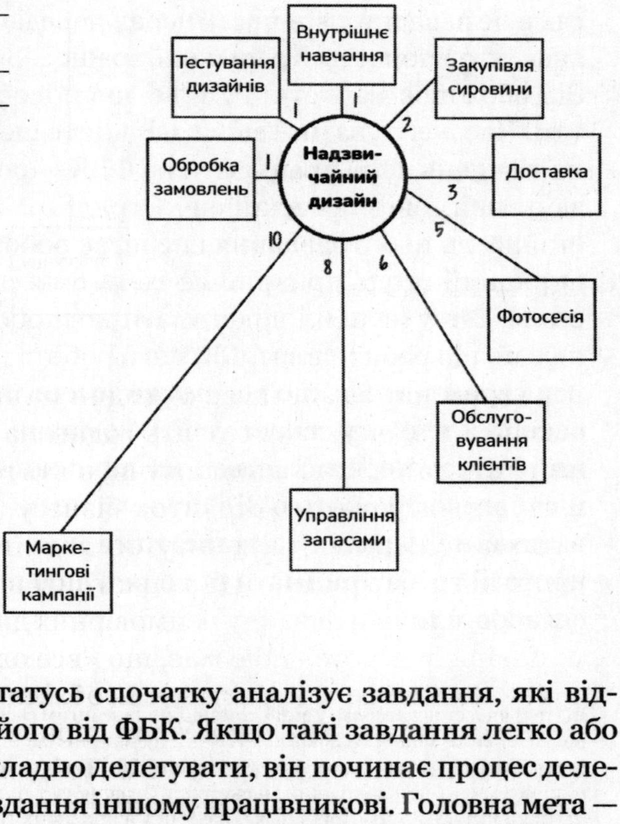

6. Огрядний татусь спочатку аналізує завдання, які відволікають його від ФБК. Якщо такі завдання легко або не надто складно делегувати, він починає процес делегування завдання іншому працівникові. Головна мета — налагодити процес делегування. Найлегші завдання,

які найбільше впливатимуть на захист ФБК, потрібно делегувати насамперед. Огрядний татусь галочками позначає завдання, які треба передати, й одразу доручає їх комусь із команди. Він усвідомлює, що деякі завдання — зовсім не потрібні, тож позбувається цих завдань, позначаючи їх на схемі хрестиками.

7. Завдання, які віддаляють огрядного татуся від ФБК якнайдалі, — це втілення маркетингових кампаній, тож саме це завдання він насамперед передає комусь. І він знає, хто впорається з цим найкраще... Зіл Акснірбод[1]. Зіл обожнює маркетинг і знає, що подобається клієнтам. Час делегувати. Так ви звільните ще десять годин на тиждень, щоб працювати на ФБК — розробляти дизайн неймовірних джинсів. Огрядний татусь малює стрілку до цього завдання і передає роботу Зіл.
8. Огрядний татусь прикріпляє схему біля свого робочого стола. Він учить Зіл виконувати нові обов'язки, пояснює їй, що робити для ФБК, що її робота — це насамперед переконатися, що він зможе зосередитися на ФБК, оскільки в цьому секрет успіху компанії. Коли Огрядний татусь перемикається на виконання ФБК, Першочерговою Роботою Зіл стає маркетинг. Вона звітуватиме на нарадах та триматиме його в курсі подій, проте їй треба приймати рішення, щоб продажі джинсів зростали.

[1] Відтоді як я став автором, у моїй команді маркетингом опікується одна людина. Це сталося понад 10 років тому. У цій людині немає нічого особливого. Її звати Ліз Добрінська, і від мене ви не почуєте про неї нічого поганого. Найуважніші помітять, що найкращий маркетолог Огрядного татуся — Зіл Акснірбод навпаки читається Ліз Добрінська. Вау! Як у найкращих традиціях оповідань про Шерлока Голмса... усюди таємничі підказки.

9. Огрядний татусь усвідомлює: якщо самостійно доставлятиме джинси — це не надто зекономить кошти. Це однаково, що змусити лікаря ходити і роздавати папери в офісі, — використовувати дорогий ресурс (себе), щоб виконувати дешеву роботу. Така ситуація показує, що ФБК не захищена. Коли дорогі ресурси витрачають на дешеву роботу, порушується баланс. Негайно передайте таку роботу іншим. Якщо ви працюєте самостійно в мікробізнесі, намагайтеся якнайшвидше звільнитися від цієї дешевої роботи та зосередитися на більших та важливіших речах. Найміть на неповний робочий день асистента, візьміть практиканта, витягніть з пенсії маму або тата, дозвольте їм допомогти на волонтерських засадах. Просто швидко зверніться по допомогу. Що довше ви виконуєте дешеву роботу, то довше ваш бізнес перебуватиме у пастці неефективності, а в результаті так і не розвиватиметься.
   а) Огрядний татусь проводить звичайний фінансовий аналіз. Такий дизайнер світового масштабу може легко заробляти 150 тисяч доларів на рік. Поділіть це число на дві тисячі робочих годин, то отримаєте 75 доларів на годину. Він виготовляє десять пар джинсів за годину. Відтак кожна пара коштуватиме компанії додаткових 7,50 долара (оплата витрат часу дизайнера за одну пару). Він міг би найняти стажера за 10 доларів на годину, тоді вартість кожної партії зменшиться до 1 долара. Головне — тепер у нього є ще три години на тиждень для ФБК. Стажера взяли!
   б) Фотографування джинсів також може заощадити кошти, адже він витрачає на це п'ять годин на тиждень, що коштує компанії 75 доларів на годину.

Вартість послуг фотографа світового рівня — 150 доларів за годину. Якщо порівнювати ціну за годину, Огрядний татусь — дешевший варіант, але поміркуймо. Фотограф-профі зробить *усю* роботу за дві години, зробить її якісно, й у вас будуть готові фото для вебсайту. Фотографії кращі, а що найважливіше — додаткові п'ять годин для ФБК. Усе просто, як двері.

Завдання	Час
Доставка	3
Внутрішнє навчання	1
Фотосесія	5
Маркетингові кампанії	10

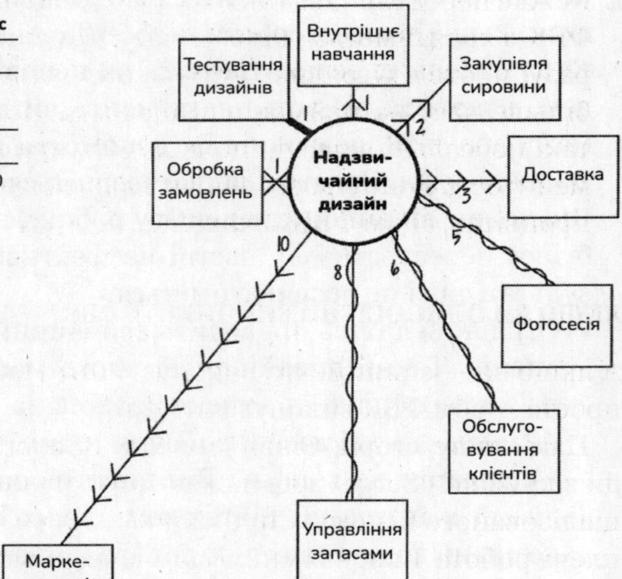

10. Огрядний татусь визначив, які завдання він «точно» повинен виконувати, адже вони потребують навичок, які неможливо сформувати, ці завдання повинен виконувати саме цей хлопець (принаймні зараз). Він

відчуває, що повинен узяти на себе відповідальність за тестування дизайну, оскільки результат тестування вплине на сам дизайн (ФБК). Отож завдання «лише для мене», окрім ФБК — тестування дизайну. Він робить жирною стрілку, яка веде до цього завдання, щоб позначити, що воно закріплене за ним. Тепер він тільки виконуватиме ФБК і тестуватиме дизайн. Усе інше — передасть або викреслить.

11. Кожне передане завдання викреслюється зі схеми, а на ФБК з'являтиметься більше часу. Це станеться не одразу, проте в Огрядного татуся з'являтиметься дедалі більше часу на неймовірні дизайни. Його джинси — такі нереальні, класні, що їх хочуть придбати всі знаменитості. Вони просто зводять людей з розуму. Бізнес процвітає, адже ФБК захищено.

ЯКЩО ВИ ОДНООСІБНО ВИКОНУЄТЕ ФБК

А якщо ви — єдиний, хто виконує ФБК? Наша мета дуже проста — аби ФБК виконували інші.

Пам'ятаєте історію Сінді Томасон? Використавши методи з книжки «Surge» для швидкого зростання вузькоспеціалізованого бізнесу, Сінді відчула, як навалилися на її плечі робота і виснаження від бізнесу, який почав так стрімко зростати. Більше попиту, аніж можливостей його задовольнити (на поточний момент), — це проблема, і до того ж виснажлива. Ми разом виконали вправу зі стікерами, і Сінді визначила свою ФБК: комунікація з клієнтами. Вона накреслила схему і прибрала завдання, які відволікали її від ФБК. Вона одразу звільнила час для виконання ФБК і дозволила команді працювати самостійно.

Сінді визначила, якою чудовою є комунікація з клієнтами. Сінді обрала способи для вимірювання частоти й ефективності комунікації з клієнтами. А згодом залучила до виконання ФБК інших працівників. Вони знали, що ФБК — захищено, і тепер мають одне-єдине правило: коли безліч речей забирають ваш час та увагу — завжди ставте ФБК на перше місце.

Затрати часу Сінді зменшилися, а ефективність її компанії стрімко зросла. Звучить парадоксально, проте саме такого результату ви зможете досягнути, зосередившись на ФБК. Дозвольте повторити ще раз: затрати часу Сінді зменшилися, а ефективність її компанії вибухнула, наче ракета. Буум!

Іноді вам треба виконувати ФБК. ФБК медичного «Життя» чи Центру пластичної хірургії — це розвиток надсучасних процесів, щоб пацієнти мали чудовий вигляд, почувалися молодо, здорово і були у формі. Може, це очевидно, а може, і ні. Клієнти проходять терапію зі зменшення ваги, пластичну хірургію, уколи ботоксу, експертну допомогу, як-от вагінальне омолоджування. Виникає багато труднощів, проте з'являється необхідність удосконалювати операції. Засновник медичного спа «Життя», Монік Гікс, передала своїй команді обов'язки захищати та виконувати ФБК в різні способи, і зокрема через один особливий «трюк». Розкажу про нього згодом.

Я вперше зустрівся з Монік восени 2017 року і був просто вражений тим, що їй удалося. Вона зробила з медичного «Життя» організацію вартістю до 3 мільйонів доларів, водночас виховуючи доньку, як мама-одиначка. Вона вже й не може злічити, скільки разів упродовж перших трьох років існування бізнесу виконувала ФБК. Вона досліджувала процедури і працювала пліч-о-пліч з клієнтами, щоб створити для них ідеальні умови. Вона вривалася, як супергерой, коли виникали якісь проблеми. Вона робила все сама, щоб захищати та виконувати ФБК.

Монік пояснила:

— Одного дня я усвідомила, що весь бізнес тримається лише на мені. Ту енергію та зусилля, які я вкладала у бізнес, забирали клієнти. Я розуміла, що бізнес твердо стоїть на ногах, якщо я також твердо стою на ногах. А я була виснажена і не могла розширити власну справу. Саме тоді я навчила команду виконувати ФБК, яку я називала «зона мого генія». Мені було потрібно, щоб хтось захищав та допомагав мені виконувати цю роль.

Навчати було легко. Монік зустрічалася віч-на-віч з кожним працівником, пояснюючи, як підлаштуватися під клієнтів, вивчити їхні індивідуальні потреби і визначити оптимальні процедури. Вона використовувала щоденні зустрічі, щоб висвітлити значні та незначні поліпшення, дозволяти працівникам учитися на досвіді одне одного. Її працівники ділилися найкращими практиками.

Монік поважає особистий простір кожного працівника. Навіть коли у минулому вона «влізала», щоб щось поправити, працівники сприймали це як втручання. З чітким розумінням щодо захисту та виконання ФБК Монік припинила втручатися, а працівники відчули впевненість, надаючи послуги. Бойовий дух був на висоті. А справи йшли добре — значною мірою.

Була тільки одна проблема: Монік сама виконувала ФБК. Її працівники не приходили з ідеями поліпшення компанії та послуг, хоча саме вони виконували цю роботу.

Пам'ятаєте, я розповідав про особливий трюк? Монік найняла особливого працівника. ФБК — це суть бізнесу.

Відповідальність кожного працівника — захищати та виконувати ФБК мірою своїх можливостей. Навіть якщо — особливо якщо — бос не може захищати чи виконувати ФБК.

Монік — людина, як і всі ми, і не застрахована від помилок. Вона перша визнала, що не впевнена, як поліпшити чи змінити послуги, які надавала компанія. Вона усвідомлювала, що, коли схибить і не зможе виконувати ФБК, працівники помітять, але нічого не скажуть. Працівникам важко давалася комунікація з Монік, оскільки вони надто соромилися або просто не вірили в існування компанії, де якість послуг важливіша за думку боса. Монік бачила цю перешкоду в комунікації та вжила нечуваних заходів. Вона найняла «сильного» індивіда, якого не обмежувала ні в чому. Новий колега відповідав за щоденні операції, збирав «відгуки з лінії фронту» від працівників і обговорював з Монік ці відгуки, хоч якими неприємними вони були. Компанія підвищила рівень якості послуг та продовжувала зростати.

— ФБК — це постійне зобов'язання, Майку, — поділилася зі мною Монік. — Команда повинна це знати і працювати відповідно. І якщо ані того, ані іншого не відбувається, це проблема власника. Нездатність чи боязнь працівників бути чесними зі мною щодо ФБК — не їхня проблема, а моя. Треба одразу це виправляти.

КОЛИ КОРОЛЕВА ХОЧЕ ЗАЛИШАТИСЯ КОРОЛЕВОЮ

Навіть найцікавіші, найприбутковіші та найпопулярніші бізнеси можуть залежати від однієї людини. Коли ви досягаєте успіху, особистих цілей, позитивно впливаєте на світ і любите свою роботу, важко відриватися від справи, у яку вкладаєте всі сили. Деякі підприємці отримують стільки насолоди, виконуючи ФБК, що хочуть за будь-яких умов продовжувати цю роботу. Мотиваційний спікер та король рекламних роликів Тоні Роббінс вирішив і далі працювати над ФБК у власному бізнесі. Так зробили й інші мегауспішні експерти, як-от моя добра подруга Марі Форлео.

У Марі — величезний фан-клуб. Я маю на увазі мільйонну авдиторію пристрасних прихильників. У неї — успішний бізнес і важлива місія у житті. Вона побудувала бізнес так, щоб звільнити багато часу і продовжувати розвивати улюблену справу. Загалом вона живе в ідеальному світі годинникової точності.

Вона робила перерву на два тижні щоліта та взимку — у відпустку йшли всі. Це частина корпоративної культури компанії.

— У бізнесі немає нічого смертельно чи життєво важливого, — каже Марі. — Наші клієнти обожнюють такий підхід, адже це надихає їх перевершити нашу команду в їхньому власному бізнесі. Мої клієнти та колеги повторюють те, що робимо ми. Для моєї команди такий підхід — найкращий. Кожен працює, не зупиняючись. Усі віддані справі та вмотивовані. Усі йдуть у відпустку одночасно, ніхто не почувається за бортом, нікому не здається, що проєкти рухаються вперед без нього. Люди просто можуть перезавантажитися. Деякі висловлюють щиру вдячність, адже ніколи не працювали у такому робочому середовищі, яке створили ми.

Уперше я почув про Марі від читачів. Багато людей розповідали: «Марі Форлео — це бомба!» Вона — засновниця «соціально свідомої цифрової імперії» (як вона її називає), що містить «B-School», навчальну систему для підприємців, та «MarieTV» — програму, яку щотижня транслюють у 195 країнах і яка допомагає підприємцям створити бізнес та життя, котре вони полюблять.

Коли Марі тільки починала роботу в цій сфері, їй виповнилося двадцять три роки, вона працювала барменом і проводила наставницькі бесіди з клієнтами сам на сам. Зараз її «B-School» налічує понад 40 тисяч випускників зі 130 країн світу в 160 різних галузях. Під її керівництвом — 20 працівників повного робочого дня, а коли у «B-School» навчання, Марі збільшує кількість працівників, задіяних або неповний робочий день, або посезонно. Порівняйте її школу з коледжем, який щороку випускає п'ять тисяч студентів, але налічує 700 найманих працівників! А яка у них сувора дисципліна!

Одна із цілей Марі — мати якнайбільший вплив на більшість людей. На мільйони насправді. Це її Велика Прекрасна Благодатна Смілива Мета. Роками вона вибудовувала бізнес, щоб досягти цієї мети, паралельно досягаючи особистих цілей — жити збалансовано *офлайн*. До прикладу, колись вона проводила величезну конференцію для трьохсот учасників у Нью-Йорку. Порівнявши на «B-School» вплив конференції та докладені зусилля, вона вирішила полегшити собі життя та закрити конференцію, як і всі інші джерела доходів, зокрема дуже прибутковий особистий бізнес — наставництво. Після цих змін її бізнес зріс мінімум удвічі.

— У мене досі багато роботи, проте вона приносить неймовірне, просто неймовірне задоволення. Я так тішуся, що можу допомогти людям розкрити власний потенціал.

Значно краще виконувати менше завдань, проте робити їх дуже-дуже добре, — розповіла вона. — Окрім того, такий підхід допомагає набагато випереджати конкурентів.

ФБК Марі — створення контенту, натомість її команда допомагає заощаджувати час, щоб вона могла творити. Контент допомагає залучити нових підписників, фанатів і, сподіваюся, клієнтів. Він навчає та надихає людей утілювати власні мрії та допомагає Марі виконувати її місію на цій планеті. А безкоштовний контент — це ще один маркетинговий хід для «B-School».

За винятком людини, яка редагує контент, Марі — єдина, хто виконує ФБК. Може скластися враження, що вона і є ФБК. Проте якби Марі захотіла знайти собі заміну, щоб бізнес зростав без неї, їй просто треба було б навчити інших людей створювати контент. Можливо, вона просто не хоче цього робити. Це точно зона її генія, а ще вона отримує справжнє задоволення від створення контенту, який став основою її бізнесу. Вона тут для того, щоб змінити світ. Це вона й робить.

Марі свідомо обрала виконання ФБК. Я хотів поділитися її історією, тому що ви можете обрати той самий шлях. Безліч людей обирають варіант самостійно виконувати ФБК. Це працює і може бути дуже плідним, як у випадку Марі, проте я хочу, щоб ви знали про компроміси. Того дня, коли Тоні Роббінс, Марі Форлео чи ви (якщо захочете самостійно виконувати ФБК) вирішать звільнитися, зупиниться весь бізнес. Якщо ви вирішите сповільнити темпи, ваш бізнес уповільниться. Якщо ви — єдиний, хто виконує ФБК, ви — серце організації. Після розмови з Марі стало зрозуміло, що вона — неймовірно успішна і надзвичайно щаслива від того, що робить. Вона *дуже* добре знає, що є серцем компанії, що зараз їй так комфортно працювати.

Коли ми прощалися, вона сказала:

— Я отримую стільки енергії від роботи, що мені буде дуже важко відійти від цього. Настане день, коли я буду готова до того, що бізнес житиме та процвітатиме без мене, я знайду тих, хто стане серцем цього бізнесу. Проте зараз я не хочу нічого змінювати. Думаю, спочатку треба дорости до мільйона випускників «B-School».

Вибір за вами, не мені вибирати замість вас. Довіртеся власним інстинктам, проте пам'ятайте про варіанти, які у вас є. Коли ви виконуєте ФБК, ви — серце компанії. Коли ви вирішуєте, щоб ФБК виконували інші, ви стаєте душею організації.

ГОДИННИКОВА ТОЧНІСТЬ У ДІЇ

1. Необхідно звільнити час людям, які виконують ФБК. Заберіть зі своїх службових обов'язків найпростіші завдання, які відволікають найбільше. Навіть якщо це однеєдине завдання, такі зміни можуть мати великий вплив.
2. Проаналізуйте, як зараз працює ваша команда. Чи виконують фахові працівники малокваліфіковану роботу? Якщо так, вам це обійдеться у круглу копійчину. Позбувайтеся, передавайте, упорядковуйте ці завдання, щоб доручити їх працівникам, які зроблять усе, як треба. Зазвичай ви усвідомлюєте, що більша частина роботи компанії постійно повторюється і не потребує особливих навичок. Армія стажерів чи працівників неповного робочого дня і, відповідно, менша кількість висококваліфікованих співробітників (високооплачуваних)

можуть виконати більший обсяг роботи швидше, якісніше і дешевше.

3. Коли ви здійснили всі кроки, щоб захистити та виконувати ФБК, час приймати рішення. Хочете залишатися серцем бізнесу і самостійно виконувати ФБК чи стати душею організації, у якій ФБК виконуватимуть інші? Якщо ви обрали другий варіант, треба здійснити ще один крок. Який? Дізнаєтеся у наступному розділі.

РОЗДІЛ 5

КРОК ЧЕТВЕРТИЙ: ЗБЕРЕЖІТЬ СИСТЕМИ

І раптом офісом пронеслося гучне: «Створювати системи? У мене навіть немає часу працювати, а тепер іще й створювати документ з детальним описом кожного кроку? Нам не потрібні системи, нам треба просто виконувати завдання. Робити це все. Мої люди просто роблять усе. Так!» Це був мій емоційний монолог у хвилини слабкості, коли я боявся передати нескладні завдання стажерам.

Створення систем потребує багато часу! Хіба ні? Принаймні я так уважав, як і більшість із вас. Ідея створити системи, щоб розвантажити працівника, який виконує ФБК (чи Першочергову Роботу), може здатися надто нереальною. Іще й якою трудомісткою. Проте ми часто гаємо час, тому що, поки всі ці системи задокументують, вони вже втратять актуальність. Для початку слід подумати про результат, якого ми хочемо досягти, а тоді визначити послідовність досягнення цієї мети. Згодом, ні... навіть не так... аж потім, дуже-дуже згодом ми заставимо полицю товстими теками, у яких розписані наші системи: найкращі практики, рекомендації щодо робочого процесу, підпорядкування і багато чого іншого. Кров'ю, потом, сльозами, пізніми вечорами за чашкою кави, ранками з текілою ми заповнюватимемо ці теки. І що, хтось справді ними скористається? Ну, хоч хтось справді їх використає, перш ніж їх кинуть у вогнище? Не думаю.

Колись я вважав, що цей трудомісткий процес, хоч який він болючий, — потрібен. Я робив так десятки разів, і, зауважте, безуспішно. Але ніщо інше теж не спрацьовувало, тож коли я втомлювався і не міг застосувати ще одну систему, то з відчаю проходив увесь процес «іще один раз». Мій відчай тільки зростав... як нарив... такий великий, схожий на монстра, нарив з якихось науково-фантастичних фільмів (або нарив тінейджера-невдахи).

Я пам'ятаю, що використовував цей спосіб для доставки букіністики. Я виявив золоту жилу і гарну маркетингову можливість — букіністика, тож узявся налагоджувати процес. Я легко витрачав чотири години, створюючи покрокову стандартизовану функціональну процедуру (СФП). У фінальному документі була п'ятнадцятикрокова інструкція, у якій детально та чітко (з картинками) описувався кожен крок. Закінчивши цей шедевр, я віддав його стажерці, яка одразу взялася до роботи. Тут і виникли проблеми.

Документ не був ідеальним. Стажерка йшла крок за кроком, проте траплялися змінні чинники, про які я забув, кроки, які ненавмисне упустив, — усе це її спантеличувало. Що кілька хвилин вона зверталася до мене із запитаннями, тож я мусив повернутися до етапу приймання Рішень. У неї були руки для роботи, але я самотужки приймав рішення щодо всіх її рухів. Знаєте індуїстську богиню Калі? У неї багато рук, але одна голова, щоб їх контролювати.

Я вдосконалив СФП, щоб додати все, що проґавив, і виявив, що пропустив значно більше. Згодом почали з'являтися парадоксальні відхилення. А якщо доставку замовлення пришвидшили? А якщо замовлення прийшло на вихідних? А якщо, не дай боже, клієнт замовив дві книжки? Треба доставити їх окремо чи разом?

Раніше мені просто треба було помізкувати і зробити те, що вважав за потрібне у той момент, але тепер я був змушений усе це розписувати у документі, який нічому не міг зарадити. СФП стикалася з іще більшою кількістю непередбачуваних ситуацій. Я витрачав іще більше часу, щоб її вдосконалити. Частіше повертався назад — тудисюди. А тоді все полетіло коту під хвіст: поштова служба Сполучених Штатів оновила вебсайт. Кожну картинку і крок, задокументований у СФП щодо процесу доставки, необхідно було переробити.

У той самий момент «Amazon» змінив свою систему движків. Ууухх... Години, дні знадобилися на те, щоб задокументувати одну просту процедуру — це вже нікуди не годилося. Я не зробив жодної надійної СФП, що вже казати про сотні, які слід було створити для бізнесу. Воно того не вартувало. А сама думка про те, що таких документів треба написати на всю компанію, змушувала замислюватися, що харакірі (відомий японський ритуал суїциду) — значно кращий варіант.

Люди — наче річки. Ми шукаємо найлегший шлях, щоб потрапити туди, куди хочемо. І коли ви бачите, як працівники ігнорують створені вами СФП, це точний знак, що ці СФП не працюють. Мета кожної організації — пошук постійної ефективності та вдосконалення. Марнування матеріалів, грошей, часу — це дорога в нікуди для будь-якого бізнесу, такі ситуації треба одразу виправляти. За допомогою традиційних СФП цієї мети вже не досягти.

Серед тисяч підприємців, з якими мені доводилось працювати, мізерно мала кількість послуговувалася активними системами документації. У мене такої системи теж не було, принаймні у традиційному розумінні. І коли я приходив до офісу якогось підприємця і просив показати СФП, переважно то була мішанина документів та мейлів, які помістили на віртуальну «хмару», де їх ніхто не міг знайти, — не більше від того.

Більшість компаній навчаються на практиці, в процесі: «Ми просто імпровізуємо». Робіть те, що вони кажуть. Якщо хтось каже робити щось інше, робіть щось інше. Коли ці накази суперечать одне одному, просто робіть усе, щоб догодити обидвом сторонам, і переконайтеся, що навчите цього іншого.

Знайомий процес. Урешті, це відкидає весь суспільний устрій до комунікації печерних людей. Коли ще не було писемності, печерні люди малювали картинки на стінах печер, розповідали історії одне одному, сидячи навколо вогню, — про те, як цей вогонь розпалити.

Печерна людина казала членам свого клану:

— Уууxx. Крешіть огень. З великих каменів з'являються великі іскри. Зробіть так, щоб жінка в печері побачила ваші камені, якщо ви розумієте, про що я. Ха. Уххх. Ха ха. Уххх.

Історії передавалися від одної печерної людини до іншої, наче гра «поламаний телефон», у яку ми бавилися в дитинстві, коли перше повідомлення перетворювалося на щось інше. «Крешіть огень» може перетворитися на «біжить олень», і от ці бовдури біжать з палками за оленем, тоді повертаються назад, але ніхто так і не знає, як розпалити чортів вогонь.

Аби переконатися, що ваша ФБК працює, як вулик, а компанія оперує ідеальним 4P, треба систематизувати і ФБК, і все інше. Загалом мета СФП — налагодити послідовний процес, щоб мати співмірний результат. Проте робити СФП справді важко, оскільки у вас іще немає цих систем. Їх дуже важко дотримуватися, оскільки все з часом змінюється. Має бути кращий вихід — і він таки є.

Оскільки ви, як власник бізнесу, часто виконуєте у цьому сценарії роль «королеви», слід звільнити більше часу і переконатись, що ваш бізнес не залежить лише від вас. Ви нарешті здобудете свободу, яка зараз здається недосяжною мрією. Але досягти цієї мрії — реально.

ВИ ВЖЕ МАЄТЕ СИСТЕМИ

Дозвольте одразу пояснити найпоширеніше, проте хибне твердження щодо систем. Ви можете думати: «У мене немає систем» чи «Я мушу створити системи з нуля». Помиляєтеся! Ой як помиляєтеся! Насправді кожнісінька система вашого бізнесу уже готова. Кожнісінька. Усі системи — у вашій голові або/і в головах ваших працівників. Усі завдання, які вам потрібно делегувати, уже виконано. Ви вже виконуєте цей процес, що зародився у вашій голові. Тому не треба створювати щось нове. І не варто з болем витягати системи з голови, крок за кроком, щоб записати все на папері. Ваша мета — не створити системи, маєте їх зберегти, причому легко. Ось так ви переміщуєте знання, а ваш бізнес працює точно, як годинник. Головне — це можуть зробити всі й дуже просто.

Розгляньмо метод, який *не* працює так, як треба, добре?

Можливо, найменш ефективний спосіб витягти знання з голови — робити послідовні записи для іншого працівника. Ви змушуєте себе зменшити темпи і ще раз усе переосмислити. Описувати крок за кроком те, що ви робите на папері (на комп'ютері, у структурній схемі чи у будь-якій письмовій формі) — до болю повільний процес, у якому ви точно щось пропустите. Якщо коротко, не робіть так. Не спрацює.

А тепер поговорімо про простий метод, який реально працює. Значно кращий спосіб створити систему — зберегти її на момент виконання. Простий фокус: ви далі виконуєте роботу, паралельно складаючи системи для інших.

Ідея зберегти систему полягає в тому, що ви берете найкраще налагоджені процеси і просто пояснюєте їх команді, щоб працівники й далі виконували їх належним чином. Як? Дозвольте навести приклад банана.

Можливо, ви за життя з'їли не так багато бананів. Ви знаєте, що більшість людей навіть не здогадуються, як найкраще чистити банан? Якщо плід надто зелений — його так просто не почистиш. Якщо надто стиглий — він змішується в кашу. Проте спосіб на поверхні — подивіться, як чистять банан мавпи. Вони тримають банан біля корінця, відкривають з протилежного боку, і шкірка легко відокремлюється.

Як зберегти цей процес? Він уже існує в YouTube і в мільйонах відео з інших сайтів. Просто зайдіть у YouTube і введіть «Найкращий спосіб почистити банан» — от і знайдете цю техніку.

Можете навіть виконати цю вправу з командою, шукаючи новий спосіб створення систем (записуючи найкращі практики на відео або використовуючи вже готові ролики, у яких збережено потрібні вам практики). Купіть дюжину бананів. Попросіть кількох працівників, яких хочете навчити нової системи, показати, як вони чистять банан. Попросіть кожного чистити банан самостійно, бо, якщо виконуватимуть цю вправу разом, вони просто спробують копіювати одне одного. І не змушуйте людей почуватися знічено чи нервувати. *Не судіть*. Просто спостерігайте. Деякі чиститимуть банан правильно. Імовірно, що більшість — ні.

Покажіть їм знайдене в YouTube відео, як чистити банан. Хай переглянуть, а тоді дайте їм ще один банан, щоб вони його почистили. Під час наступної зустрічі покажіть, як чистити банан. Вжух! Систему збережено (дякую, YouTube) і передано. Головне — не робіть усе надто правильно чи ідеально, поки не передасте завдання. Просто передайте завдання, зберігши те, що робите, у форматі відео чи за допомогою інших методів, з якими я вас зараз ознайомлю. Якщо ви хочете спочатку налагодити ідеальний процес, а потім його передати, ніколи не знайдете часу, щоб зробити все правильно. Тому передавайте, а тоді працюйте з певною людиною над ідеальним виконанням.

Ну, годі вдавати із себе мавп з бананами, зробімо те саме із завданнями вашого бізнесу.

СИСТЕМИ ДЛЯ СТАРТАПІВ

Якщо ви щойно створили бізнес, можете заперечити, що не маєте цих систем. Себто у вас немає нічого, навіть у голові, що можна передати іншим. Що ж робити? Варіантів два.

Пам'ятайте, що перехід від Реалізації до Розробки — це наче критерій чи регулятор, а не простий перемикач. Ви хочете певний час виконувати роботу, щоб набути потрібних навичок і згодом навчати інших. Так ви зможете зберегти і передати те, що вивчили. Або скоротити шлях і керувати роботою інших працівників.

Один пошуковий запит у YouTube може видати десятки, якщо не сотні систем для всього, що вам потрібно. Багато чого вже зроблено до вас. Можливо, не так, як ви хотіли чи зробили б, але системи вже існують, їх оцінили і переглянули інші люди. Хочете отримати готовий процес документообігу, яким могла би послуговуватися ваша команда? Уведіть у вікні пошуку: «як вести документацію клієнтів». Ваш бізнес — будування веранд? Пошукайте: «як будувати веранди». Треба, щоб команда свердлила дірки, заливала бетон чи забивала балки? Пошукайте: «як свердлити дірки на верандах», «як залити бетоном основу веранди» і «як встановлювати балки на веранді».

Системи вже створені. Ваше завдання — зберегти інформацію в голові або використати те, що створили інші люди. Тоді ви розробляєте процес для своєї команди, використовуючи збережені чи записані знання, готові до використання.

ЗБЕРЕЖЕННЯ СИСТЕМ

Коли ви визначили, що треба систематизувати насамперед, установіть черговість процесів. Ви комунікуєте (усно або письмово), виконуєте фізичну дію (переміщуєте щось) чи взаємодієте з чимось (робота за комп'ютером, натискання кнопок касового апарату). Або, звісно, поєднуєте всі три аспекти.

Якщо ви чи хтось інший у вашій організації вже виконує певну роботу, ви (чи та інша людина) просто зберігаєте цей процес одночасно з виконанням. Наприклад, почнімо з роботи, яку ви виконуєте на комп'ютері, оскільки так робить більшість. Припустимо, я веду документацію клієнтам (у цей момент), а моя ФБК — писати та говорити. Тоді я використовую програмне забезпечення запису екрана комп'ютера, щоб зберегти цей процес (не хочу давати тут рекомендацій щодо програмного забезпечення, адже у цій сфері все так швидко змінюється).

Виконуючи завдання, я записую екран та розповідаю, що роблю. Тоді зберігаю відео у файлі, створеному спеціально для цього завдання. Тепер людина, яка виконуватиме завдання, матиме навчальне відео, яке можна використати, щоб відтворювати процес. Файл легко знайти, легко створити — крок за кроком.

Кожна компанія виконує ці кроки, щоб досягти стабільності. Компанія робитиме все, щоб привабити потенційних клієнтів, конвертувати їх у реальних, доставити обіцяні продукти чи надати послуги, а тоді зібрати кошти. Цей процес називається Приваблювати, Конвертувати, Постачати, Збирати (ПКПЗ). Ідея керувати ПКПЗ вашого бізнесу — така ж грандіозна, як рок-група «AC/DC» (Attract, Convert, Deliver, Collect). Просто менше крику і поту.

Як створювати каталог цих систем? Дуже просто. Опублікуйте їх та використовуйте алгоритм ПКПЗ. Я хочу заглибитися в ПКПЗ на фінальній стадії застосування годинникової точності у вашому бізнесі, проте почну з основ. Кожна компанія повинна незмінно виконувати чотири великі кроки, щоб підтримувати бізнес.

Бізнес повинен:

1. **Приваблювати** — залучати потенційних клієнтів, зацікавлених у пропозиціях компанії.
2. **Конвертувати** — перетворювати цих потенційних клієнтів у замовників.
3. **Постачати** — надавати клієнтам обіцяні продукти чи послуги.
4. **Збирати** — переконатися, що надійшли обіцяні клієнтами гроші.

Модель ПКПЗ не має нічого спільного з рок-групою. Проте ця модель так само важлива, так само грандіозна, як Анґус та Малком Янґ[1], які розривають гітарні рифи своєю «For Those About to Rock (We Salute You)».

Усе, що ви робите у власному бізнесі, стосується цих чотирьох категорій. Тож, ділячись платформою, до якої матиме доступ ваша команда, створіть там інструкції під назвою СИСТЕМИ, у якій зробіть іще чотири папки: ПРИВАБЛЮВАТИ, КОНВЕРТУВАТИ, ПОСТАЧАТИ, ЗБИРАТИ.

Коли ви зберегли маркетинговий процес, перемістіть його до папки ПРИВАБЛЮВАТИ. Зберігши процес доставки, перемістіть його в папку ПОСТАЧАТИ. Якщо ви виконуєте типові адміністративні завдання, які допомагають бізнесу загалом, як-от мити душову, збережіть ці завдання у папці АДМІНІСТРУВАННЯ (папка ПОСТАЧАТИ). Розмістіть усі системи, які стосуються фінансів,

---

1 Учасники групи «AC/DC». (*Прим. пер.*)

Приклад структури системи

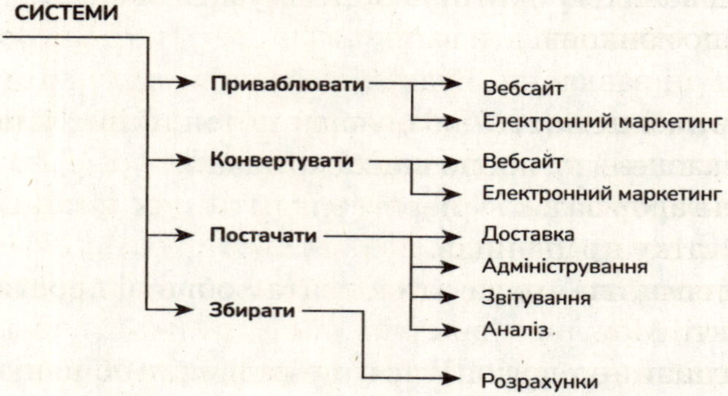

як-от: отримання депозитів, здійснення розрахунків, оплата рахунків — у папці ЗБИРАТИ. Якщо хочете, можете змінити назву папки «ЗБИРАТИ» на «КОШТИ». Основна мета — аби ви та ваша команда легко знайшли записані системи, коли це необхідно.

Чи зможе збережене відео дати інструкції, коли щось піде не так? Навряд чи. Проте оскільки відео — це радше формат «показати — розповісти», у ньому вміститься значно більше інформації, аніж у письмовому варіанті. До того ж ви виконували роботу під час навчання, тому не гаяли часу на розбудову системи. Вжух, і все!

Для інших видів діяльності, де вам треба говорити (щось на кшталт комунікативного процесу), знадобиться лише диктофон. Можливо, у вашій кишені він уже є — це смартфон. Ну, або потрібна відеокамера, вона у вас також уже є. Той самий смартфон.

Збережіть вашу діяльність у системі папок, щоб ваша команда мала до них доступ, а тоді делегуйте завдання працівникові, віртуальному помічникові чи будь-кому іншому. (Ну добре, не будь-кому. Бариста «Starbucks» надто зайнятий приготуванням еквадорської смаженої кави, щоб виконувати ваші завдання.) Просто передайте комусь ці завдання. Будь-якою ціною захищайте ФБК! (Добре, можливо, не *будь-якою* ціною. Але ФБК настільки ж важливе, як життя вашої дитини чи добре приготована еквадорська кава.)

Спочатку працівники можуть звертатися до вас із запитаннями, на які ви забули відповісти у збереженому контенті. Можливо, ви створили відео про доставку, але не згадали про логін. У такому разі можете відповісти, проте попросіть *працівників* зафільмувати інше, поліпшене відео. Правильно. Вони одразу почнуть працювати над поліпшенням системи, а у процесі запису самі стануть вчителями. Усі ж ми знаємо, що найкращий учень — це вчитель.

Такий підхід дуже вплинув на мій бізнес. Я помітив, що адміністративні завдання потребують багато часу, а доставка книжок (я робив це роками) і документообіг віддаляли мене від ФБК. Я написав оригінальну СФП для доставки книг, яка швидко втратила актуальність, тож ніхто не звертав на неї уваги. Відтак знову доводилося навчати людей самотужки, витрачаючи час і не маючи можливості зберегти свої уроки. Доводилося навчати знову і знову. А коли той стажер поступався місцем новому, усі знання залишалися за дверима і доводилося починати спочатку.

Тоді я почав зберігати системи за принципом, описаним вище, — і все змінилося, наче за помахом чарівної палички. Я просто використовував монітор та програмне забезпечення для запису відео, щоб зберегти на комп'ютері процес прийому замовлень чи підготовки доставок. Я просто взяв айфон та записав відео, де пакую замовлення та пояснюю деталі. Відео та запис на комп'ютері — усе, що мені було потрібно. Відтоді я не опікувався доставкою книг. Це робила команда. Коли інша людина береться до виконання цього процесу, вона переглядає відео. «Amazon» доволі часто змінює процес доставки, відтак, коли нам треба його оновити, працівник, відповідальний за це, записує нове відео. І оскільки людина, яка записує нове відео (навчає) стає водночас найкращим учнем, вона ще глибше занурюється у процес і створює готове відео для наступного працівника.

Ми зробили те саме з оформленням та сплатою рахунків. Записали відео. Зберегли запис. Робота виконуватиметься за стандартами. Документи оформлено.

Делегувавши системи, визначте, як їх вимірювати і кому віддати. Наприклад, я хочу впевнитися, що ми забезпечили всі доставки й отримали гроші. Розрахунки прості: порівнюємо нові замовлення та надходження на банківські рахунки. Після п'ятихвилинної перевірки я вже знаю, чи системи працюють, чи виникли проблеми, які слід розв'язати. Я не намагаюся говорити про ефективність, наче якийсь маніяк, проте наголошую: що тижня до монітора мого комп'ютера прикріплено звіт. Коли повертаюся до офісу, я одразу бачу цей звіт (навіть не вмикаючи комп'ютер). Якщо був відсутній три тижні, прикріплять три нові звіти. Просто. Швидко.

Головне — призначити людину, яка звітуватиме про результати. Поясніть дуже чітко. Так ви знатимете, з ким говорити, якщо з'являться проблеми, які доведеться розв'язувати. На стіні офісу я написав слова мого героя,

Джорджа Вашинґтона, про важливість звітності. «Я помітив, що одна компетентна людина добре може впоратися зі своїми обов'язками, двоє людей роблять усе гірше, а троє — просто завалять усю роботу». Якщо батько-засновник вільного світу зрозумів, наскільки це важливо, ми повинні дослухатися до нього.

Коли ви переходите до етапу Розробки, завжди шукайте способи спростити процеси, щоб отримати ті самі (або навіть кращі) результати з меншими затратами.

Якось під час подорожі Австралією я пішов на обід з Крейґом Мінтером у сіднейський ресторанчик «Potting Shed». Крейґ — консультант з питань ефективності, досліджує бізнес та шукає для власників цього бізнесу реальні можливості досягти організаційної ефективності. Потеревенивши трохи за гальбою пива про все на світі — від шуму у вухах до довгих забігів у зручному взутті, Крейґ пояснив, як він працює.

— Ви можете значно просунутися вперед у налагодженні бізнесу завдяки ефективному делегуванню. Ось чому найперше я розглядаю ті аспекти бізнесу, у яких власник не може делегувати прийняття рішень. Я визначаю, які з цих рішень допоможуть бізнесу функціонувати, наче добре налагоджений годинник, а які тільки відволікають від роботи.

На думку Крейґа, власник зазвичай виконує роботу, пов'язану з ФБК (хоча він і не вжив цього терміну), та інші важливі завдання, але його відволікають необхідністю приймати рішення, що може вивести його з гри. Якщо ж ці рішення підкидає компанія, ви відволікаєтеся і гаєте час (на простій чи очікування). Коли ж ви гаєте час, Крейґ шукає спосіб удосконалити процес, щоб ви швидше приймали рішення і менше відволікалися. Зазвичай йому це вдається.

Крейґ розповів мені про те, що він називає історією світлофора, на прикладі Деббі Стоукс та її компанії з виробництва штор «R&D Curtains».

— Деббі витрачала дві години на день, приймаючи рішення. Щоразу, виконавши завдання, лідер робочої групи стукав у її двері та питав, що робити далі. Вона відкладала свою роботу, виходила й оцінювала виконане завдання. Їй потрібно було кілька хвилин, щоб призначити наступне завдання, а потім ще п'ятнадцять хвилин, щоб повернутися до роботи, яку вона виконувала, перш ніж її відволікли. А тоді знову стукіт у двері.

Деббі найняла Крейґа, який створив системи червоних, жовтих та зелених позначок для кожного завдання. Тепер, маючи систему світлофора, команда Деббі знає, над чим працювати далі, вони уже не стукають у її двері, просячи про допомогу. Вона витрачає приблизно десять хвилин, упорядковуючи всі завдання на наступний день, додаючи червоні, жовті та зелені позначки. Червона позначка — це щось термінове, зелена — час на виконання цього завдання ще є, жовта — щось середнє між тими двома. Команда засвоює просте правило: приймайте рішення під час робочого дня, щоб виконувати нетермінові, позначені зеленим кольором завдання, коли з'явиться на це можливість. Деббі може витрачати більше часу на прийняття масштабних рішень та розробляти стратегію компанії.

Можливо, вам не вдається цілком зберігати чи делегувати кожне завдання, тому таке просте рішення, як «світлофор» Крейґа, допоможе самостійно виконувати ФБК і передавати всі інші завдання команді.

СВОБОДА — ЦЕ ШЛЯХ ДО МАЙСТЕРНОСТІ (АБО НА ВІДСТАНІ 30 ТИСЯЧ ФУТІВ)

Раніше у книжці я поділився думками свого друга Скотта Олдфорда щодо алгоритму делегування. Скотт продає освітню продукцію, а за допомогою процесу делегування звільнив себе від виконання будь-яких завдань у бізнесі, зокрема ФБК. Тепер він спостерігає за компанією на відстані 30 тисяч футів. Він досяг того, що не вдавалося більшості підприємців, — майстерності.

Ми зі Скоттом зустрілися під час інтенсивного майстер-класу, де я почув його міркування, а він люб'язно погодився пояснити, як звільнився від ФБК. Ось що я зрозумів.

1. Спочатку Скотт пояснив, у чому полягає суть делегування і чому варто повертатися до цього знову і знову. Кожен підприємець чи бізнес-лідер знає, що треба делегувати, — як і ви. Проте більшість людей помилково вважають, що делегувати — це 10 % вашої роботи / 80 % їхньої роботи / 10 % ваша оцінка. Ви продумуєте, що слід робити команді, та роздаєте завдання (це перші 10 %).). Тоді вони виконують 80 % роботи, а решта 10 % — це ваше рішення та оцінювання результатів. Скотт пояснив, у чому пастка. Або ви виконуєте всі 100 %, або жодного. Нам треба, щоб ви не виконували жодного.
2. Процес делегування — це не чарівна зміна, коли ви передаєте комусь завдання і насолоджуєтеся прекрасним життям! Натомість, пояснює Скотт, вам потрібно пройти кілька кроків. Перший крок — доручити завдання (проте ви досі приймаєте рішення). Другий

крок — покласти відповідальність за прийняття рішень (проте вони не впливатимуть на результат, якого ви прагнете досягти). Третій крок — залучити працівників до результату виконаного завдання (проте вони не отримають винагороди від цього результату). Останній крок — дати працівникам можливість отримати фінансову вигоду. Це освітній процес, під час якого ви спочатку даєте завдання та покладаєте відповідальність, тоді навчаєте та супроводжуєте працівників, щоб вони зрозуміли, як впливають на компанію та що можуть отримати натомість.

3. Коли ваші працівники не виконують завдання так, як цього вимагаєте, ви, як і більшість підприємців, розчаруєтесь і звинуватите їх у невдачах. Проте справжня причина вашого незадоволення в іншому: просто ви не надали достатньо деталей та супроводу в процесі делегування (ось чому підприємці переважно повертаються до етапу ухвалення Рішень). Більшість підприємців чітко усвідомлюють, чого хочуть, але не можуть вербалізувати свої бажання (або перетворити їх у відеоформат). Скотт наводить приклад: ми уявляємо ідеальну духовку. У ній шістсот відділів. І кажемо працівникові: «Дай мені щось, на чому можна приготувати їжу». Працівник повертається з оберемком паличок і двома каменюками, якими треба стукати одна об одну. А тоді ми засмучуємося, бо ж «він не може зробити того, що я вимагаю». А причина в тому, що ви не розтлумачили, що ж вимагаєте.
4. Скотт розв'язав цю проблему, запропонувавши своїм працівникам провести з ним інтерв'ю (і зробити запис, щоб не пропустити жодної деталі). Це хороший спосіб

> звільнитися від завдань. Ви можете зберегти легкі завдання, проте часом трапляються аспекти, які зберегти важче. Інтерв'ю допомагає виявити деталі. Люди не вміють читати ваші думки, але можуть зрозуміти, якщо викласти ці думки на папері. Вони можуть активно ставити вам запитання, які у них постали чи постануть. Вони можуть ставити запитання, необхідні для розуміння і втілення вашого бачення. Так вони применшують ці 10 % і не повертаються до вас із запитаннями постфактум. Не можете належним чином передати власне бачення вербально? Дайте змогу людям провести з вами інтерв'ю. Дайте змогу записати цю розмову. Дайте змогу їм спочатку отримати алгоритм, а тоді діяти, а не навпаки.

Процес інтерв'ю дав змогу іншим виконувати ФБК і продовжувати втілювати бачення Скотта.

Наостанок Скотт сказав:

— Зосередження — це складний відсоток, Майку. Підприємці намагаються обслуговувати всіх і робити все підряд. Вони не досягають майстерності. Моя компанія працює самостійно, тож я витрачаю час тільки на аналіз ринку. Я так добре вивчив своїх клієнтів, що можу рухатися в мільйон разів швидше, аніж конкуренти. Відійшовши від власного бізнесу, я здобув свободу рухатися так швидко, що в конкурентів мерехтить в очах.

РІЧКИ ТЕЧУТЬ НАЙПРОСТІШИМИ ШЛЯХАМИ

Коли ви розподіляєте між працівниками завдання, а особливо відповідальність за прийняття рішень, дехто може звертатися до вас по пораду, навіть якщо ви зберегли системи, яких слід дотримуватися. Люди вважають це доцільним. Раптом вони приймуть «неправильне» рішення? Вони хвилюються, що бос (ви) їх вичитає, або ще гірше — звільнить. Вони точно не хочуть втратити вашу довіру. Проте приймати рішення замість них — теж неправильно. Якщо ви відповісте і все спрацює, вони будуть винагороджені за дотримання інструкцій. Якщо ви відповісте і ніщо не спрацює, їхньої провини у цьому не буде. У будь-якому разі, поки *ви* приймаєте рішення, — вони в безпеці. Ну, і ще один бонус — їм не треба думати! Тільки виконувати. (І, як ви уже знаєте, «виконувати» — ваш привілей, тож чому б і їм цього не робити?)

Погоджуватися з прийнятими рішеннями — це природна схильність людини. На роботі, удома. Пам'ятаєте, як відповідали «так, люба» на прохання коханої? Адже так простіше, аніж сперечатися, еге ж? Вашим працівникам так теж простіше.

Якщо ви наштовхнулися на спротив працівників, які уповноважені приймати рішення, у жодному разі не приймайте рішення замість них! Ви повинні дозволити їм провести власне дослідження, визначити і втілити порядок дій. Урешті, ми намагаємося витягти вас із круговерті бізнесу, а цього не станеться, поки ви прийматимете рішення.

Ваші працівники можуть чинити спротив, приходячи до вас із проханням допомогти в прийманні рішень, проте ви повинні передати цей процес їм. Якщо вони просять дати вказівки, питайте: «Що, на вашу думку, ми повинні зробити?» Якщо вони намагатимуться уникати прийняття рішення, продовжуючи відомим нам: «Я не знаю, тому й прийшов до вас», — відповідайте: «Я найняв вас, тому що ви розумні та вмотивовані. Я найняв вас, щоб ви знаходили відповіді. Будь ласка, поверніться до мене, коли знайдете найкращі, на вашу думку, відповідь та рішення, тоді поговоримо». Коли працівники повернуться, приготуйтеся всміхатися, кивати та погоджуватись.

Навіть якщо люди пропонують рішення, з якими ви не погоджуєтеся, прикусіть язика і підтримайте їх. Урешті, коли рішення прийняли і втілили, хоч який результат — позитивний чи негативний, проведіть зустріч, щоб працівники поділилися тим, чого навчилися і що зроблять інакше наступного разу. Завжди проводьте так зустрічі *після того*, як працівники прийняли та виконали власне рішення.

Ви можете втрутитися, тільки якщо бачите, що їхнє рішення призведе до небезпечних чи навіть жахливих наслідків.

Якщо ви помітили небезпеку, одразу повідомте про це колег. Так ви станете для них ментором, проте не прийматимете рішень замість них.

В інтерв'ю, яке вам обов'язково треба переглянути, мільярдерка Сара Блеклі[1], засновниця «Spanx», пояснила, що досягти успіху їй допомогла готовність до провалу. Блеклі розповіла:

— Батько виховував нас із братом, спонукаючи припускатися помилок... Відтак я сміливіше експериментувала та розправляла крила у житті.

---

[1] www.cnbc.com/2013/10/16/billionaire-sara-blakely-says-secret-to-success-is-failure.html

Єдиний спосіб прогресувати — долати труднощі, припускатися помилок і на них учитися. Для цього треба приймати власні рішення. Урешті, як пояснює Блеклі, єдиний справжній провал — це неробство, коли ви не приймаєте жодного рішення. Не привчайте працівників байдикувати, приймаючи рішення замість них. Дозвольте їм приймати рішення й удосконалювати ваш бізнес.

Як дати можливість іншим людям приймати рішення? Підбадьорюйте себе — ви повинні винагороджувати помилки. Коли щось не так і ви караєте людину (вичитуєте, скорочуєте платню, будь-що), ви вселяєте у неї страх прийняття неправильного рішення, а відтак їй безпечніше просити вас вирішувати замість неї (так ви залишаєтеся на етапі прийняття Рішень).

Проте якщо ви скажете: «Ну, результат був не таким, як ми сподівалися, але я пишаюся вами. Ви прийняли рішення, яке допомогло компанії розвиватися. Продовжуйте в тому ж дусі й розвивайте компанію. Скажіть, чим я можу вам допомогти», — то побачите, як ваш бізнес почне працювати точно, ніби годинник, і як поліпшаться ваші стосунки з членами команди.

У всьому світі відомий процес виробництва у компанії «Toyota». Процес приймання рішень треба передавати тим, хто їх утілює. Коли у працівника конвеєра виникає проблема, він може зупинити конвеєр (так, ви правильно прочитали), поки менеджери вовтузяться, намагаючись допомогти. Працівник керує та пропонує шляхи розв'язання проблеми, а менеджери надають підтримку, щоб лінія знову запрацювала. Ось у чому полягає надання повноважень приймати рішення виконавцям — тим, хто безпосередньо стикається з проблемою.

ГОДИННИКОВА ТОЧНІСТЬ У ДІЇ

1. Збережіть системи. Так, у вас тисячі систем, які врешті доведеться зберегти, проте нічого не вийде, якщо ви не почнете. Здійсніть перший крок просто зараз — щось невелике і просте, що можна від вас забрати. Збережіть цю першу систему і подивіться, як вона працює. Тоді знайдіть людину, якій зможете передати систему, та підготуйте наступну версію запису.
2. Перемістіть перші збережені системи у файл, до якого матиме доступ уся команда. Зробіть папки: ПРИВАБЛЮВАТИ (маркетинг), КОНВЕРТУВАТИ (продаж), ПОСТАЧАТИ (діяльність), ЗБИРАТИ (розрахунки). Тоді створіть додаток перед розділами ПКПЗ для нової збереженої системи. Зберігаючи разом з командою системи, розміщуйте їх у нових розділах.
   Ви — рок-зірка… вітааааааємо вас! (Традиційне вітання фанів «AC/DC», якщо ви раптом не знали.)

РОЗДІЛ 6

КРОК П’ЯТИЙ: ЗБАЛАНСУЙТЕ КОМАНДУ

Ніколь Віпп — адвокатка, яка створила власну фірму в Мілфорді, штат Мічиґан, десь за 25 хвилин їзди від Детройта. Перш ніж вона розробила бізнес так, що він почав працювати самостійно, робота її фірми була зосереджена на судових процесах.

Це була копітка праця над справами клієнтів, яка забирала у неї багато часу та емоцій. Тоді Ніколь народила дитину і взяла чотири тижні декретної відпустки (звучить наче тест на «чотиритижневу відпустку» для бізнесу, еге ж?). Під час цієї перерви вона вирішила все кардинально змінити.

Коли я використовував досвід Ніколь для написання цієї книжки, вона сказала:

— Мені довелося бути максимально чесною з собою, Майку. Треба було подумати не тільки про те, що робити, а й про те, чого *не* робити. Можливо, я й здатна на щось, проте чи справді це моє призначення?

Ніколь проаналізувала свої звички й виявила, що не надто добре виконує традиційну адвокатську роботу, як-от написання коротких викладів справ. Їй спадали на думку чудові ідеї, але вона не бачила їхнього втілення. Коли Ніколь чесно зізналася собі у власних сильних та слабких сторонах (що і вам потрібно зробити), то усвідомила:

— Мені вдається втілювати перші 20 % й останні 5 % ідеї, але от посередині — не дуже. Мені потрібні люди, які дадуть раду з 75 %.

Вона проаналізувала затрати праці, вкладені у кожне завдання впродовж робочого дня.

— Завдання, які спустошували мене, щойно я про них думала, не були моєю сильною стороною. Я відкладала їх з одного дня на інший, проте вони й далі оповивали мене і мою команду негативними відчуттями.

Для когось із вас щоденна робота — це наче повільна руйнація душі. Ситуацію треба змінювати, щоб ви не лише полюбили свій бізнес, а й відкрили його повний потенціал. Для цього слід віддати комусь іншому завдання, які спустошують ваші сили. Відтак ви діятимете у власній зоні — зоні вашого генія.

Виявивши власну зону генія, Ніколь вирішила вивести фірму із зони судових процесів та створила Юридичний центр для сімей та літніх людей. Нова назва ілюструвала, що саме тепер робитиме фірма. Ніколь не тільки позбулася завдань, які її спустошували, вона також усунула традиційні юридичні послуги, які надавала не надто добре. Після реструктуризації команди Ніколь припинила працювати сотню годин на тиждень, тридцять днів на місяць. Натомість її робочим графіком стали *п'ять днів на місяць*. Вона не втратила річний дохід.

Багато підприємців бояться, що їхній особистий дохід зменшиться, якщо вони когось наймуть, тож я попросив Ніколь детальніше пояснити свою думку[1].

— На початках мій дохід справді трішки знизився. Проте все повернулося, коли я знайшла хорошу команду, і вони відновили темпи роботи, — пояснила вона. — Якщо оцінити суму річного доходу, я заробила більше.

Ось вам урок — коли думаєте про те, щоб когось найняти, ураховуйте річний дохід, а не те, що може статися через кілька тижнів.

Фірма Ніколь зараз така прибуткова, як ніколи раніше. Їй удалося досягти таких показників, наймаючи правильних людей на правильні завдання, це допомогло додати сил, які вона спрямувала на те, що їй удається найкраще. А тоді вона збалансувала команду так, щоб *працівники* також робили те, що їм удається найкраще.

— Я не дібрала одразу хорошу команду, — розповіла Ніколь. — Спочатку я плакала три місяці, тому що команда була жахлива. Проте я розуміла, що проблема не в них, а в мені. Треба було перелаштуватися і наново запустити все, переконатися, що наймаю людей залежно від їхньої зони генія, щоб вони доповнювали мою.

Багато геніїв!

---

[1] Якщо ви знайомі з методом «Прибуток понад усе», існує потужний і простий спосіб, який можна використати, щоб переконатися, що ваш бізнес готовий до нового працівника. Відкрийте банківський рахунок під назвою «Майбутній працівник». Переказуйте відсоток з прибутків компанії на цей рахунок, який відображатиме розмір зарплати, яку ви платитимете. Це буде перевіркою, що ваша компанія може дозволити собі найняти працівника, *перш ніж* ви справді його наймете. А коли ви таки наймете нового працівника, уже матимете гроші для його зарплати. Добре ж виходить!

Ніколь працює п'ять днів на місяць, успішніше, ніж будь-коли раніше. Вона не виконує ФБК (юридичну роботу фірми). Вона концентрує увагу на менеджменті. Бачите, як, замінивши себе у роботі, яка вам не до душі, ви можете допомогти бізнесу зростати?

Від моменту, коли ви наймете першого працівника, на повну чи часткову зайнятість, або першого віртуального помічника або підрядника, ваша компанія стає складним механізмом, де все повинно працювати гармонійно. Якщо ви збудуєте збалансовану компанію з нуля, у вас буде міцна основа, на якій простіше та легше будувати далі. Опануйте мистецтво збалансування команди, починаючи з першого найманого робітника. Це навичка Розробки, що швидше опануєте, — то далі підете.

Верн Гарніш у книжці «Опановуємо навички Рокфеллера»[1] каже, що ми повинні наймати правильних людей на правильні завдання. Правильно. Дуже правильно. Але одне невелике уточнення. Правильних люди, які виконують правильні завдання у правильній кількості. Моя модифікована версія цього твердження така: *Нехай правильні люди виконують правильні завдання у правильній кількості, правильно*.

Ось такі частини речення:

1. «Правильні люди...» Це означає, що ви знаєте сильні сторони вашої команди, зони їхніх геніїв. Не те, що вони роблять найчастіше, а те, що вони роблять найкраще, від чого отримують найбільше радості. Коли людина дуже добре щось робить і любить робити — вона

---

[1] Книжка не перекладена українською. (*Прим. пер.*)

перевершить саму себе. На жаль, більшість власників бізнесу та лідери не знають сильних сторін власної команди. Визначте сильні сторони людей (визначте ці сильні сторони перед тим, як їх наймати) та використайте їхні знання, щоб дати посаду, на якій вони перевершать себе.

2. «...виконуйте правильні завдання». Визначте, що потрібно, а що — ні вашому бізнесу. *Позбудьтеся* зайвого, щоб не відволікатися на ці завдання. *Передайте* роботу фахівцям. *Упорядкуйте* роботу, яку можна виконувати ефективніше. Після цього дайте правильним людям правильні завдання.
3. «...у правильній кількості». Люди та бізнес потребують збалансування. Уся Реалізація у світі нічого не варта, якщо у вас не буде точного напряму. А всі напрями світу — не потрібні, якщо ніхто не дотримується стратегії. Навіть якщо ви класні у якійсь сфері, ваша команда потребує балансу та різноманітності.
4. «...правильно». Це про освіту. Дайте людям дієві системи збереження. Напишіть чітко визначений результат та процес, якого слід дотримуватися. Навчіть підлеглих, що таке ФБК, та поясніть необхідність виконувати та захищати її.

ПРАВИЛЬНІ ЛЮДИ

Частина процесу написання книжки — тестування та визначення ключових концептів та процесів. Я активно ділюсь ними, даючи можливість сміливим підприємцям спробувати їх у бізнесі й беручи до уваги якомога більше відгуків та запитань. Якщо моя авдиторія зможе зрозуміти концепти та знатиме, як їх застосувати у власному бізнесі за 60 хвилин чи навіть менше — це нерозривний процес. Якби було важко пояснити чи зрозуміти, якби підприємець не отримував хороші результати, книжки б тут не було і я мав повернутися до фліпчарта.

Мій перший великий виступ про основи ідеї годинникової точності відбувся для чотирьохсот учасників конференції у Сан-Хосе, штат Каліфорнія, 27 листопада 2017 року. Це була десята презентація годинникової точності. Усі попередні промови були перед нечисленною авдиторією — двадцятеро людей чи навіть менше. Тоді все минуло добре. Перевірити дуже просто. Чи оточували після промови мене люди, говорячи про те, чого навчилися, про свої *агааа* та план дій? Чи вони поспішали піти геть, а у залі залишився якийсь дивак зі шлейфом крутих парфумів, щоб розповісти історію свого життя і поговорити про висипи на шкірі, які з'являються від довгого сидіння? (Якщо серйозно, так сталося під час моєї другої промови про годинникову точність. Тоді цієї книжки ще не було.)

Коли я вперше закінчив промову про годинникову точність удома, то залишився в кімнаті на сорок п'ять хвилин, щоб відповісти на запитання, слухаючи історії підприємців про те, що вони робили, щоб упорядкувати свій бізнес. Одного підприємця — Ендрю Берґа, який був серед слухачів моєї дев'ятої спроби презентувати годинникову точність, — промова так надихнула, що він разом з виконавчою командою офісів Нью-Джерсі полетів до Сан-Хосе, щоб послухати мене вдесяте. Ендрю підійшов до мене, відрекомендував своїй команді, а тоді подивився на них і сказав:

— Бачите? Я не здурів. Нам треба визначити, захищати та виконувати ФБК.

Коли всі вийшли з кімнати, я побачив джентльмена, який терпляче чекав на мене. Якщо ви спікер, то знаєте, що зазвичай це якийсь дивак, тож потрібно за будь-яку ціну уникати зорового контакту. Але я впізнав того чоловіка. То був Деррен Вірассамі, співзасновник «34Strong».

Даррен — експерт із балансування команди через пошук оригінального заняття для кожного працівника. Його компанія використала систему Пошук Сильних Сторін, яка оцінює індивідуальні таланти (серед інших завдань) та розробляє потужний процес, щоб перевести потрібних людей на відповідні завдання у бізнесі.

Ми з Дарреном розговорилися і вирішили зустрітися за обідом, де він продовжив навчати мене збалансування команди. Я усвідомив тоді, що навіть коли стратегія ФБК працює і резонує з авдиторією, компанія повинна збалансовувати команду, щоб досягти організаційної ефективності.

— Великі й малі організації припускаються помилки, зрівнюючи людей. Якщо ви добре говорите під час співбесіди, вас наймають на роботу. Якщо ви можете вилизувати дупи, коли вас найняли, вас підвищують. Робота, звісно, має значення, проте вимірюють ваші можливості, просто дивлячись, чи виконуєте ви роботу у визначений термін, — казав Даррен. — Ми упускаємо той факт, що кожна людина має неймовірний талант. Людина, яка червоніє з голови до п'ят на інтерв'ю і заледве щось мимрить, може виявитися найкращим аналітиком у світі. Людина, яка говорить про важливість служіння іншим, може бути поганим продавцем, якого зовсім не мотивують цифри, але стати потужним працівником з обслуговування клієнтів, якого мотивує результат. Ви повинні знати, що люди — надзвичайно сильні, якщо поєднати їх із тим бізнес-завданням, де вони покажуть усі свої сильні сторони.

Інакше кажучи, якщо ви оцінюєте рибу, дивлячись, як добре вона може лазити по деревах, а мавпу — як довго вона може дихати під водою, обоє приречені на невдачу. Проте якщо ви оцінюєте рибу за її здатністю дихати під водою, а мавпу — за спритністю лазити по деревах, побачите, як і та й та перевершать себе.

Поєднайте сильні сторони людей із функцією в компанії. Як знайти їхню суперсилу? Спитайте їх самі. Ну, можна цим не обмежуватися. Наприклад, якщо ви ведете співбесіду з кимось, хто має писати контент для вебсайту, і питаєте: «Які ваші сильні сторони?», — навіть якщо ця людина хоча б трішки хоче обійняти цю посаду, вона, певне, скаже: «Я справді добре пишу».

Питання не в тому, що у вас добре виходить, а в тому, що ви справді любите робити. Наприклад, спитайте: «Які три завдання вам найбільше сподобалося виконувати на роботі?», «Якби у вас була можливість виконувати будь-яку роботу на планеті, робити все, що хочете, що б ви робили?», «Уявіть себе через десять років — якою буде для вас ідеальна робота?», «Якби у вас були всі гроші світу і ви просто хотіли б працювати задля задоволення, що б ви робили?» З'ясуйте, які в людей інтереси, хобі, чим вони насолоджуються. Власне, це і є їхня сильна сторона.

Це коротка стежка. Для власного бізнесу я використав значно ґрунтовніший підхід. Я оцінив команду за підходом «34Strong» і визначив, як спрямувати правильних людей до правильних ролей (ми поговоримо про це за хвилину). Коли ви вирішили взяти нових працівників, то проходите з ними співбесіду, використовуючи вищезгадані запитання, а також тест Даррена.

Коли ми попрощалися, Даррен підійшов, щоб потиснути мені руку. Я, зовсім не майстер натяків, тож навіть не зауваживши, спровокував найдивніші з усіх обійми. Дарренова простягнута рука була затиснута між нашими животами, коли я на мить прилип до нього. Ми кашлянули, проте ніщо не могло перевершити тих трішки задовгих чоловічих обіймів.

Тепер, коли ви попрацювали на ідеальний мікс 4Р, визначили свій ФБК та мобілізували команду, щоб захищати та виконувати ФБК, ви помітите, що ваша команда повинна змінитися, щоб пристосуватися до цих змін. Саме на такому етапі ви можете наштовхнутися на спротив команди. Люди можуть хвилюватися, чи захищені вони на роботі, і з важким серцем виконувати звичні обов'язки. Або ж ви самі опинитеся у дивних довгих обіймах. Пам'ятайте, як складно декому може даватися перехід. У цьому розділі я поділюся тим, як збалансувати команду, а також розповім про потенційні проблеми, які можуть виникнути.

КОЛИ МЕНІ НАЙМАТИ ЛЮДЕЙ?

Я чую це запитання майже щодня. Проте, перш ніж устигаю відповісти, людина вже має готову відповідь: «Я не можу зараз собі дозволити когось наймати» і «Якщо в когось і знайдуться потрібні мені навички, вони заломлять величезну ціну» або «Та вони нікуди не годяться». Висновок підприємця завжди той самий: «Гадаю, мені слід самому над цим попрацювати». Люди думають, що не повинні поки що наймати когось на роботу, і дедалі глибше грузнуть у пастці виживання. Хороше правило: якщо ви відчуваєте, що потрібна допомога, проте ще можете тягти все на собі, вважайте, що це сигнал, що допомога необхідна просто зараз, і найміть когось. Пам'ятаєте історію Селести? Ніхто не хотів, щоб Селеста опинилася у такій ситуації, працювала до виснаження і врешті захворіла. Ви точно не хочете такої долі для себе. Проте якщо ви переконаєте себе протягнути так іще один день, то повільно, проте точно вириєте собі яму, з якої ой як важко вибратися.

Розгляньмо ідею самостійного виконання роботи. Дозвольте запитати: що б ви обрали — заробляти за годину п'ятдесят доларів чи п'ять? Ну звісно, ви хочете п'ятдесят баксів. А якщо я поцікавлюся: що б ви обрали — заробляти п'ятдесят доларів за годину і виконувати всю роботу самотужки чи п'ять доларів за годину, не роблячи нічого? Тут і проявляється пастка виживання. П'ятдесят доларів на годину — однаково краще, якщо порахувати дохід за годину, аніж п'ять доларів за годину. Проте кількість заробленого визначається тільки вашими зусиллями та здатністю триматися на плаву. П'ять доларів на годину (після вирахування всіх витрат) залишаються у вас на руках — байдуже, працюєте ви чи ні.

Коли ви визначите, що у вашій справі може безкінечно приносити ці п'ять доларів, ви зміните свою думку. Скажімо, якщо ви наймете одного хорошого працівника, ви зможете заробляти п'ять доларів за годину не працюючи. Якщо ви наймете двох працівників — зароблятимете десять доларів за годину. А якщо ваш штат налічуватиме десятьох працівників — зможете заробляти п'ятдесят доларів за годину, навіть пальцем не поворухнувши. Ви захворіли — але заробляєте гроші. Ви йдете на шкільну виставу донечки — водночас заробляєте гроші. Ви їдете у відпустку — а заробляєте ще більше. Ось у чому мета компанії, яка працює з годинниковою точністю, — компанія працює сама, незалежно від вас, тільки віддає вам зароблені гроші.

Тепер ви переконалися, що можете заробляти гроші, навіть (особливо) якщо самостійно не виконуєте роботу. Тоді коли ж наймати людей? Може, не скоро. Або надто швидко. І це дві різні речі. Якщо ви наймаєте надто швидко — це просто необдуманий учинок. Це помилка. Ви не можете наймати надто швидко. Розумієте, будь-який бізнес дістане користь від найманого фахівця, прийнятого за правильно встановленими вимогами, швидше, аніж пізніше. Наприклад, ви застрягли в рутині, виконуючи роботу самостійно. Це доволі надійно, проте ви не заробляєте достатньо грошей. Час наймати. Не дайте думкам на кшталт «У мене немає на це грошей» відмовити вас від цієї ідеї. Мисліть стратегічно: «Мені потрібен спосіб заробити більше грошей і водночас не працювати ще більше». Згідно з усіма вимогами, саме час наймати. Можливо, ви ще не готові наймати когось на повну ставку з преміями. Можливо, ви хочете, щоб хтось працював п'ять годин на тиждень, а ви реально платили десять доларів за годину.

Ви, можливо, думаєте: «Хто захоче працювати за п'ятдесят доларів на тиждень?» Обов'язково знайдеться людина, яка візьметься до такої роботи. Підприємці помиляються, уважаючи, що всі люди шукають роботу на повну ставку з найвищою зарплатнею. Наприклад, Ерін Моґер з першого дня працювала неповний робочий день у «Profit First Professionals». Вона не хотіла працювати більше, вона хотіла бути зі своєю молодою сім'єю. Ми з бізнес-партнером Роном Сагаріяном уважаємо за честь знайомство та роботу з нею. Ерін — чудовий командний гравець. Тож ми створили для неї ідеальну посаду, де ми поважали її час. Ерін працює на нашу компанію і піклується про членів команди. Вона — наш великий скарб.

Першим працівником, якого я найняв, була Джекі Ледовські, вона працювала три години на день, три дні на тиждень. Для неї в той момент це був ідеальний варіант, а вона була ідеальним варіантом для мене. Тепер я зміг передати їй Реалізацію — спочатку дев'ять годин на тиждень, щоб самому витрачати більше часу на Розробку.

Мета перших наймів (та й узагалі будь-яких наймів) — звільнити собі час, щоб сконцентруватися на Розробці і витрачати менше часу на Реалізацію, а цей перехід — не настільки швидкий. Запам'ятайте, вам треба заробляти гроші, не виконуючи роботу. Кожен долар повинен бути зароблений зусиллями компанії, а не вашими. Так ви ще ближче наблизитеся до ідеалу компанії з годинниковою точністю.

КОГО МЕНІ НАЙНЯТИ?

Іронія в тому, що ви не повинні наймати людей, зважаючи на навички, записані в їхньому резюме. Єдине, що ви можете дати людям, — навички, щоб вони виконували роботу, яка вам потрібна. Робота «за навичками» може стати пасткою. Коли ви наймаєте когось із певними навичками, це означає, що вони приходять з багажем своєї колишньої роботи. Вони застосовуватимуть потрібні вам навички у власний спосіб, який навряд чи збігається з вашим уявленням про те, як слід виконувати цю роботу.

У результаті: спантеличення та непослідовність у кращому разі, а в гіршому — вам доведеться все переробляти.

Ви хочете найняти людей з чудовим ставленням до роботи, сповнених енергії, надзвичайно розумних, людей із сильними культурними традиціями, які прагнуть виконувати потрібну вам роботу. Жодної з цих властивостей неможливо навчити. Вони або є, або їх немає. Тож шукайте людей, які мають потрібні вам властивості, і дайте їм те, що можете — навички.

Коли ви зрозумієте, що вам не потрібен «старший спеціаліст з десятирічним досвідом у соціальних мережах та доставці продукції», теоретично ви можете найняти підлітка з потрібним ставленням, енергією, гострим розумом, який зможе виконувати ту саму роботу. Що ж, це не теорія — саме так ми й зробили. У моєму офісі з'явився підліток, який опікувався соціальними мережами та доставкою продукції. Це дівчина. Оскільки вона неповнолітня, я назвав її у книжці — Аліса. Вона прекрасний працівник (бачите, що я зробив?). Аліса отримувала зарплату трішки вищу від мінімальної, не тому, що ми її експлуатували, а тому, що вона хотіла саме таку першу роботу. Ех, вона могла працювати тільки після третьої години, коли закінчувались уроки в школі, а ще хотіла мати час для спорту і власного гурту, а також можливість ходити пішки чи доїжджати до роботи на велосипеді з дідусевого дому — це все нам успішно вдалося владнати.

Пам'ятайте, люди не обирають роботу тільки з міркувань зарплати чи відпустки. А якщо це єдине, про що вони турбуються, — вам такі працівники не потрібні. Так, людям слід платити, щоб їм вистачало на життя. Їм потрібна відпустка, щоб робити інші речі, проте працівники шукають щось глибше: радощі, навчання, вплив, культуру і безліч іншого.

Коли ви шукаєте нового члена команди, прагніть різноманітності. Найбільша помилка, якої ми припускаємося, — наймаємо людей, тому що вони нам подобаються. А до вподоби вони нам зазвичай тому, що ми подобаємося їм. Нам потрібні люди з різними навичками та поглядами. Наймайте для різноманітності. Не наймайте таких самих, як ви. Працевлаштуйте тих, кого поважаєте.

Наостанок: шукайте особливі якості. Знайдіть працівників з тими властивостями та сильними сторонами, які вам потрібні. У книжці Сабріни Старлінґ «Як наймати найкращих?» детально прописано чудовий спосіб, ну... наймати найкращих. Шукаючи особливі якості, ви захочете визначити, якою повинна бути людина — добре орієнтуватися в деталях, з набутими комунікативними навичками чи аналітичним складом розуму. Подумайте, які завдання слід виконати у вашому офісі та які особливі якості потрібні для цього, а тоді наймайте працівників.

Ви помічали, що, коли рекламуєте вакансію, отримуєте дюжину чи сотні заяв від кандидатів, які насправді не надто зацікавлені у цій роботі? Усе тому, що вони хапаються за будь-яку вакансію. Такі люди завалюють вашу пошту своїми резюме, а коли ви намагаєтеся вести з ними співбесіду, відповідають: «Ну... і яка це робота?» чи «Яка зарплата? Скільки триватиме моя відпустка?» і «А що мені треба робити?» Я не кажу, що ці люди — погані, але вони зовсім не пасують вашій компанії. Просто гаяння вашого дорогоцінного часу.

Аби дібрати кращі кандидатури, створіть рекламне оголошення, яка визначає вашу культуру та одним пострілом відкидає спам резюме. Як же втілити це маленьке диво в реальність? Створіть доооооовге рекламне оголошення, детально пропишіть корпоративну культуру компанії, підготуйте потенційних працівників до веселих і не зовсім веселих обов'язків, додайте трішки обов'язків власне у рекламі. Наприклад, майже наприкінці оголошення попросіть потенційного працівника написати у темі листа-відповіді: «Я дуже хочу цю роботу!» Ви побачите, що більшість (значна більшість) цього не зроблять, оскільки вони не прочитали рекламного оголошення і не дуже зацікавлені в роботі, вони просто спамлять повідомленнями, не в змозі виконати інструкції (а це дуже важливо). На сайті Clockwork.life я поділився одним з найкращих рекламних оголошень, можете скопіювати, змінити і поділитися, щоб привабити своїх рок-зірок повної або часткової зайнятості.

ВАШ НАЙБІЛЬШИЙ СТРАХ — ДОВІРЯТИ

Мушу бути з вами дуже чесним. Зробіть мені послугу, подивіться, чи часом нас ніхто не підслуховує. Ніхто? Добре. А тепер посуньтеся ближче до книжки. Ближче. Ще ближче. Ще трішечки... трішки ближче. Трась! От — я дав вам ляпаса своєю шкіряною водійською рукавичкою. Отепер ви звернули на мене увагу, тож слухайте. У вас сидить страх. Краще сказати, страх довіряти (так, погоджуюся, змусити вас схилитися над книжкою, а потім ударити — не найрозумніший спосіб здобути довіру, проте я мав вас якось розтермосити). Найпоширеніша причина відсутності зростання бізнесу годинникової точності — це не система. Є надзвичайно помічні системи масштабування, як-от Джина Вікмана «Тяга»[1], Майкла Ґербера «Електронні міфи»[2] чи Верна Гарніша «Масштабування бізнесу. Покрокова стратегія збільшення прибутків»[3]. Проте більшості людей, які дотримуються цих систем годинникової точності чи використовують елементи кожної з них, не вдається вийти за межі.

Чому? Тому що люди не довіряють вести власний бізнес іншим людям. Уявіть, що ви наймаєте ключового працівника, який приходить, щоб допомогти вашому бізнесу, і через місяць переманює всіх ваших клієнтів. Таке може трапитися і трапляється. Уявіть, що новий працівник, якому ви довірили роботу з клієнтами, провалив усе і втратив важливого клієнта назавжди. Ризик надто високий, щоб довіряти іншим. Я міг би сказати «тримайте хвіст пістолетом», вам просто треба крізь це пройти, оскільки слід довіряти людям, щоб успішно припинити працювати щодня. Проте це однаково, що сказати вам: тримайте хвіст пістолетом і пробіжіть марафон, якщо ніколи навіть не тренувалися. Ризик пошкодитися — надто високий, тож ви можете просто закритися і ніколи більше того не робити.

Тож ми почнімо повільно. Подумайте про шлюб. Напевне, ви не підійшли б до незнайомої людини на вулиці з пропозицією одружитися. А якщо й підходили, то, певне, дістали добрячого ляпаса, сильнішого, аніж шкіряною рукавичкою. Ви не одружуєтеся просто так. Напевне, ходите на побачення — одне, два чи двісті. Напевне,

---

1 Книжка не перекладена українською. (*Прим. пер.*)
2 Книжка не перекладена українською. (*Прим. пер.*)
3 Переклад Анни Марховської (видавництво «Наш формат», 2018). (*Прим. пер.*)

проводите час, вивчаючи одне одного. Можливо, з'їжджаєтеся на певний час, перш ніж узаконити стосунки. Залицяєтеся... здебільшого.

Проте коли йдеться про наймання ключових осіб чи навіть про бізнес-партнерів, рішення зазвичай приймають надто швидко. Ви знаєте потенційного бізнес-партнера 24 години і вважаєте, що цього цілком достатньо, щоб укласти угоду й вести бізнес разом усе життя. Ви проводите з цим партнером більше часу, аніж з коханим чи коханою, проте приділяєте обмаль часу перевірці цієї людини.

Тож не поспішайте наймати. Поступово налагоджуйте довірливі стосунки. Коли йдеться про делегування, як каже Скотт Олдфорд, передавайте завдання, тоді прийняття рішень, тоді відповідальність за результат, і тільки тоді — відповідальність за результат усієї компанії.

ЯК Я ДОБИРАЮ КОМАНДУ?

Перший крок для формування команди — зрозуміти власну душу (якщо ширше — душу бізнесу). Яка ваша мета? У чому ваша корпоративна місія? Мета — це втілювати те, що приносить вам радість і позитивно впливає на інших. Приміром, мета мого життя — викоріните підприємницьку бідність. Звучить як слоган, але для мене це дуже важливо. Я створив власний бізнес, щоб досягти цієї мети. Це наша корпоративна місія.

Коли я приймаю рішення стосовно нових членів команди, то розповідаю їм про нашу місію, моє розуміння її впливу на світ та її важливість для мене особисто. Для когось це теж важливо, а для когось ні. Дехто має до цього стосунок, дехто — ні. Останні, навіть прекрасні працівники, без благородної місії не рухатимуться вперед. Вони можуть добре виконувати роботу, але не палатимуть бажанням залишитися чи робити виняткові речі, оскільки ця місія не матиме відгуку в їхніх серцях.

Якщо ви ще не визначили мету свого життя чи бізнесу — не засмучуйтесь, з часом зрозумієте. Проте поки цієї мети немає, у вас немає також інструментарію, щоб добирати співробітників і створювати рушійну силу, яка вестиме компанію вперед. Ви можете переглянути ФБК, щоб отримати відповіді щодо своєї місії.

Візьміть за приклад «Life is Good»[1]. Її корпоративна місія — «поширювати силу оптимізму». Кілька років тому я зустрів співзасновника компанії Берта Якобса у штаті Массачусетс. Він поділився історією, як вони з братом Джоном виконували ФБК. Брати влаштовували вдома вечірки, де малювали різні картинки та писали фрази на стіні. В обмін на безкоштовне пиво їхні гості залишали на стінах малюнки чи цитати, які вважали найбільш оптимістичними. Так з'явилася вивіска Джейка та назва компанії — «Life is Good». ФБК — це створення оптимістичних фраз та малюнків, а Берт та Джон з першого дня надихали товариство підтримувати ФБК. Геніально.

Коли ви маєте корпоративну мету, часто говоріть про неї в різноманітні способи — у межах та поза межами компанії. Розкажіть нові історії, коли досягли своєї мети та маєте вплив. Поділіться історіями компанії про втілення власної місії. Оголошуйте та привселюдно нагороджуйте працівників, які підтримують цю місію. Корпоративна

---

[1] Життя — чудове. (*Прим. пер.*)

місія — це те, чому ви робите те, що робите. Це вітер для ваших вітрил.

Вам треба чітко визначити місію, щоб бути впевненим, що працюєте пліч-о-пліч з правильними людьми, перш ніж роздасте їм правильні ролі. Вам підходять тільки правильні люди. Вони роблять значно більше, аніж просто підтримують місію компанії (виконуючи свою роботу), вони вважають себе невід'ємною складовою цієї місії.

Коли ви впевнилися, що команда працює в гармонії з вашою місією, можете розставляти цих людей на правильні посади. А почати — з аналізу особливостей роботи.

ВПРАВА:
АНАЛІЗ ОСОБЛИВОСТЕЙ РОБОТИ

Зрозумійте, посади в компанії, як-от: секретар, працівник відділу продажів чи будь-хто інший — усі ці посади мають функціональні обов'язки, які необхідно виконувати. Ці завдання — наче прогалини, які треба заповнити людьми. Навряд чи ви знайдете людину, чиї особисті характеристики дадуть змогу їй виконувати будь-яку роботу чи завдання, як вимагає посада. Краще працювати з людьми, визначаючи їхні сильні сторони і поєднуючи їх з особливостями різноманітних завдань, без прив'язки до назви посади. До прикладу, у когось — чудові навички розмов по телефону, це знадобиться у роботі секретаря, продажах чи обслуговуванні клієнтів. Водночас недоладна презентація унеможливлює нормальну роботу як секретаря, працівника відділу продажів чи обслуговування клієнтів. Ваша мета: поєднайте найкращі риси людей з роботою та завданнями, які потребують цих якостей.

Аналіз особливостей роботи

РОБОТА/ ЗАВДАННЯ	ОСОБЛИВІ НАВИЧКИ	ВАЖЛИВІСТЬ ФБК/Висока/ Середня/Низька	Людина, яка на цей момент виконує роботу	Найкраще підходить для виконання цієї роботи

Версії для друку доступні для завантаження на сайті Clockwork.life

Виконуючи цю вправу, ви проаналізуєте особливості роботи.

1. У лівій колонці напишіть усі завдання, які потрібно виконати на певній посаді у вашій компанії. Зробіть так для кожної посади у вашій компанії (і власної теж).
2. У колонці «Особливі навички» зазначте першочергові навички, які дають змогу людині виконувати цю роботу. Наприклад, якщо завдання «Керування вхідними дзвінками від клієнтів», першочерговими навичками можуть бути: «професійно поставлений та впевнений голос» або «чітка комунікація та розуміння». Розпишуйте дріб'язкові завдання, як-от «уміння друкувати» чи «передавати дзвінки». Так, усі ці навички необхідні, але ми шукаємо не навички (їх можна набути). Ми шукаємо невід'ємні навички та ентузіазм, яких важко, ба неможливо навчити. Просто запишіть одну навичку (не кілька). Яка важлива навичка дає змогу успішно виконувати завдання?

3. Важливість: ця колонка — для визначення впливу на компанію. Визначте один із чотирьох рівнів для кожного завдання: ФБК, високий, середній, низький. ФБК — найважливіший рівень. Високий — першочергове завдання, яке потрібно виконувати, коли ФБК захищена. Середній та низький — потрібні, але не критично важливі функції.
4. Людина, яка на цей момент виконує роботу: напишіть список усіх людей, які на цей момент задіяні у цій роботі чи виконують це завдання.
5. Заповніть колонку «Найкраще підходить для виконання цієї роботи», зазначивши особу чи осіб, які, з огляду на особливості роботи, найкраще підходять для її виконання.
6. Почніть передавати ключові завдання, найперше найважливішу функцію — ФБК. Поєднайте сильні сторони конкретної людини з роботою, для виконання якої вони потрібні. Поєднуйте та спостерігайте.
7. Люди — це не назви посад. Люди — це їхні сильні сторони. Приміром, тепер ви шукатимете не секретаря, а «чудового комунікатора». Визначте цю людину та передайте їй завдання, які повинен виконувати чудовий комунікатор.
8. Ми маємо позбутися традиційної пірамідної структури організаційних систем, які фокусуються на трудовому стажі чи повноваженнях/посаді. Люди повинні «підійматися кар'єрними сходинками», тож часто обіймають посади, у яких не надто активно використовують свої особливі якості чи здібності. Компанія годинникової точності — це не стара пірамідна структура. Натомість ми використовуємо систему зв'язку, поєднуємо сильні сторони людини із завданнями, де необхідно їх застосовувати, а наша мережа структурується, як мозок.

ВИКОРИСТОВУЄМО РЕЗУЛЬТАТИ АНАЛІЗУ

Згадайте історію Сінді Томасон: як їй удалося звільнитися від Реалізації та підняти бізнес, виявивши ФБК компанії, — ще й заспокоїти клієнтів щодо бухгалтерії. Коли її команда застосувала підхід годинникової точності, Сінді зрозуміла, що слід утілити ще кілька змін.

У Брі, однієї з бухгалтерок, виникли проблеми. Вона дуже дружелюбна, її обожнювали клієнти, та вона не могла підтримувати стабільний рівень роботи. Брі відмінно документувала процеси, з ентузіазмом допомагала іншим членам команди, проте мислила масштабно, увага до деталей не була її сильною стороною. Зрештою клієнти, які так її любили, сердилися, адже вона не могла надавати послуги на відповідному рівні.

У такий переломний момент більшість підприємців дійшли б висновку: працівник не може виконувати свою роботу — і звільнили б її. Проте Сінді — це частина годинникової точності, вона інстинктивно розуміла, що потрібно поєднати сильні сторони працівника із завданнями, які тільки виграють від цих сильних сторін. Вона знала, що в неї — працівниця з даним природою талантом комунікувати, Брі розсірветься, якщо в Сінді знайдеться для неї робота. Головна мета — не виконувати роботу, а знайти роботу, від якої бізнес дістане користь.

Водночас асистентка Сінді Сара збиралася вирушити з чоловіком у навколосвітню подорож і погодилася допомогти знайти собі заміну. Сара розповіла Сінді про труднощі, з якими стикалася під час роботи. Вона сказала, що бухгалтерське минуле допомогло їй краще виконувати роль асистентки і полегшити тягар роботи.

Працюючи разом над збалансуванням команди, записуючи завдання для кожного члена команди, які давали б змогу проявляти природні нахили і приносили задоволення, жінки зрозуміли, що обов'язки, які мала передати Сінді, пасували до вмінь Брі — налагоджувати складні системи, створювати освітні програми, керувати маркетинговими технологіями.

— Результати просто неймовірні, — розповіла мені Сінді. — Брі така моторна! Спочатку вона опікувалася ціновими показниками, а я розмовляла з клієнтами. Але вона так добре могла впоратися, що тепер моніторить клієнтів, опікується ціновими показниками і презентує їх клієнтам.

Призначення Брі на посаду асистентки розв'язало одразу три проблеми: у Брі забрали роботу, яка їй не підходила, і дали посаду, яка їй сподобалася. Ми застосували навички та нахили Брі, щоб подолати особливі труднощі посади асистента, і зняли з плечей Сінді ще більше роботи над Реалізацією. Коли ми зрозуміли, що підходить членам команди і які в кожного з них природні схильності, змогли призначити правильних людей на правильні посади.

Через кілька місяців, саме коли цю книжку готували до друку, Сінді надіслала мені листа. Вона написала, що вперше за всю історію існування компанії команда залучила та надала послуги клієнтові, про якого Сінді гадки не мала. Це означало, що Брі та інші співробітники давали раду всьому. Сінді написала новому клієнтові короткого листа: «Дякую за співпрацю з нами». А у відповідь одразу отримала: «Я обожнюю вашу компанію. Це був неймовірний досвід. Дякую вам та вашій команді за все, що ви робите». Колись Сінді однією з перших починала комунікацію з клієнтами. Тепер, коли минуло кілька місяців після налагодження балансу в команді, їй залишалося хіба що написати слова подяки задоволеному клієнтові. Ось вам годинникова точність! Бум!

А тепер ну ж бо втілимо цю ідею у *вашому* бізнесі.

ВПРАВА:
АНАЛІЗ ЗАТРАТ ЧАСУ КОМАНДИ ГОДИННИКОВОЇ ТОЧНОСТІ

Аби бізнес тримався на плаву і зростав, потрібно активно опікуватися Реалізацією, яку цінують клієнти. Розробка — це створення найкращих способів Реалізації того, що цінують клієнти, автоматичне виконання компанією цих завдань.

Кайл Ківан — власник компанії «Team K Services», яка надає клінінгові послуги у разі пожежі чи затоплення. Він обожнює допомагати людям, обожнює свою роботу. Щотижня він у прямому сенсі на кілька годин бруднить руки. Він на практиці вивчає, як поліпшити роботу власної компанії. Кайл визначив, що ФБК його компанії — швидкі та точні підрахунки. Він дуже швидко пояснює клієнтам, які кілька годин тому пережили біду, як усе налагодити та скільки це коштуватиме.

Проте Кайл розуміє, що Реалізація затримує зростання його компанії. Тож він проаналізував свою команду, щоб визначити найсильніші сторони кожного працівника і зрозуміти, чи зможуть чиїсь сильні сторони допомогти виконувати ФБК. Після цього він зміг перейти до Розробки та підняти компанію на вищий рівень. Він знайшов двох працівників, які ідеально підходили на цю роль, а тоді збалансував команду так, щоб захистити ФБК, отримувати виконані завдання та мати час на Розробку. Аби збалансувати бізнес, він провів аналіз затрат часу команди. Ви теж можете зробити це.

Ось як провести аналіз затрат часу команди годинникової точності.

1. Як я вже розповідав, оптимальне відсоткове співвідношення збалансованої роботи для компанії: 80/2/8/10. Вісімдесят відсотків — Реалізація: виконання завдань, щоб безпосередньо надавати корисні послуги клієнтові. Два відсотки — прийняття Рішень замість інших: здійснювати необхідні затвердження, допомагати працівникам приймати рішення у виняткових випадках. Вісім відсотків — Розподіл управління ресурсами. Повторюся, Розподіл роботи — це НЕ прийняття Рішень замість інших. Розподіл означає надання повноважень іншим людям, як і переймання іншими ролі керівників задля збільшення прибутків компанії. Десять відсотків — це стратегія Розробки. Завдяки їй інші три рівні — Розробка, Рішення та Розподіл — стають дедалі ефективнішими.
2. Компанія, у якій працює один працівник (лише власник), — це ціла компанія. Тож завдання розподілу в цій компанії — досягти ідеального співвідношення 80/2/8/10.
3. Якщо у вашій компанії багато працівників, ви хочете досягти балансу в команді, вийшовши на середнє арифметичне 80/2/8/10. Наприклад, ви особисто витрачаєте 60 % на Реалізацію, 4 % — на Рішення, 16 % — на Розподіл, 20 % — на Розробку. Припустімо, у вашій компанії є ще один працівник, який виконує той самий обсяг роботи, що й ви. Йому треба витрачати 100 % на Реалізацію, щоб сукупно отримати 80 % Реалізації компанії,

тому що середнє арифметичне від його 100 % і ваших 60 % — 80 %. За такими самими підрахунками, прийняття Рішень — це 2 % для компанії (середнє арифметичне), Розподіл — 8 %, Розробка — 10 %.

4. Використайте таблицю «Аналіз затрат часу команди 4Р», щоб збалансувати компанію. Запишіть прізвище кожного працівника. Обчисліть, скільки часу він працює порівняно з іншими. Приміром, якщо ви працюєте 80 годин на тиждень (а це треба виправляти, до речі, тому що такий робочий графік зовсім не відповідає годинниковій точності), натомість інший працівник — 8 годин на тиждень, то ваша робота важить удесятеро більше, аніж робота того працівника.

ПІДСУМУЙМО: ПЕРШІ П’ЯТЬ ДІЄВИХ КРОКІВ

Тепер, коли ви дізналися перші п’ять кроків, щоб ваш бізнес працював, як годинник, я покажу вам, як ці п’ять кроків разом допоможуть не лише оптимізувати його, а й досягти значного зростання. Ось вам вигадана історія: ми поговоримо про «Outlandish Dish» — компанію, яка організовує гастрономічні тури та спеціалізується на екскурсіях Європою для англомовних гурманів, насамперед із Австралії, Об’єднаного Королівства, Канади та Сполучених Штатів. Під час «ознайомчих» триденних турів чи пригодницького «повного занурення» на 14 днів клієнти насолоджуються кухнею різних країн. Вони зустрічаються з шеф-кухарями, вивчають історію страв, знайомляться з фермерами та майстрами, які створюють особливі інгредієнти.

Власник, Роберто Ноллетто, — італійський емігрант, який переїхав у Париж і заснував там «Outlandish Dish». Він контролює компанію, проводить неймовірні тури чотири рази на рік та розробляє нові програми. Роберто започаткував власний бізнес, тому що любив смакувати різноманітну їжу та вивчати культури настільки, що почав створювати авторські тури та залучати до цього друзів. Пообідавши з Роберто та наслухавшись його історій, друзі шикувалися в черги, щоб вирушити з ним у мандрівку. Відтак він вирішив заснувати «Outlandish Dish» та створити зі свого захоплення бізнес.

Зазвичай подорож починається з обіду в Женеві, де смакують знамениті сири. Потім вирушають до Німеччини, щоб скуштувати ковбаски (хоч як іронічно, це справді найсмачніша страва), насолоджуються неймовірними хлібами та пастами Італії, а закінчують тур у Франції, де пригощаються винами, кондитерськими виробами та першокласним антре. Останній вечір кожної поїздки — кулінарні майстер-класи, де, під керівництвом усесвітньо відомих шефів гості готують, обідають, а тоді всю ніч насолоджуються вечіркою. Завдяки таким подорожам «Outlandish Dish» отримали схвальні відгуки та згадки у міжнародній пресі.

Проте є проблема: хоча Сполучені Штати та Канада — найбільші ринки для компанії, залучити звідти клієнтів дуже важко. «Outlandish Dish» застосовує у США інтенсивний маркетинг, та лише 20 % клієнтів — американці, а решта 80 % — жителі Австралії та Об'єднаного Королівства.

Роберто хоче, щоб «Outlandish Dish» працювала (і розширювалася) з годинниковою точністю, проте компанія застрягла. Щорічний оборот — 3,5 мільйона доларів, проте компанію важко назвати прибутковою. Вони найняли

25 працівників, разом з Роберто, додатково 14 гідів, розробника сайту, маркетолога, двох продавців, трьох розробників турів, адміністратора та двох бухгалтерів. Роберто розуміє, що не може собі дозволити найняти ще працівників, але його команда «вигоріла». Йому потрібно більше людей, які б ефективніше допомагали на ринку Сполучених Штатів, і ще більше гідів. Роберто опікується маркетингом, планує нові тури, сам проводить надзвичайні чотирнадцятиденні тури. Він не може працювати більше. Він просто виснажений.

Роберто втілює кроки годинникової точності й разом з працівниками виконує вправу зі стікерами. Роберто — з тих підприємців, які «роблять усе», виконують безліч ролей у власній компанії. Він визначає шість ключових завдань: розробка нових турів, набір гідів, комунікація з клієнтами (розповіді про попередні тури), управління грошовими потоками, улаштування неймовірних турів, забезпечення зв'язку з підрядниками. Роберто провів з командою аналіз Першочергової Роботи. Першочергова Робота гідів — активний менеджмент туром на всіх етапах. Першочергова Робота команди продажів — не «продавати усім підряд», а добирати подорожі з огляду на те, чого справді хочуть клієнти, і не намагатись дібрати тур, зважаючи на власну думку. У кожного працівника є Першочергова Робота, у Роберто — нереальна здатність знаходити спільну мову з клієнтами. Коли він це робить, половина клієнтів стають постійними і щороку беруть участь у турах — і так десятки, а то й більше років. Якби Роберто не налагоджував комунікацію, кількість клієнтів, які повторно скористалися послугами компанії, становила б менше від 20 %.

Маючи всі стікери Першочергової Роботи, Роберто в дедуктивний спосіб визначає одне завдання — «те, що поповнює гаманець». Зрозумівши, що так позитивно впливає на компанію, Роберто визначив ФБК — комунікація з клієнтами. Він чудово розповідає історії, тож люди захоплені духом пригод ще до поїздки. Це захоплення не зникає під час поїздки, а, повернувшись додому, люди діляться ним з іншими.

Потім Роберто починає захищати ФБК. Насамперед він позбувається завдання, яке відводить його якнайдалі від ФБК, — неймовірної подорожі. Йому потрібно більше часу, щоб налагодити комунікацію з потенційними клієнтами, захопити їх ідеєю вирушити у подорож разом з тими, хто вже забронював участь у турі. Призначений гід дуже добре може впоратися з роботою, тож у Роберто вивільнюється ще більше часу.

Проте одразу після першої поїздки є скарги, коли усі в один голос питають: «А що сталося з Роберто? Де ж його історії?» Отже, людям дуже сподобалися тур та їжа, проте вони сумують за Роберто. У результаті його бізнес пробуксовує.

Спочатку Роберто роздумує над тим, щоб повернути все, як було раніше, і знову самотужки організовувати тури, проте розуміє: це погана ідея. Він просто повернеться туди, де був, до того, що не працювало. Він розуміє, що повинен вивести бізнес на новий рівень, а для цього слід мислити та *діяти* інакше.

Оскільки Роберто *не* повертається до організації турів, яка забирала стільки часу, у нього з'являється можливість подумати про ФБК. Якось Марієтте — його нова штатна бухгалтерка — каже:

— ФБК нашої компанії — це історії. Ви виконуєте ФБК. Організація подорожі від А до Я — це не ФБК, а от історії — так. Чому б вам не з'явитися у турі на початку, а тоді ще раз — в останній вечір? Замість два тижні брати участь у турі ви можете обслуговувати клієнтів день чи два. І, оскільки більшість маршрутів пролягають через Париж, що є вашим домом, вийти з офісу, щоб розповісти історію, потребує не більше від чотирьох чи п'яти годин.

Роберто подобається ідея, проте він налаштований скептично. Він розуміє, що ФБК — це історії, проте йому важко повірити, що його поява на початку та наприкінці поїздки матиме великий вплив на ситуацію.

Роберто має рацію. Невеличка поправка у підході не вплине на ситуацію. Натомість кардинально її змінить.

Коли Роберто приходить на знайомство чи обід під час подорожі, його просто неможливо зупинити. Він не втомився від подорожей, тож може активно долучатися до турів. Він розважає гостей історіями, а ті ловлять кожне його слово. Оскільки Роберто не задіяний у двотижневих пригодницьких турах, він може відвідати кожну групу, навіть якщо тривалість туру — три дні.

З'являються захоплені відгуки. Люди, які побували у триденних турах, тепер бронюють чотирнадцятиденні мандрівки. Люди прагнуть іще більше пригод. Вони хочуть іще більше історій. І тепер замість 50 % від загальної кількості усіх клієнтів, які вирушають з компанією ще раз, 50 % клієнтів з кожної подорожі бронюють наступний тур. Через рік продажі зростають до 4,5 мільйона доларів. «Outlandish Dish» — уже не одна з багатьох компаній, яка спеціалізується на кулінарному туризмі, це унікальна компанія, яка спеціалізується на кулінарному туризмі.

Зросли ціни і прибутки. Роберто зберіг системи для деяких завдань, написаних на його шести стікерах, щоб команда могла перейняти Реалізацію та виділити йому більше часу на Розробку.

Залишаються дві проблеми: у команді й досі 25 людей, проте всі зосередилися на захисті ФБК, посилився тиск на на гідів, тож слід найняти нових працівників. Ще одна проблема — продажі на ринку Сполучених Штатів на тому ж місці.

Роберто проаналізував затрати часу команди, щоб спочатку розв'язати проблему перенавантаження. Він виявив, що компанія застрягла на етапах Рішень, Розподілу та Розробки (майже 40 %). Роберто шокований, адже його гіди постійно скаржилися на зайнятість (Реалізацією).

Проте після детального аналізу пропорції стали зрозумілішими. Роберто усвідомив, що саме троє розробників турів відхиляють 4Р від ідеалу. Розробники турів виконують багато адміністративних завдань, їхня робота грузне у Рішеннях (приймання рішень замість гідів), Розподілу (визначення часових ресурсів та відповідальності гідів) та Розробці (створення безлічі нових турів). Зрештою ці розробники перенавантажені роботою та стресують. Оскільки більшість турів уже створено, троє розробників — забагато, адже немає потреби розробляти нові маршрути. Замість створювати нові тури Роберто вирішив поліпшити те, що справді працювало. Він вирішив продовжувати найуспішніші тури і щороку оновлювати їхню програму новими ресторанами, новими шефами, проте решту залишати незмінною: ті самі міста, ті самі локації, ті самі готелі та транспорт. Така зміна розвантажила графік розробників турів та зменшила обсяг Рішень, Розподілу та Розробки.

Досягнувши першої мети — підтримати гідів, яким треба було полегшити роботу, — Роберто проаналізував особливості роботи з командою. Особливість роботи гіда — турбота про клієнтів. Роберто подобається висловлювання: «Усім однаково, скільки вам відомо, поки не дізнаються, що вам не байдуже». Знання власної сфери — важливе, як і розв'язання нагальних проблем, проте немає нічого важливішого за турботу про клієнтів.

Оцінивши результати аналізу особливостей роботи, Роберто виявив, що Джанет, одна з розробниць турів, має неймовірну здатність піклуватися про клієнтів. Американка, яка переїхала в Париж, щоб доглядати бабусю в останні дні життя, Джанет закохалася у це місто і в Європу загалом. Працюючи розробницею турів, вона піклувалася про те, щоб люди завжди були задоволені. Приміром, вона надсилає подарунки шефам та підрядникам, яких зустрічає під час розробки туру, і підтримує з ними контакт, навіть якщо вони не задіяні у подорожі. Хоча вона ніколи не проводила тур, у неї є особлива здатність — ключик до великого успіху.

Роберто розписав для Джанет тур, адже дуже хотів, щоб вона проявила себе у цій справі, й розумів, що компанія повинна працювати сама. Відтак він попросив Джанет дотримуватися путівника одного з триденних турів. Дівчина вчилася з цього путівника, а через три дні вирушила у перший тур. Гіди високо оцінили її роботу. Тоді Роберто відрядив її у тур без супроводу, попросивши інших гідів час від часу навідуватися до неї та підтримувати, хоча вона рідко потребувала допомоги. Поїхавши у тур удруге, Джанет уже чудово давала собі раду. Через кілька місяців вона посіла один з найвищих рейтингів серед гідів.

У команді «Outlandish Dish» досі 25 осіб, які зосередилися на поліпшенні турів, а не на створенні нових. Роберто усвідомив, що двоє розробників — це забагато. Він переглянув фахові навички кожного з них. Один із розробників — Санкара — відеограф та редактор. Щойно з'являється нагода зафільмувати відео, він одразу береться до роботи. Роберто запам'ятав пропозицію Маріетте щодо цього питання. Вона вважала, що відео допоможуть прорватися на американський ринок, проте Роберто не зміг передоручити це завдання комусь із команди, яка працювала понаднормово, щоб задовольнити попит. Він обговорив цю ідею з Джанет, яка розповіла, що американці більше переглядають ролики на фейсбуку і YouTube, аніж у телевізорі.

Роберто поєднав нову посаду гіда-відеографа з талантом Санкари. Через два дні Санкара зафільмував перше відео з Роберто та Джанет. Відео створили спеціально під ринок США, і в ньому Джанет розповідала про те, як «Outlandish Dish» може кардинально змінити життя. Вона відрекомендувала Роберто, який поділився неймовірною історією Христофора Колумба, котрий перетнув океан і дістався Америки, а тоді запросив американців приїхати до Європи, щоб дізнатися про різноманіття її кухні. Він поділився смішними до сліз історіями своїх американських друзів і запросив приїхати нових клієнтів, щоб він зміг налити їм келих вина з нагоди приїзду.

Відео просто «підірвало» фейсбук. Роберто став хітом, його шарм і харизма — незрівнянні. Зовсім скоро до «Outlandish Dish» поспішив натовп туристів, які хотіли забронювати подорож. Завдяки тому, що всі виконували правильну роботу, правильні завдання, у правильних обсягах, і тому, що вся команда виконувала ФБК, а Роберто мав достатньо часу сконцентруватися на Розробці. «Outlandish Dish» зростала надзвичайно швидко.

Американці говорять про компанію, аж тут трапляється диво: величезна американська компанія сконтактувалася з Роберто, щоб відзняти шоу про європейські кулінарні тури. Вроджений талант розповідати історії стає в пригоді Роберто, і коли шоу виходить на екрани — він прокидається знаменитим. Попит на послуги його бізнесу зростає з космічною швидкістю — понад 10 мільйонів доларів щороку.

Ви можете подумати, що на цьому історія закінчується, проте не для Роберто. Останній крок — він віддав свою роботу над ФБК. Уявляєте? У Джанет — ті самі особливі риси, за які так цінують Роберто. Вона стала провідною оповідачкою, особливо в турах для американців. Роберто подобається його нова телевізійна кар'єра, а команда «Outlandish Dish» працює як годинник.

Кінець цієї історії схожий на казку, проте будь-яка мрія, котру ви хочете втілити у власному бізнесі, будь-яка мета, якої хочете досягти, будь-який особистий внесок у світобудову, який ви сподіваєтеся зробити, — усе це реально, якщо ви не навантажені роботою, яку не повинні виконувати, а ваша команда працює точно, як годинник.

Зміни — це важко. Я впевнений, вам навіть не треба цього казати, але все ж таки розповідаю про це, тому що після втілення перших п'яти кроків годинникової точності ви самі все відчуєте. Навіть якщо ваш бізнес процвітатиме, навіть якщо у вас вивільниться більше часу, щоб зосередитися на Розробці, зміни бувають стресові — особливо коли ви змінюєте баланс у команді. Ваші працівники (або фрилансери) також відчують ці зміни, можуть невпевнено почуватися на нових посадах або хвилюватися, що їх звільнять. Розвійте сумніви тих, хто залишився частиною команди. Прислухайтесь до їхніх побоювань. Підтвердьте їхнє місце у компанії. Не забудьте перевести подих. Так, зміни — це важко. Проте вони дадуть змогу отримати те, чого ви прагнете: бізнес, який функціонує самостійно.

ГОДИННИКОВА ТОЧНІСТЬ У ДІЇ

1. Збалансування команди — це постійний процес, його не можна завершити за тридцять хвилин чи навіть за день. Вправи у цьому розділі допоможуть вам. Заплануйте провести одну вправу на тиждень, тоді проаналізуйте результати, щоб упевнитися, що правильні люди отримали правильні посади і виконують правильні завдання у правильних обсягах.
2. Проведіть аналіз, щоб переконатися, що ваша компанія витрачає 80 % на Реалізацію. Коли ресурси вашої компанії збільшуються або зменшуються, тримайтеся оптимальних 80 % Реалізації.
3. Оцініть членів своєї команди, щоб визначити їхні таланти та сильні сторони. Тоді проведіть аналіз 10 найважливіших щоденних бізнес-завдань. А тепер поєднайте найсильніші сторони ваших працівників із завданнями, які потребують цих якостей найбільше.

РОЗДІЛ 7

КРОК ШОСТИЙ: ЗНАЙТЕ, ДЛЯ КОГО ПРАЦЮЄТЕ

«Ми не йшли туди, де були великі шанси на перемогу. Ми йшли туди, куди повинні були йти».

Коли Лізі Кікер, власниця п'яти франшиз «Anytime Fitness» під час телефонної розмови ділилася зі мною своєю історією, то сказала, що ніколи не жила у тому штаті, де була її франшиза. Оскільки її чоловік проходив військову службу, то був справжній подвиг, вони кілька разів переїжджали зі штату в штат.

Лізі зростала у Новому Орлеані, де нездорова їжа стала великою частиною культури, а вона сама спостерігала, як із космічною швидкістю зростає рівень ожиріння населення. Саме тому Лізі зацікавилася фітнесом і вирішила допомагати людям позбуватися зайвої ваги й трансформувати власне здоров'я — це стало її величезним захопленням та Великою Прекрасною Благодатною Сміливою Метою її компанії. Лізі почала відкривати спортивні зали, поки чоловік брав участь у перегруповуваннях. Вона не шукала великих міст чи районів, де мешкають люди з високим рівнем доходів. Вона навіть не шукала громад у власному районі чи недалеко від дому. Вона засновувала спортивні зали у містах, які потребували цього найбільше, — у маленьких містах, які на папері, здавалося, не мали жодного шансу постійно збільшувати кількість людей у залах.

— Коли ми викупили не зовсім успішну франшизу в Міннесоті, працівники банків та всі інші подумали, що ми з'їхали з глузду, — розповіла мені Лізі. — Ми викупили її за 50 тисяч доларів, ця сума покривала вартість обладнання. Зала функціонувала півтора року в жахливому стані — постійно протікала вода. Якимось дивом у них назбиралося 350 учасників. Річ у тому, що власники — місцеві, яких усі любили.

Попри те що ніхто навіть не думав, що з цього щось вийде чи що на це взагалі потрібно витрачати час, Лізі прив'язалася до зовсім не успішної франшизи у маленькому містечку Міннесоти. Рівень ожиріння у цьому регіоні був доволі високий, проте вона знала, що зможе все змінити. Вона розуміла, що люди, які живуть з ожирінням і не можуть позбутися зайвої ваги, — ті, кого вона хотіла обслуговувати. Спочатку вона піклувалася про них і вболівала за те, щоб у них усе вийшло. Потім вона усвідомила, що, якби вдалося їм допомогти, вона мала б більше шансів утримати їх у клубі, аніж звичайних клієнтів, які не долали таких труднощів.

— Я завалилася в зал, надворі був доволі холодний лютий, а я з далекого Півдня приїхала на орендованій повнопривідній автівці, — сміялась Лізі. — Ми одразу почали ремонт, а я взялася збирати клієнтів.

Упродовж наступного місяця Лізі самостійно знайшла кожного із 350 учасників тренувань. Іноді вона висіла на телефоні годину, а то й більше, розмовляючи з людьми, цікавлячись їхньою думкою щодо зали та змін, які вони хочуть побачити. Вона слухала їхні історії стосовно власного здоров'я, особисті подробиці, якими вони хотіли поділитися. Після кожного дзвінка вона записувала найважливіші уривки в електронній таблиці, щоб не забути.

Поворотний момент відбувся дуже швидко. Менше ніж за рік ця франшиза потрапила у топ 5 франшиз «Anytime Fitness». Хочете прикол? Після перших п'яти місяців роботи Лізі почала працювати на власний бізнес в середньому п'ять годин на тиждень. Ні, це не помилка. Не 50 годин. *П'ять годин.* П'ять годин на *усіх* п'яти локаціях. Просто щоб перевірити, чи ви зрозуміли: вона працює п'ять годин на тиждень над Розробкою, а не над Реалізацією власного бізнесу. У наступному розділі я розповім трішки більше про Лізі та про те, як їй удалося все провернути. У цьому розділі я хочу поговорити з вами про наступний крок у системі годинникової точності: візьміть на себе зобов'язання.

Зобов'язання — це куди ви спрямовуєте неймовірну силу ФБК. Уся сила світу — даремна, якщо не спрямувати її у правильне русло. Покладіть клаптик паперу під сонячним промінням, він лежатиме нерухомо. А тепер візьміть лупу і наведіть сонячні промені на папір — спалахне вогонь. Ось вона — сила спрямованої енергії. Зобов'язання спрямовує неймовірну енергію ФБК так, щоб запалити ефективність (та зростання) вашого бізнесу, як ніколи раніше.

Зобов'язання — дуже проста, але потужна декларативна стратегія, яка визначає, кого ви обслуговуєте та як. Зауважте, я не сказав «визначте», кого ви обслуговуєте і як. Я гадаю, ви вже маєте уявлення про те, хто вони —

«ваші люди» — і як їх обслуговувати. Цей крок у процесі годинникової точності створений, щоб визначити групу найкращих клієнтів. Я називаю їх «топклієнтами». Ви можете назвати їх «клієнтами мрії», чи «найкращими друзяками», чи, знаєте, «як Майк». Хоч як назвіть, ви однаково знаєте, про кого я.

Коли ви визначили, хто і як, треба взяти зобов'язання за цю групу. Ось чому цей важливий крок називається Взяти На Себе Зобов'язання. Якщо ви пропустите цей крок, мені шкода, але ви ніколи цілком не втілите те, що називається бізнесом годинникової точності. Ваш бізнес спотикатиметься, намагаючись обслуговувати завелику для ринку групу, продавати та надавати ефективну підтримку, а ви особисто так і не зможете звільнити час. Розумієте, годинникова точність — це щось більше, ніж просто створення двигуна вашої компанії (налагодження внутрішніх процесів), це також постійне підливання бензину до вашого двигуна — топклієнтів.

Я пропоную повісити оголошення просто над робочим столом кожного працівника та підрядника вашої компанії (і над вашим робочим столом також). Напишіть на ньому:

Наше зобов'язання — обслуговувати [*кого*] *і* [*як*].

Так, усе дуже просто. У моїй компанії «Profit First Professionals» *зобов'язання — обслуговувати професійних бухгалтерів, надаючи унікальні та дієві методи, як вирізнятися серед конкурентів*.

То що там з Лізі? Я впевнений, що ви легко визначите, кого вона зобов'язана обслуговувати. Але от «як»?

У спортивних залах Лізі ФБК — це підтримка клієнтів.

— Нам було важливо залучити клієнтів, щоб допомогти їм досягти бажаної мети у фітнесі, — пояснила вона мені. — Якщо вони відчуватимуть підтримку, якщо вони здобудуть від нас необхідні знання, щоб дотримуватися курсу, клієнти ходитимуть у залу як мінімум дев'яносто днів. Більшість людей ходять у залу тридцять днів, а тоді «кидають того ровера», тож компанія зазнає великих збитків. У наших залах ми можемо досягти 70 % збереження клієнтів після дев'яноста днів, натомість зазвичай середній показник у цій сфері — 40 %.

Я прийму виклик і сформую зобов'язання Лізі: *Компанія «Anytime Fitness» зобов'язана обслуговувати людей, які страждають на ожиріння та ніяк не можуть позбутися зайвих кілограмів, надає їм тренування та підтримку, щоб вони досягли поставленої мети.* Усе правильно, чи не так?

Основна мета — сформулювати просте та ефективне твердження. Ми не складаємо вірші чи слогани. Ми просто намагаємося чітко визначити: для кого і як. У цьому розділі я допоможу вам сформулювати зобов'язання і пояснити, чому цей крок такий важливий для годинникової точності.

«УСІ» — ЦЕ НЕ ВАШ РИНОК

Повторюйте за мною.

Кому?

Кому?

Спробуймо ще раз. Спробуйте говорити, як корова.

Комууууууууу?

Комууууууууууууууу?

Менше запитуйте «як», частіше питайте «кому». Кому ви служите? Це запитання — найважливіше з-поміж усіх, які тільки може поставити людина, котра намагається налагодити власний бізнес. Проте ставлять це запитання вкрай рідко.

Коли я питаю власників бізнесу, яку клієнтську нішу вони посідають, багато з них відповідають щось на кшталт «ми працюємо для всіх клієнтів», а це, між нами кажучи, оксюморон. Однаково, що сказати: сьогодні сухий дощ. Або: он той чоловік біля вас гладкий, як тріска. Чи: День Подяки — то піст. У всіх цих реченнях немає сенсу. Такого просто не існує, нонсенс.

Аби вести бізнес із годинниковою точністю, треба налагодити постійне забезпечення товарів чи послуг. Слід налагодити передбачуваний процес, який даватиме передбачувані наслідки, і робити все, що від вас залежить, щоб мінімізувати нестабільність. Якщо зменшите обсяг роботи та очікувань — зможете передбачати краще. А якби Лізі вирішила сконцентруватися на різноманітних типах клієнтів? Якби вона націлилася та обслуговувала бодібілдерів? Тріатлоністів? Худющих хлопців на пляжі, яким в очі сиплеться пісок з інших хлопців, від яких тільки шкіра й кістки лишилися? Чи змогла б вона однаково добре налагодити з ними усіма контакт? Чи однаково вони зреагували б на її вибір? Чи хотіли б вони однаковою мірою скористатися обладнанням? Чи потрібен був би їм усім однаковий тип тренувань та підтримки? Відповідь: «ні» великим шрифтом.

Якщо ви пропонуєте три продукти п'ятьом типам клієнтів, кожен з яких потребує власного різновиду цієї продукції, вам треба доставити п'ятнадцять продуктів. Якщо точніше, ви пропонуєте п'ятнадцять варіацій продукту, кожен з яких є унікальним, до того ж іще правильно їх оформити. Отже, п'ятнадцять зон потенційних проблем.

Припустімо, у вас три продукти для одного типу клієнтів, а у кожного клієнта — приблизно ті самі потреби. Тепер слід правильно оформити лише три продукти, а це значно легше, аніж п'ятнадцять. Тож легше розв'язати проблеми, які можуть виникнути.

Менше речей для меншої кількості людей — це менша кількість варіацій, тож у результаті ви можете досягти великих здобутків у тому, що робите. Менше варіацій — менше ресурсів, необхідних для досягнення хороших результатів. Простіше кажучи: працюйте менше, досягайте більшого (я підкреслив би цю фразу на вашій платформі Kindle).

Згідно з традиційними підходами, треба спочатку визначити, кого ми обслуговуємо, щоб додати зміни у пропозицію, щоб задовольнити попит. Зараз дуже популярний термін «півот»[1], проте незабаром усе зміниться. Колись це був «переломний момент». Перед тим — «зміна парадигми». А ще раніше — «Нууу, і що нам, в біса, робити?» Суть у тому, що ви маєте продавати те, що хочуть клієнти, інакше нічого не продасте. На перший погляд, ця теорія — доволі логічна, проте у ній бракує найважливішого елемента успішного бізнесу... вас.

Я бачив крутезні власні справи, які після півоту зазнавали невдач та зневаги. Власники продовжували змінювати

---

[1] Півот — зміна курсу стартапу для тестування нового напряму розвитку. (*Прим. пер.*)

пропозицію, щоб підлаштуватися під те, чого хочуть клієнти, і продавати. Проте вони зовсім не враховували, що хочуть *самі вони*, власники бізнесу. Вони не дослуховувалися до власного серця. А ще ігнорували надзвичайно важливий жовтий стікер: те, що підживлювало їхній бізнес. *Вони ігнорували власні ФБК.* І хоча бізнес міг виграти клієнтів, він втрачав серце власника і душу бізнесу. Я бачив багато компаній, які завдяки півоту виходили на стежку, що зовсім не подобалася власникові. Звісно, вони заробляли гроші, але якою ціною?

З жахом змушувати себе приходити на роботу — це не спосіб прожити власне життя. Ось чому так важливо спершу визначити, чого хочете саме ви. Завдяки чому ви хочете стати знаменитим. До чого лежить ваша душа. Ось чому треба спочатку визначити ФБК, служити та захищати її і збалансувати свою команду, *перш ніж* виявити, чого хоче ваша спільнота. Не підлаштовуйтеся під бажання клієнтів. Порівняйте свої бажання з їхніми. Не опікуйтеся змінами курсу, узгоджуйте все. Завжди.

НА КОГО ПРАЦЮЄМО?

Тепер, коли ви зрозуміли, що є серцем вашого бізнесу (ФБК), і активізували команду для захисту та служіння бізнесу (оптимальні 4P), ви можете визначити, хто ж вони — ваші клієнти, які отримають найбільше користі від вашої справи.

Якщо ви тільки-но почали вести бізнес і ще не маєте клієнтів, то можете випробувати на собі процес, про який я зараз розповім. Якщо ви налагодили стабільний бізнес, який уже обслуговує різноманітних клієнтів, я пропоную власну стратегію, як знайти правильних клієнтів, які доповнюватимуть вашу ФБК.

У книжці «План гарбуза» я описав процес визначення та клонування найкращих клієнтів. Основна думка — коли ви визначили власних топклієнтів/замовників, наступний крок — «клонувати» їх, приваблюючи інших клієнтів чи замовників з тими самими якостями. Незабаром я розповім вам скорочену версію цього процесу, проте спочатку мушу вас відмовити: немає жодної гарантії, що ваші теперішні клієнти — це ідеальна цільова група. Я працював над цим процесом зі своїми клієнтами, деякі з них не мали жодного ідеального клієнта, якого хотілося б «клонувати». Проте більшість *таки* мали клієнтів, яких хотілося б клонувати, тож якщо у вас теж такі є — ми знайшли важливу стежку для зростання в цій громаді.

Від часу написання книжки «План гарбуза», я виявив ще два елементи у цьому процесі, які ви повинні знати. Перше, що я зрозумів: хоча психографічний профіль — особистість, стиль життя, цілі, цінності та інтереси ваших клієнтів — репрезентують нішеву громаду, до цих громад важко знайти підхід, адже у них немає місць збору. Місця збору — це точки, де зустрічаються однодумці, щоб поспілкуватися чи поділитися знаннями. Місця збору є майже в усіх комерційних сферах, професійних колах, багатьох групах споживачів та життєвих змін, проте це не для всіх менталітетів.

Наприклад, якщо ви хочете продавати щось власникам виноградників (комерційна сфера), існує безліч асоціацій виноробів. Швидкий пошук у ґуґлі вибиває понад 25 таких асоціацій, але їх точно значно більше. Якщо ви хочете продавати продукцію пілотам авіакомпаній (професіонали), існує Асоціація пілотів авіакомпаній. Якщо ви хочете продавати продукти любителям вин (група споживачів), існують групи енофілів. Якщо ви хочете продавати продукцію жінкам, які вперше стали мамами (група життєвих змін), — такі групи теж існують. Проте якщо ви хочете продати щось жінці — пілоту авіакомпанії, яка вперше стала мамою і вважає, що пити вино під час керування літаком дуже корисно, бажаю успіху в пошуках такої групи! Така людина, можливо, існує. Ну, дай бог, звісно, якщо такі люди є. Проте вони не влаштовують збори в традиційний, а отже, і передбачуваний, спосіб, саме тому так важко знайти до них підхід. Якщо психографіка ваших клієнтів не має громади, ви повинні створити її самостійно, а це титанічні зусилля, особливо якщо ви керуєте літаком на п'яну голову.

Хороша перевірка на те, перед *ким* ви взяли на себе зобов'язання, — створити місця збору, щоб легко знайти підхід до клієнта. Наприклад, мій клієнт Гаррі сказав, що його найкраща клієнтка — це самотня мама, яка веде власний бізнес — має кондитерську і вже отримала перший мільйон доларів прибутку, проте перевантажена роботою і намагається самостійно виховувати дитину. А оскільки у неї склалися кепські стосунки з власною мамою, їй нікому допомогти.

Гаррі (якого я називаю Великий Га) сказав:

— Дайте мені дюжину таких клієнтів — та мій бізнес б розвивався з космічною швидкістю. Я б виготовляв для них один тип продукції. Я знайшов свою нішу!

Я відповів:

— Дозволь запитати дещо, Великий Га. Я щойно почув, що ти шукаєш клієнтів — самотніх матусь-підприємиць, які ненавидять власних мам. Так?

— Правильно. Саме так.

— А де ж ці люди час від часу зустрічаються, щоб повчитися та поділитися досвідом, Гаррі? Де зустрічі цього БКСМЗВМ? Ну, Бізнес-Клуб Самотніх Матусь-Злих на Власних Мам.

А у відповідь почув: ніде. Немає зустрічей. Немає конференцій. Немає подкастів. Немає вебсайтів. Жодного місця зустрічей. Ну так, буває: дві самотні матусі, які ненавидять своїх мам, зустрічаються на якійсь офісній вечірці і стають найкращими подругами. Але випадковість — це не місце зустрічі. Місце зустрічей — це постійна участь, щоб учитися і ділитися знаннями, для цієї групи такого місця не існує. Ось і перешкода для Гаррі — доступу до групи немає. Він може і повинен запитати свою топклієнтку, де вона розважається зі своїми однодумцями, адже, можливо, якась підпільна група таки існує.

Шансів, що така група є, доволі мало, тому що психографіка Гаррі надто вузька, щоб знайти потрібну громаду.

Отримавши цю інформацію, Гаррі заходився наново визначати цільову громаду. Він запитав себе, які ж особливі риси притаманні не лише його улюбленій клієнтці, а й іншим людям, які можуть сформувати групи. У неї — успішна кондитерська. Ось один пазлик. Вона перевантажена роботою. Другий пазлик. Вона — самотня матусяпідприємиця. Ще один. Вона ненавидить власну матір. Іще пазлик.

Визначивши чотири пазли, Гаррі запитав сам себе: які з них найбільше підходять до його інтересів? Великому Га справді подобається аспект кондитерського бізнесу, адже він любить таке виробництво. Він також розуміє, що співчуває та може підтримати самотніх матуся-підприємиць краще, аніж інших торговців, оскільки його самого виховувала матуся-підприємиця, а зараз він виховує сам уже власну дитину. Що ж до інших елементів — то не були зони його інтересів, де він міг би зробити свій внесок.

Визначивши два елементи, Га провів велике тестування. Чи були якісь місця зустрічей? Сила ґуґлу — і відповідь швидко знайшлася. Гаррі шукав «асоціації кондитерів». Просто, еге ж? Звісно, він знайшов Американську асоціацію кондитерів, Американське товариство кондитерів, Незалежну асоціацію кондитерів і так далі. Він знайшов онлайн-форуми, фейсбук-групи. Тобто спільнота уже була сформована, саме там люди і збиралися. От і шанс!

Увівши у пошуковику «асоціація самотніх матусь-підприємиць», Гаррі не знайшов нічого. Тоді взявся шукати «групу самотніх матусь-підприємиць» і знайшов групу з дванадцятьох осіб. Немає сумнівів — ця група важлива, проте не надто хороша можливість для Великого Га. Місць зустрічей іще немає, тож знайти цю спільноту було важко.

Гаррі вирішив звернутися до кондитерських. Він поговорив зі своєю найкращою клієнткою, яка уже була членкинею однієї з таких асоціацій, просячи поради, як долучитися. Так Гаррі вирушив туди, де збиралися його найкращі потенційні клієнти. І бізнес почав рости, як на дріжджах.

Інші підприємці визначають надто широку нішу. Вони хочуть працювати або з «багатіями», або «з малим бізнесом». Це — дві великі громади, і, хоча у них можуть бути місця зустрічі, знання, якими вони діляться, — надто загальні, а потреби — дуже широкі.

Вам слід визначити громаду, яка часто зустрічається в одному чи кількох місцях, щоб задовольнити особливі потреби та бажання її членів. Саме на цій ділянці ви часто зустрічатимете тих самих потенційних клієнтів, підрядників та лідерів думок. Не обов'язково, щоб ці зустрічі відбувалися оффлайн. Це може бути фейсбук-група або підписники подкасту чи журналу. В ідеалі це — комбінація різноманітних способів зв'язку та навчання. Коли ви бачите, що зустрічі та навчання конкретної спільноти повторюються, це означає, що ви можете отримати доступ до цієї спільноти та створити репутацію людини, яка може надати рішення, яких спільнота потребує.

Отже, знайдімо вашого *кому*. Далі — дуже коротка та безкоштовна версія методу, який я детально розписав у «Плані гарбуза». Якщо ви не читали цю книжку, наступна вправа дасть вам чітке розуміння, як брати на себе зобов'язання. Якщо ви вже «гарбузово спланували» свій бізнес для стрімкого зростання, все одно виконайте цю вправу ще раз. Добір місця зустрічі дасть змогу вам ще краще зрозуміти своїх топклієнтів.

1. Спочатку оцініть список клієнтів. Розташуйте їх за рівнем доходів від найбільшого до найменшого. Це важливо, тому що люди, які витрачають найбільше коштів на ваш продукт чи послуги, особливо коли продовжують купувати, у такий спосіб демонструють, що цінують вас найбільше.
   Не вірте людям на слово, довіряйте їхнім гаманцям. Люди можуть до посиніння говорити, як люблять вас, проте все вирішують гроші: якщо люди *не* витрачають грошей на вашу продукцію, це їхні справжні почуття.
2. Оцініть, наскільки вам подобаються чи не подобаються клієнти у списку. Чи ви їх любите (подобаються),

ненавидите (не подобаються), чи відчуваєте щось серед-нє між цими двома крайнощами? Ви автоматично нада-ватимете найкращі послуги клієнтам, яких любите най-більше, це природно. І навпаки: ви намагатиметеся уникати чи відкладати роботу для клієнтів, яких нена-видите. Люди між двома цими крайнощами зіграють у лотерею «отримають — не отримають» ваші послуги.

3. Зазначте громаду, до якої належить кожен клієнт зі спис-ку (сфера, професія, група споживачів чи зміна у житті).
4. Наостанок визначте місця зустрічі (ті місця, де клієнти тусуються в організованих групах).

Аналіз симпатії та антипатії

Клієнт	Симпатія/антипатія	Спільнота	Місце зустрічі

Найважливіше — ваш інтерес до громади та наявність місць зустрічей цієї громади. Це значно важливіше, аніж те, як ви любите клієнтів. Хороший клієнт, якого можна «клонувати», — потрібен, але ви можете знайти доступ до спільноти, не маючи в ній жодного клієнта. Понад те, клієнт «симпатії чи антипатії» може *не* відображати ха-рактеру спільноти.

Те саме стосується клієнтів, яких ви любите. Розумієте, вони — короткий шлях до сфери та, можливо, чудових потенційних клієнтів (хороші люди тусуються з іншими хорошими людьми). Я хочу, щоб ви усвідомили, що навіть у хорошій спільноті можна отримати поганих клієнтів, а клієнт «роздайся море — жаба лізе» може не відображати характер певної спільноти чи стати найкращим містком між вами і цією спільнотою.

Перший урок — оцінити життєздатність ринку на основі цих місць зустрічей. Якщо їх багато — спільнота активна, отже, її члени діляться досвідом чи знаннями через налагоджені канали, до яких ви можете отримати доступ, завдяки яким можете функціонувати, створити ідеальну репутацію. Якщо ви не можете визначити ці місця збору або якщо їх мало, вони розкидані та не сформовані, на вас чекає довгий і важкий шлях. Ну, от як вам відкритися, коли спільнота ще навіть не знайшла себе?

Другий урок: почніть із вужчого кола пошуків, яке поступово розширюйте. Більшість власників бізнесу починають з широкого кола спільнот і в процесі звужують пошуки. Так не працює. Наприклад, ви можете сказати, що ваша ніша — вино. Проте це і виноградарі, і винні магазини, і дистриб'ютори, й імпортери та експортери вина — перелік можна продовжувати і продовжувати. У сфері виробництва та продажу вина точно є місця зустрічей, проте ті самі люди не ходять на всі ці зустрічі. Підказка, як знайти вузьку нішу: ті самі люди ходять на ті самі зустрічі.

Коли ви обслуговуєте широку нішу — ще один оксюморон, як-от «поводитися природно», чи «об'єктивна думка», чи «зачіска Кім Чен Ина», — доведеться постачати безліч варіацій продукту чи послуги. Потреби виноградарів можуть різнитися від потреб винних магазинів. Найбільша проблема — що ширші межі ви задаєте, то дорожче (у сенсі часу та грошей) працювати для тієї самої групи.

До того ж члени груп не перетинаються одне з одним, тому знайти нових клієнтів дуже важко, а поговорити з ними взагалі майже неможливо. Малоймовірно, що виноградарі ділитимуться найкращими практиками з винними магазинами, тому що це різний бізнес. Імовірно, виноградарі ділитимуться практиками з іншими виноградарями, а винні магазини — з іншими винними магазинами.

Проблема в тому, що, коли ви спробуєте звузити нішу, то автоматично відмовитеся від деяких ваших клієнтів. Скажімо, ви вирішили, що найкраща можливість — це винні магазини. Тепер вам треба приділяти менше уваги виноградникам, дистриб'юторам і т. ін., відповідно, зменшити для них запропоновану якість. Більшість власників бізнесу вирішують починати з ширшої ніші (нагадую, що це не зовсім ніша), відтак урізноманітнюють та розширюють можливості. Зрештою рівень якості їхньої пропозиції знижується, а вони витрачають іще більше часу та грошей, щоб прорватися на ринок.

Приклад аналізу симпатії та антипатії

Клієнт	Симпатія/антипатія	Спільнота	Місце зустрічі
Приклад клієнта	Симпатія	Плитка для підлоги	Національна асоціація виробників лицювальної плитки
Компанія ABC	Антипатія	Власник виноградника	Подкаст «Винні заводи» на Winecon
Інкорпорація XYZ	Симпатія	Далекобійники	Асоціація вантажних перевізників Конференція компанії Carco

Повчімося на прикладі Браяна Сміта, засновника UGG. Багато років тому я цілий день говорив з ним про неймовірний успіх компанії UGG, про який я писав у своїй книжці «Surge». Я запитав, що з усього ним зробленого найбільше вплинуло на успіх його бізнесу.

— Ніша, Майку, — одразу відповів той з австралійським акцентом.

Торговельна марка UGG досягла такого визнання, оскільки перші десять років звузила нішу, для якої працювала. Продукцію UGG продавали серфінгістам: матеріали, висота черевиків, дизайн — усе розроблено з огляду на на їхні потреби. Серфінгісти хотіли, щоб ноги залишалися в теплі та були сухі (океан узимку холодний).

Зосередившись на вузькій ніші, ви опануєте наступну частину Зобов'язань. Коли ви знаєте, кого обслуговуєте, ви націлюєте ФБК, щоб найкраще задовольнити їхні потреби. В UGG дійшли висновку, що їхня цільова аудиторія — це серфінгісти. ФБК Браяна стала доставка функціонального взуття.

З-поміж усіх спільнот світу Браянові найбільше подобалася спільнота серфінгістів. Він — один із них, тож швидко визначив, для кого працюватиме, і витратив необхідну кількість часу (насправді роки), щоб поліпшувати послуги, які надавав серфінгістам. Він удосконалив дизайн, побудував та зміцнив стосунки з лідерами думки. Завдяки ідеальній продукції він здобув славу в їхньому маленькому світі.

Прагніть стати відомим в обраному вами маленькому світі. Цей маленький світ візьме вас на плечі та понесе у великі світи!

ЯК

Як же обслуговувати цільову аудиторію? Що зробити, щоб принести клієнтам більше користі, аніж усі інші? Ключова ідея — вдосконалюйте власну продукцію для найкращих клієнтів, допоки вони не стануть вашими постійними клієнтами і рекомендуватимуть вас іншим. Окрім того, переконайтеся, що продукція, яку ви продаєте, корелюється з вашою ФБК.

ФБК — те, завдяки чому процвітає (або занепадає) ваша компанія. ЯК — це спосіб поєднати ФБК та всі інші елементи бізнесу, щоб продавати те, що хочете, вашим клієнтам.

Компанія з виробництва білизни «Nation Up North» (NUN) саме так і зробила. Вони знайшли спільноту, яку вирішили обслуговувати, — шеф-кухарів. Компанія тестувала власну продукцію, змінювали матеріали та крій, щоб задовільнити потреби шефів. Вони виявили проблему, яку слід було розв'язати насамперед. Маленька проблема — шефи просто «заливалися» (знаю, залишається хіба «смачного» побажати, еге ж?). Офіціанти, шефи і весь персонал дуже потіють. Кухні у ресторанах зазвичай не надто добре провітрюються або не провітрюються взагалі. Немає ефективного способу охолодити кухню, яка випускає в повітря стільки тепла, що жоден кондиціонер не впорається. У кухні може бути гарячіше на 15 чи 20 градусів за Фаренгейтом[1] порівняно з температурою на вулиці. Нижня білизна NUN розв'язала проблему «заливання потом», бо вільний крій там, де треба, і піт убирається у потрібних місцях.

---

[1] Приблизно 4,4—6,6 °C. (*Прим. пер.*)

Компанія NUN безліч разів переробляла продукцію, щоб та вбирала вологу так, як треба. Коли продукт удосконалили, спільнота шефів тільки про нього і говорила. Нижню білизну NUN змітали з полиць, люди хотіли спробувати її. Продукцію швидко розкупили.

Спочатку визначте ФБК — вашого серця і серця вашої компанії. Тоді зрозумійте, для кого ви працюєте, і поєднайте з тим, як працювати. Тепер ви взяли на себе Зобов'язання і маєте все необхідне, щоб вести бізнес із годинниковою точністю — усе залежить від того, чи виконаєте ви зобов'язання.

Після написання і публікації першої книжки я зрозумів, хто ж моя цільова аудиторія: матусі-підприємиці, які починали чи поверталися до роботи після того, як діти досягли потрібного віку, коли мама уже могла поєднувати власний бізнес та догляд дитини. Багато людей уважали, що моя ніша — власники малого бізнесу, проте я знав, що будую власний бізнес саме для матусь-підприємиць. Чи читали інші люди мою книжку? Звісно. За це я їх і люблю (привіт, чуваки, які пробираються крізь бізнесленд! Я з вами, бро!) Проте якби я одразу зосередився на ширшій спільноті власників малого бізнесу, мене так ніхто б і не помітив. Я засвоїв урок Браяна Сміта: якщо хочете досягти великого успіху, сконцентруйтеся на маленькій спільноті, а тоді дайте можливість цій спільноті відкрити для вас великий ринок.

Вибір спільноти вплинув на те, як я писав, рекламував і продавав книжки. Коли я визначив, де збираються матусі-підприємиці (на конференціях та виїзних семінарах, які організовують інші матусі-підприємиці, як от Анхела

Дзя Кім, яка досягла в бізнесі неймовірного успіху), — ця спільнота познайомила мене не лише з іншими матусями-підприємицями, а й з іншими групами в межах ширшої спільноти власників малого бізнесу. Найкраще у цій стратегії — я збільшив свою аудиторію та розширив власний бізнес майже без зусиль. Бачите, як це працює?

ГОДИННИКОВА ТОЧНІСТЬ У ДІЇ

1. Визначте, *кого* ви обслуговуєте і *як*. *Наше зобов'язання — обслуговувати* [*кого*] [*як*]. Прикріпіть це твердження над своїм робочим столом, щоб воно завжди було в полі зору. Ще одну копію повісьте на видноті в офісі.
2. Тепер, коли ви знаєте, як збалансувати команду, визначте, хто в ній має потрібні якості та інтуїцію, щоб обслуговувати спільноту клієнтів. Подумайте: чи на своєму місці зараз ця людина?

РОЗДІЛ 8

КРОК СЬОМИЙ: ПИЛЬНУЙТЕ ВЛАСНИЙ БІЗНЕС

Я знаю одного підприємця, який, щойно позбувся «невдячної роботи» та зосередився на управлінні персоналом, сказав:

— Хай їй грець, тій роботі, хочу в шахи грати!

Такий підхід мені дуже не сподобався, надто вже все маніпулятивно. Для цього підприємця люди — пішаки, а це просто свинство. Він удає із себе короля, а колег вважає своїми васалами. Контроль та диктатура зовсім не вкладаються у моїй голові. Тож навіть не намагайтеся ставитися до своїх людей як до пішаків. Я за вами пильно стежитиму!

Проте у цій шаховій метафорі мені подобається ідея давати правильним людям правильні ролі і вести їх до правильних результатів. У шахах — різні фігури з різними ходами, як і в бізнесі — різні люди з різними технологіями, системами і здібностями. Гросмейстер ходить фігурами, мислячи стратегічно, щоб виграти. Ваше завдання — розставити різні фігури на виграшні місця, щоб компанія рухалася вперед. Проте така візуалізація на панелі apt дасть змогу вам тримати руку на пульсі. Панель має прості датчики, які відображають прогрес. Схоже на панель у вашій автівці, а якщо ви дуууже крутий — на панель керування літака.

У шостому розділі ви навчилися, як збалансувати команду, щоб правильні люди виконували правильні завдання у правильних обсягах роботи. Члени вашої команди, їхні функції, завдання і 4Р — усе це може бути частиною панелі, звісно. Роками я додавав і забирав зі своєї панелі певні показники. Аби налагодити годинникову точність, потрібно щось більше, аніж просто поставити людей на правильні місця, слід оцінити правильні аспекти бізнесу, щоб мати змогу виявити проблему, перебуваючи *поза зоною* бізнесу, коли щось треба налаштувати.

Ідея показників — це наче покласти білизну в кошик для прання. Але не хвилюйтеся, це не так страшно, як звучить. Вам не потрібно бути математиком чи інженером. Вам просто слід обрати важливі аспекти, які ви хочете оцінити.

ЩО ПРОСТІШЕ, ТО КРАЩЕ

Простота цього способу вражає. Я зв'язався з Кевіном Фоксом, засновником «Viable Vision», компанії, яка спеціалізується на консалтингу щодо ефективності виробництва. Урешті, будь-який бізнес — це виробництво, себто всі ми починаємо із сировинної продукції (а якщо це бізнес у сфері послуг — із сирих ідей), а тоді поєднуємо сировинну продукцію та ідеї, щоб отримати кінцевий продукт. Виробники проходять певну послідовність кроків, щоб створити ці товари. Якщо коротко, у виробників є чого повчитися, зокрема як досягти ефективності. Кевін поділився цікавими історіями про те, як знайти вузьке місце, що гальмує бізнес.

Усе як у ланцюжку, лише один елемент може бути найслабшим. Якщо ви посилите цей елемент, найслабшим стане інший (через обставини). Саме тут потрібно зосередити нашу увагу. Проте як переконатися, що ви зміцнили слабкий елемент?

— За допомогою показників, — пояснив Кевін. — Вам не треба мати дорогу комп'ютерну систему, яка виводить на великий плаский екран якісь цифри. Я рекомендую прості способи вимірювання, те, що можна побачити й обчислити зараз, без калькуляторів чи комп'ютерних алгоритмів. Щось на кшталт синього світла.

Мені одразу згадалася синя реклама компанії «Kmart». Миготить синє світло, а люди з'юрмилися біля розрекламованого товару. Як виявилося, я був не такий далекий від істини. Кевін поділився зі мною історією виробника автомобільних бамперів, який найняв «Viable Vision», щоб збільшити ефективність роботи своєї компанії. Кевін з командою вирушив на виробництво, щоб виявити «вузькі місця», у яких різні завдання чекали на виконання. З'ясувалося, що просто перед місцем зварки накопичилася купа бамперів. Просто у вузькому місці вашого бізнесу накопичуються завдання, які потребують виконання. Ми просто гаємо час.

Бамперів ставало дедалі більше, тож Кевін заходився шукати причину: чому вони чекають на зварювання? Ось і вузьке місце. Кевін помітив, що сині вогні зварювальних апаратів загораються вкрай рідко, а відтак просто спостерігав. Він зауважив, що зварювальники підійшли до складу, перенесли деталі, поклали їх у верстат, скріпили так, щоб утримувати в одному положенні, а тоді, тільки тоді, розпалили зварювальний апарат, щоб приварити все це разом. Потім вони чистили деталі, переносили їх до місця комплектації та починали процес знову. Загалом, зварювальники витрачали на власне процес зварювання приблизно 10 % свого часу. Сині вогні запалювалися лише, можете самі здогадатися, 10 % від загального часу.

Першочергова Робота зварювальників — зварювання. Цілком зрозуміло, судячи з відсутності синіх вогнів, що Першочергова Робота насправді не була в пріоритеті. Люди виконували Першочергову Роботу, як самі знову можете здогадатися, протягом лише 10 % часу.

Аби розв'язати цю проблему, Кевін просто найняв кількох підлітків, щоб вони збирали всі деталі. Вони тягали деталі та готували їх до зварювання. Хлопці тягли деталі для зварювання і клали їх у верстат, а тоді переставляли зварені частини до місця комплектації. Поки хлопці тягали деталі, зварювальники розпалювали пальники та зварювали частини. Блимали сині вогні. Хлопці ж, після того як перенесли все, поверталися назад до деталей, які потрібно було зварити, клали ці деталі у верстати. На цей час зварювальники вже закінчували зварювати інший бампер. Хлопці надавали верстатам висхідного положення і викочували готові бампери. Зварювальники знову бралися до зварювання. Блимали сині вогні. Багато вогнів.

Після такого нововведення бампери проходили вузьке місце зі швидкістю світла. Через кілька днів купа деталей зникла і вже ніколи не з'являлася. Бізнес зміг налагодити виготовлення бамперів так швидко, як ніколи раніше. Магія — це не просто знайти рішення, це ще й оцінити ситуацію. Усе дуже просто — Кевін бачив, як не припиняють горіти сині вогні, а отже, справам ніщо не перешкоджало. Проте, якби вогні хоча б на певний час зникли чи загорялися не так часто, це означало б, що виникли проблеми.

Кевін, який пізніше став власником фабрики, мав сміховинно простий, але дуже ефективний критерій оцінювання: чи горять сині вогні? Вам також треба максимально спростити оцінювання. Ви хочете оцінити, чи добре працює бізнес. От і все. Якщо ні, завдання оцінювання — повідомити вас про проблему. Якщо з'явилася проблема, ваше завдання, гросмейстере, — дослідити та виправити усе. Сині вогні горять? Добре. Не бачите синіх вогнів? От і сигнал: треба шукати проблему.

Подумайте про панель керування свого авто. Коли ви їдете, різноманітні датчики допомагають переконатися, що все гаразд. Кинете оком на панель, і вже бачите, чи не перевищуєте швидкість, чи не перегрівся двигун, чи не закінчується бензин. Прості індикатори проблем, які потребують розв'язань.

Якщо ви їдете надто швидко, заберіть ногу з педалі газу. Якщо перегрівся двигун — зупиніться і перевірте рівень охолоджувальної рідини (а якщо ви, як і я, не розбираєтеся в автівках, то зупиніться, вистрибніть з неї, думаючи, що двигун горить... а тоді чекайте на допомогу, стоячи на узбіччі, поки вам не скажуть, що то просто пара. Як знайомо...). Якщо закінчується пальне, можете заправитися на найближчій заправці. Без інструментів на панелі вас можуть зупинити через перевищення швидкості, або ви побачите, як горить двигун (реально горить) чи просто застягнете не знати де.

Те саме відбувається з бізнесом. Панель вимірювання показує, що відбувається з важливими аспектами бізнесу. Коли щось не так, ви можете швидко перевірити стан бізнесу і змінити налаштування. Коли всі індикатори панелі в нормі, можете зосередитися на перспективах і не перейматися щоденними процесами. Просто чудовий варіант, адже ви заробляєте гроші на автопілоті. Так, це реально. Я не маю на увазі «пасивний дохід», який вам обіцяють у нічних рекламних роликах. Я говорю про бізнес, який ви любите, про роботу, на яку витрачаєте найбільше часу і яка збагатить вас більше, аніж ви могли уявити, — бо ви обожнюєте кожну хвилину роботи.

ПРИВАБЛЮЙТЕ, КОНВЕРТУЙТЕ, ПОСТАЧАЙТЕ, ЗБИРАЙТЕ

Щороку мої друзі Селена Су та Кріс Вінфілд (пам'ятаєте його? колишній хлопець-продуктивність?) провели вісім чи дев'ять обідів у Нью-Йорку для багатьох авторів, спікерів та експертів. Селена та Кріс прекрасно всіх об'єднують, їхні обіди швидко набули популярності як освітній простір для підприємців. Для мене це неначе «Оскар», просто не обов'язково надягати костюм, чорну краватку і фотографуватися, надувши губки, як качечка.

Ви не можете прийти на обід без запрошення. Минуло вже дві зими, відколи мене вперше запросили на обід. Я не удавав із себе неприступного і прийняв запрошення за мілісекунди. Через чотири тижні я вирушив до Нью-Йорка. Обід розпочався, Селена і Кріс подякували нам, гостям. Пригубивши надзвичайне каберне, я почав розглядати кімнату — було приблизно п'ятнадцять гостей. Я впізнав більшість із них, та й ви, певне, теж упізнали б (одне з правил: список гостей залишається таємним і може публікуватися тільки зі згоди всіх гостей).

«Ні фіга собі, він же з того шоу, — думав собі я. — Вау! Це ж редактор журналу номер один для підприємців!»

А просто переді мною була відома майстриня з налагодження бізнесу... Адрієнн Дорісон.

Тієї ночі я закарбовував у пам'яті кожнісіньке її слово про те, як вона налагодила ефективну роботу складу пиломатеріалів, ліквідовуючи безліч «вузьких місць». Вона змінила спосіб навантаження дерев на вантажівки, щоб їх розвантажували швидше. А ще говорила про те, як лісові склади допомогли налагодити постійне постачання деревини і заодно розв'язати проблему далекобійників, які не могли доставити продукцію через довгі черги. А ще розказувала, як давати раду політиці та егоїзму, через які рух пиломатеріалів на складі сповільнювався до швидкості слимака. Усі ці поліпшення мають невеликий вплив. Але жодне з них не є ФБК, як я розумію.

Я розповів Адрієнн, що дізнався про ФБК, і пояснив, що маю на увазі під «впливом». Вона мене зрозуміла і погодилася. Якби вона раніше почула про такий підхід — роками б вивчала бджіл. Отже, вона справді зрозуміла важливість ФБК.

— У кожного бізнесу є вузькі місця, Майку, — важливі елементи повинні працювати ідеально, інакше бізнес страждатиме. Усі елементи бізнесу важливі тією чи іншою мірою. Аби доставити продукцію чи надати послуги клієнту, усі складові бізнесу повинні працювати злагоджено. Найважливіше — ці вузькі місця — зони, де виробництво необхідне, але здійснюється повільніше, аніж матеріальне забезпечення. А дідусем усіх важливих частин бізнесу є ФБК. Інакше кажучи, ФБК — це хвиля, яка підіймає човни. Усі елементи бізнесу можна розділити на чотири сектори, проте ФБК може існувати лише в одному секторі: або в управлінні, або в продажах, або в поставках продукції чи грошових потоках.

— І? — запитав я. — Яка ж ФБК складу пиломатеріалів?

Адрієнн подивилася на мене, схилила голову і примружила око. Знаєте, такий погляд, коли запитання заскочило вас зненацька і ви не знаєте відповіді. Зрештою вона відповіла:

— Це ви мені скажіть.

Я й сам замислився. Подумав, а тоді відповів.

— Ну... залежить, як на це подивитися, правда?

— Звісно.

І я продовжив:

— Звісно! ФБК визначається саме собою. Як у вашому, моєму чи будь-чиєму бізнесі, сфера не визначає ФБК. Засновник бізнесу сам визначає ФБК. Засновник вибирає, на чому тримається його бізнес. Тож вибір за складом пиломатеріалів, на який ви працюєте. Насправді працівникам цього складу потрібно зробити цей вибір.

Це вже був кураж.

— На одному складі пиломатеріалів уважають, що успіх залежить від швидкості процесу. Вони хочуть швидкими темпами виготовляти пиломатеріали. У такому разі ФБК — це те, що сприяє прискоренню роботи. Так само як робота ФБК у вулику — допомагати бджілкам вилуплюватися з яєць. Ось чому Бджолу-Королеву так поважають — вона відкладає яйця.

— Бінго! — мовила Адрієнн. — Якщо склад пиломатеріалів затверджує швидкість виготовлення як власну

ФБК, вони аналізують, на яку частину бізнесу найбільше впливає виробничий темп і хто з команди цим опікується. І, щоб ви знали, саме швидкість стає ФБК для більшості складів пиломатеріалів. Вони розуміють, що робота підйомного крану — це ФБК. Якщо підйомний кран розвантажує та вкладає деревину на пилорізку та машину для корування деревини з оптимальною швидкістю, бізнес працює безперебійно, а як ні — темпи уповільнюються.

— Саме так! — із захватом вигукнув я, надто голосно, як для такого ресторану. — Це означає, що оператор крану виконує ФБК. Його, як лікаря, потрібно захищати та допомагати йому.

— Ви зрозуміли, Майку. Не забувайте, що це лише одна з можливих ФБК. На складі пиломатеріалів можуть вирішити, що стати всесвітньо відомими можна завдяки якості деревини. Швидкість відходить на другий план, а відтак ФБК — визначити найкращі лісоматеріали. Оператор крана залишатиметься важливим працівником, звісно, проте він не виконуватиме ФБК. Замість нього цю функцію виконає менеджмент з контролю якості деревини — він виконуватиме ФБК.

Тепер уже в кураж увійшла Адрієнн.

— Проте ФБК складу пиломатеріалів не обмежується доставкою, — продовжила вона. — ФБК може бути приваблювання потенційних клієнтів та конвертування їх у замовників. Насправді одна компанія пиломатеріалів, з якою я працювала, поставила конвертування власним ФБК. Вони створили команду з експертів та інженерів, які під час продажів скеровували потенційних клієнтів (аби вони прийняли найвигідніші цінові рішення), щоб обійти будь-якого конкурента. Дешева деревина може заощадити клієнтові кошти, проте не відповідати проєкту. В результаті її доведеться замінити дорожчими матеріалами. Виконуючи проєкти найшвидше, завжди використовували деревину найвищої якості, щоб завоювати довіру клієнта, що врешті вплинуло на різке збільшення продажів.

Адрієнн пояснила, що склади пиломатеріалів — це не щось унікальне, адже будь-який бізнес визначає власну ФБК, ФБК завжди перебуває в одній з чотирьох частин: або в управлінні, або в продажі, або в поставках чи грошових потоках. Я схильний сприймати ці аспекти бізнесу більш практично, тож вніс трішки корективів, зберігши значення: Приваблювати, Конвертувати, Постачати, Збирати (ПКПЗ). (Пригадуєте, я вперше згадав про ПКПЗ у п'ятому розділі?)

Ми з Адрієнн проговорили всю ніч, і я зрозумів, що будь-який бізнес складається з цих чотирьох частин. Якщо бізнес нерентабельний, це означає, що ФБК недостатньо захищена чи виконана або у ПКПЗ — «вузьке місце», яка вповільнює процеси.

Проникливий розум Адрієнн глибоко мене вразив. Дозвольте викласти вам те, чого я навчився.

1. **Приваблювати**. Кожен бізнес повинен притягувати нові можливості та приваблювати потенційних клієнтів, яким потрібен ваш продукт чи послуга. Такі клієнти сприяють продажам. Немає клієнтів — знижуються продажі, адже немає кому продавати.
2. **Конвертувати.** Основне завдання продажу — *конвертувати* потенційного клієнта у покупця. Можливо, вам не вдасться залучити всіх клієнтів світу, проте, якщо ви не можете забезпечити продаж, ваш бізнес піде на дно.

3. **Постачати**. Поставки — це процеси та послуги, необхідні для належної доставки проданих клієнтові товарів. Якщо ви не постачаєте клієнтові придбаний товар, він шукатиме способів... якось скасувати замовлення, отримати відшкодування, поширити інформацію про те, що ви провалилися. Не можете налагодити доставки? Вам не місце у бізнесі.
4. **Збирати**. Якщо клієнт не дотримується обіцянки заплатити вам — у вас неприємності. Якщо ви не заберете гроші за виконану роботу чи не можете втримати гроші (тому що клієнт забирає їх назад чи ви їх прогуляли), ви вилетите з бізнесу.

Модель ПКПЗ

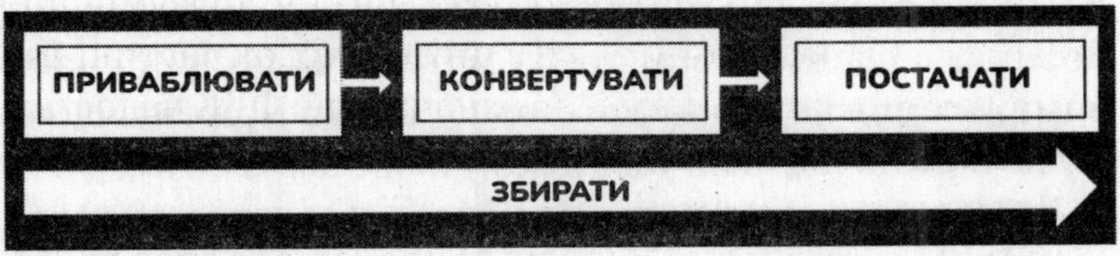

Це чотири ключові функції кожного бізнесу. Ви повинні виконувати їх однаково добре. А ми зіграємо у відому гру, у яку грають усі лідери успішних бізнес-проєктів, «Полювання на крота», у якій ви визначите та розв'яжете великі та малі проблеми у межах цих чотирьох частин, як це зробила Адрієнн у компанії пиломатеріалів. Майже завжди бізнес іде передбачуваною стежкою стабільності ПКПЗ у тій самій послідовності. Спочатку вам потрібно зацікавити у пропозиції (Привабити потенційних клієнтів). Потім переконати зацікавлених осіб придбати ваш товар (Конвертувати потенційних клієнтів у покупців). Коли вони стануть вашими клієнтами, ви повинні Постачати обіцяну продукцію, а у певний момент — узяти з них гроші за свою роботу (Збирати).

Однак є кілька унікальних випадків. Наприклад, деякі бізнеси працюють «на удачу», коли продукт доставлено швидше, аніж потенційний клієнт стає покупцем. У такому разі послідовність — ППКЗ.

Збирати готівку — процес, сповнений сюрпризів. Ви, наприклад, можете зібрати готівку, перш ніж почнете роботу. Проте навіть у такому разі готівка не буде повністю у вашому розпорядженні, допоки ви не виконаєте зобов'язання перед клієнтом. Якщо ж не виконаєте, клієнт може попросити повернути гроші, наприклад, подавши на вас позов. Ось чому я поставив ці категорії у такому порядку. Ось чому вам треба мати хоча б один спосіб вимірювання на кожну категорію. Так ви можете відстежувати потік клієнтів у власному бізнесі.

Дозвольте продемонструвати вам мою панель для «Profit First Professionals».

1. **Приваблювати**. Можна виміряти приваблювання потенційних клієнтів кількістю виконання певних дій. У випадку навчальних програм онлайн можна виміряти, скільки людей дали вам свої електронні адреси взамін на безкоштовний гів. У B2B[1] (бізнес для бізнесу) можна виміряти, скільки людей подали свої пропозиції. У «Profit First Professionals» (PFP) можна виміряти, скільки людей заповнили реєстраційну форму на веб-

[1] «Business to Business» (*Прим. пер.*)

сайті. Коли щодня форму заповнюють троє людей, то за рік (троє потенційних клієнтів помножити на 365 днів) ви отримаєте понад тисячу заявок. Коли люди заповнюють та надсилають форму, ми сприймаємо їх як потенційних клієнтів. Коли форму заповнює менша кількість людей, постає запитання. Показники не кажуть нам, що форма не працює, проте свідчать, що, можливо, виникла проблема. Показники вказують, що виникла *якась* проблема, тому що менша кількість людей заповнила форму. Це спонукає нас вивчити та розв'язати проблему. Це наче коли загорілася сигнальна лампочка двигуна і тепер ви знаєте, що потрібно здійснити діагностику машини. Можливо, то якась невелика проблема (провід відійшов) або ж велика (зламалася коробка передач). Коли наші показники відрізняються від очікувань (отримати три заявки на день), ми ставимо запитання «Чому більше людей не заповнюють нашу форму?» Можливо, вебсайт завис, можливо, люди нам телефонують замість реєструватися, можливо, у нас виникли проблеми з ФБК (менеджером «Profit First») і ззовні неможливо отримати потрібну інформацію, отже, нам потрібно знайти й усунути «вузькі місця».

2. **Конвертувати**. Показники конвертування потенційних клієнтів у замовників — це кількість людей, які долучилися до нас упродовж трьох місяців з моменту приходу. Прості відсотки: ми хочемо отримати 33 % коефіцієнта перерахунку, що на рік даватиме приблизно 360 нових замовників. Як уже було сказано, потенційні клієнти — не однакові (ви розумієте, про що я). Деякі — просто ідеальні, інші — крутять носом і можуть узагалі нічого не купити, хтось — новенький у бізнесі

(ще не пристосований) і таке інше. Під час щоквартальних зустрічей точаться активні дискусії щодо ефективнішої комунікації, залучення кваліфікованих потенційних клієнтів, досягнення вищих показників продажу, щоб швидше визначити хороші ідеї та відмовитися від невдалих. Розрахунки — це просто індикатори дій на панелі, проте ми (ви також повинні) вивчаємо все глибше, щоб приймати дієві рішення. Завдяки цим розрахункам ми знаємо, що, коли впродовж місяця поговорили зі сотнею клієнтів, а лише десятеро з них стали членами нашої групи (10 % замість 33 %), щось не так. Так само якщо 80 людей отримують членство (звучить прекрасно), щось інше може йти не так. Розрахунки просто підказують вам, що щось не так, як було заплановано. Коли це стається, треба уважно все вивчити[1]. Конверсія не досягає 33 %? Ми питаємо себе: «Що сталося з продажами? Можливо, наша нова цінова шкала не працює? Чи найняли ми нового члена команди продажу? Чи змінюється якість потенційних клієнтів?» Ми озираємося назад. Перш ніж конвертувати потенційних клієнтів, якщо ми позначаємо конвертування червоним прапорцем, питаємо самі себе:

[1] Іноді показники будь-яких із цих розрахунків залишатимуться незмінними, проте проблема однаково існуватиме. Конверсія продажів — досі 33 %, проте впродовж місяця ви продали лише раз. Отже, проблема — у потенційних клієнтах, де, напевне, у вас лише троє клієнтів на місяць. Можлива і гірша ситуація. Ви отримуєте запланованих потенційних клієнтів, усі конверсії, проте нові клієнти не приходять. Проблему можна виявити, зберігши розрахунки (які ілюструють обороти), проте проблемою може стати якість потенційних клієнтів. Я маю на увазі, що іноді проблема виникає не знати звідки, проте причина — у чомусь іншому (у цьому випадку, у потенційних клієнтах). Ну ж бо візьмемо за приклад ремонт даху. Хоча вода тече по стінах дому, дірка — у дахівці, у зовсім іншому місці. Трапляється, проблеми існують довше, аніж їх помічають.

«Чи зменшилися також показники потенційних клієнтів?» Якщо так, проблема, певне, — у потенційних клієнтах, тож ми насамперед аналізуємо ситуацію там.

3. **Постачати**. Ви постачаєте те, що відповідає очікуванням клієнтів (чи щось навіть краще)? Для деяких бізнесів найкращий індикатор високого рівня поставок — це коли клієнти повертаються знову і знову (затримуються). Ще один індикатор: клієнти настільки захоплюються співпрацею з вами, що рекламують ваші послуги у форматі усних рекомендацій. Можливо, якщо у вас трішки нижчі стандарти, індикатором може стати відсутність скарг. Наприклад, зупинка на узбіччі. Звісно, таке траплялося, але люди рідко залишають відгуки: «Просто найкращий туалет на найвідомішій зупинці» чи «Ви б бачили цей пісуар у вбиральні. Просто. Не. Реальний!» Якщо люди й залишають коментарі про зупинки, то радше у формі скарг. Тому що менше скарг — то краще.

У PFP ми вимірюємо доставки подоланими межами. Одна з таких меж — сертифікація. Так я знаю, що людина, яка отримала сертифікат у «Profit First», завершила серію навчань у PFP і достатньо обізнана, щоб скласти тест. Я знаю, що, коли люди отримують сертифікат, вони опанували процес бізнесу і готові обслуговувати клієнтів. Наші розрахунки базуються на тому, скільки людей пройшли сертифікацію впродовж шести місяців з моменту реєстрації. Ми хочемо досягти показника 97 %. Хотілося б усі 100 %, проте це не надто реалістично (трапляються непередбачувані обставини, якісь події у житті). Поставивши мету — 100 %, ми постійно перебуватимемо в ситуації, коли доводитиметься виставляти червоні прапорці. Ох, тільки не це, ми знову не досягли 100 %, що ж сталося? Оскільки така мета — недосяжна, ми просто її ігноруємо.

Урок такий: не робіть з розрахунків «числа мрії», зробіть реалістичні показники. На момент написання цієї книжки показники сертифікації наших членів сягнули 90 %. Менше, аніж ми очікували, для мене це означає, що, можливо, ми не залучили членів команди певним чином. Можливо, нам не вдалося підтримати їх, а може, вони просто втратили інтерес? Потрібно з'ясувати, що сталося, оскільки я певний, що ці 7 %, яких нам забракло, не надто задіяні, не зовсім готові чи потребують більше уваги.

4. **Збирати**. Повторіть за мною: гроші — це основа мого бізнесу. Ще раз. Гроші — це основа мого бізнесу. Гроші — це найважливіша, проте найбільш знехтувана частина будь-якого бізнесу. Ви можете не мати жодного клієнта, у вас може бути жахливий сервіс, ви можете гадки не мати про те, як заохочувати потенційних клієнтів, проте якщо у ваших кишенях — паки грошей, бізнес виживе. У нашій організації ми звертаємо увагу на відсоток тих, хто не оплатив послуги впродовж місяця. Якщо показники — більше від 5 %, у нас проблеми. Ми в будь-який момент можемо зменшити показники (виявилося, що з цим прекрасно може впоратися програма річного платежу), щоб нагодувати бізнес життєво важливою поживою — грошима — і втримати його на плаву. Як відбувається (чи не відбувається) грошовий потік у бізнесі? Визначте, які показники використовувати, щоб оцінити стан бізнесу. Від цього залежить ваша справа.
5. **Корпоративна Бджола-Королева.** Наш ФБК — розповідати про «Profit First», а я виконую роль головного

(але не виконавчого) промовця. Ми розраховуємо ФБК, визначивши, скільки промов, презентацій, вебінарів, подкастів (наших чи інших) та інтерв'ю відбулося за певний час. Наша ФБК постійно посилюється. Поки я пишу ці рядки (у літаку, як завжди), просто зараз чотири промови «Profit First» проголошують без мене. Ми щодня рахуємо кількість «комунікаційних процесів». Класно знати розміри власної авдиторії, звісно, а події «наживо» вимірювати легше, аніж подкасти. А подкасти вимірювати легше, аніж інтерв'ю на радіо. Отже, ми просто вимірюємо кількість «комунікаційних процесів». Наші розрахунки налаштовані на два комунікаційні процеси на день (чотирнадцять за тиждень) — цілком реальна цифра, навіть якщо доводиться працювати мені одному, проте таке трапляється рідко. А якщо я хворію, з'являються проблеми.

Що більше людей виконують ФБК, то стабільнішими стають показники і то менше в мене роботи (гроші на автопілоті, розумієте). На виконання ФБК (я також пильную виконання роботи) я витрачаю дедалі менше часу, зосереджуючись на інших проєктах (уявляєте, написання книг забирає час!) та відволікаючись від ФБК. Проте, коли я звільняю Королеву (себто себе), іншим людям доводиться опікуватися ФБК. І хоча написання книг — це все таки виконання ФБК на довготривалу перспективу, оскільки технічно я ділюся інформацією, публікація — процес довгий, як і написання: переписувати, редагувати, ще трішки відредагувати, потім викинути все і почати знову (тут я серйозно), — на розрахунках це ніяк не відображається. Усі інші люди, які виконують ФБК, добре можуть упоратися зі своїми обов'язками, тож тепер моє першочергове завдання — побудувати систему, яка максимально спростить їхню роботу та роботу всіх, хто також хоче бути спікером, при цьому не втрачаючи послідовності. І, як ви уже здогадалися, я зберігав створені системи (записуючи власні презентації) та позичав їх іншим для виступів.

Чотири ключові зони — Приваблювати, Конвертувати, Постачати та Збирати (ПКПЗ) — це датчики вашої панелі та ФБК. Перш за все вам слід визначити, *як* вимірювати прогрес (чи його відсутність) у кожній із п'яти зон і окреслити цілі для кожного етапу. Мета показників — прорахувати ефективність вашої компанії та визначити сфери, де можуть виникнути вузькі місця. Показники — це перші прості індикатори, які сигналізують: щось не так або потребує вашої уваги.

Показники — це переважно цифри. Вони можуть бути бінарними (так/ні чи у/поза) або будь-якими іншими. Показники завжди повинні бути кількісні та порівняльні. Показники окреслюють очікування, тож, коли проаналізована подія перевищила очікування чи, навпаки, їх не виправдала, показники дають можливість проаналізувати ситуацію та необхідні рішення.

Повернімося до прикладу з машиною. Швидкість машини — це показник, який ми вимірюємо. А от знак обмеження швидкості може бути «оптимальним» числом, якого ми хочемо дотримуватися, натомість спідометр показує реальне число. Коли ми їдемо надто швидко або надто повільно, реальне число відрізняється від оптимального, тож потрібно внести зміни у наш рух (але, повірте мені, у Нью-Джерсі ніхто не їздить надто повільно).

У вас є можливість застосовувати будь-які показники у кожній категорії. Приміром, ми аналізуємо показники зборів у відділі доставок. Збори — це кількість членів групи, які приєдналися до нас із курсів стаціонарного навчання у нашій штаб-квартирі після приєднання до організації. Це не просто надзвичайно важливе навчання, це — надзвичайно важлива взаємодія. Нові члени нашої організації зустрічаються одне з одним та командою в нашому домі (так ми називаємо головний офіс). Якщо члени організації не з'являються на зборах, може виникнути низка проблем щодо довготривалої співпраці. Показники — це проста пропорція: скільки членів узяло участь у зборах (серед нових членів) щодо загального кількості учасників зборів.

Метод «Прибуток понад усе» працює лише частково, тому що має вбудовані показники — власну панель управління фінансами та забезпечення прибутковості бізнесу. Основна мета — побудувати бізнес, який і генерує кошти, і підтримує прибутковість на певному рівні. У книжці «Прибуток понад усе» я пояснив, що вам потрібно відкрити п'ять основних банківських рахунків: ДОХОД, ПРИБУТОК, ВИНАГОРОДА ВЛАСНИКУ, ПОДАТКИ та ПОТОЧНІ ВИТРАТИ. Опісля розподіляйте кошти, зважаючи на визначені відсоткові співвідношення (які також виконуватимуть функцію показників) для кожного з п'яти рахунків. Гроші, які надійшли, слід розподілити відповідно до цих відсоткових співвідношень. Якщо ваш бізнес не може розподіляти гроші відповідно до визначених відсотків (а ці відсотки стають показниками) — це означає, що бізнес не виправдовує очікувань. Треба знайти причину такої ситуації та розв'язати проблему. Зависокі ціни? Проблеми з потоком грошей? Невелика різниця між собівартістю та ціною продажу? Відхилення від очікуваних показників означає, що у вас або проблема (щось пішло не так), або все краще, аніж ви очікували (усе вдалося). В обох випадках ви захочете дізнатися, чому так сталося. Знайти те, що можна поліпшити, чи відтворити те, що добре працює. Показники — це ваш новий найкращий друг. Вони скажуть правду про проблеми чи можливості, які у вас з'явилися, та швидко спрямують, куди треба.

Гроші, які з'являються автоматично, — це не історія про те, що вони падають з неба, а ви не докладаєте до цього зусиль. Це не зламаний банкомат, у якому дивом стався збій і який без упину обсипає вас грошима. Гроші, які з'являються автоматично, — це налаштована система, а ви сидите у диспетчерській і спостерігаєте за процесом. Наче будь-яка машина, система чи процес, ваш бізнес час від часу даватиме збій або потребуватиме додаткових налаштувань. Ваше завдання — виявляти відхилення та знаходити способи їх усування. Ключ до успіху — мати максимально просту систему контролю, яка водночас зможе відстежувати важливі елементи бізнесу. Чи можете ви створити показники для будь-якого аспекту? Авжеж. Але це надто важка робота. Чи можете ви використовувати лише один показник? Звісно. Проте він може бути надто нечітким, щоб визначати проблеми та можливості.

Наприклад, ви встановлюєте показники для очікуваних надходжень раз на два тижні (або щотижня). Навіть сезонний бізнес може використовувати таку методику. Тепер порівняйте отримані надходження з вашими очікуваннями. Щось не так? Досліджуйте. Не треба читати офіційні фінансові звіти чи будь-яку іншу документацію, щоб зрозуміти, чи потребує бізнес більше коштів, чи зменшився ваш прибуток.

Ми з Крейґом Мерріллсом зустрілися на конференції, де я був спікером, і одразу заприятелювали. Вони з дружиною дуже люб'язно розділили зі мною та моєю дружиною Крістою свій відпочинковий будиночок у Вірджинії, біля озера Сміт Маунтін. Ми провели кілька днів разом, граючи на вулиці у корнхол (можна з кухлем пива в руках), готуючи барбекю та говорячи про бізнес.

Крейґ є власником франшизи «Wow 1 Day Painting». У нього нереальна здатність позичати гроші та пояснювати це потребою купити обладнання. Зрештою його борг становив 109 тисяч доларів. Саме тоді Крейґ застосував кілька простих показників, щоб змінити все на краще. Він просто встановив очікуваний розмір надходжень та відсоток поточних витрат (разом з купівлею обладнання), які може собі дозволити. Оскільки відсоток поточних витрат залишався незмінним при зміні надходжень, частка на поточні витрати так само зменшувалася. Крейґ здійснював лише заплановані витрати.

Крейґ застосував таку формулу за рік і один місяць до нашої зустрічі в його будинку на березі озера. Він кинув мішечок у лунку, заробив ще три бали, сьорбнув пива, подивився на мене і сказав:

— Тепер у мене немає боргів!

Крейґ позбувся боргів, вимірюючи їх. Він не читає фінансових звітів, він використовує основні показники своєї панелі, щоб виміряти потік коштів та взяти певну суму, щоб сплатити борги. Можливо, ви чули про таку стратегію раніше, проте у будь-якому разі я сподіваюся, що ви запам'ятаєте: що можна виміряти, те можна зробити. Коли це щось важливе — вимірюйте.

Вам не обов'язково копіювати мої категорії та показники у власній панелі, проте я рекомендую вам застосовувати показники, які стануть індикаторами вашого бізнесу. До того ж спробуйте обмежити свою панель (від п'яти до восьми показників). Якщо їх буде менше — ви не отримаєте повної картини, якщо їх забагато — це може тільки ускладнити роботу. Завелика кількість шкал та «інструментів» лише все ускладнить — вам буде важче виявляти проблеми, а отже, панель не виконуватиме своєї основної функції.

Уявіть охоронця на нічній зміні. Він може дивитися на шість різних екранів і легко помітити найменший рух. Але поставте перед ним шістсот екранів і будьте певні: він точно щось пропустить. У кожному фільмі, де якомусь поганцю вдається прошмигнути повз пост, в охоронця — забагато чортових моніторів... ну і ще якийсь «дивний шум» металу, який поганець щойно викинув у коридор (працює ідеально). Панель дає вам можливість бути охоронцем власного бізнесу, тож що менше показників, то краще. І, заради бога, не вірте цьому «шуму в коридорі». Там пастка. Завжди так.

ОДНА ШКАЛА ЗА РАЗ

Моя газонокосарка не працює з літа, відколи я взявся писати цю книжку. Вона працювала якось недоладно, замість косити траву заледве її торкалася, розкидаючи врізнобіч. Я пішов у гараж, щоб відремонтувати цю машину раз і назавжди. І припустився помилки. Дуже великої помилки. Я намагався відремонтувати все й одразу. Я почистив карбюратор, поміняв фільтри повітря, змінив масло і ще раз заправив — усе одразу. А тоді спробував завести двигун. І стало ще гірше.

Оскільки мої зусилля не розв'язали проблеми, я вже був готовий замінити двигун. Я взяв нові ремені, свічки запалювання і промив двигун очищувачем. Ну звісно, нічого не запрацювало. Урешті, коли я два дні прововтузився з косаркою, відніс її до майстерні. Газонокосарку відремонтували за тридцять хвилин. У чому ж проблема? Зламаний карбюратор. Схоже, його зламав я (не буду підтверджувати чи спростовувати, що кришку косарки заклинило, оскільки вона нормально не закривалася). Першопроблемою, певне, став засмічений фільтр. Проте, хоча я й відремонтував фільтр, я одночасно «ремонтував» й інші частини, що спричинило нові проблеми, які я списував на першочергові.

Річ у тім, що, коли ви працюєте одночасно над кількома завданнями, щоб розв'язати проблему, ви можете або вбити, або упустити двох зайців одночасно, навіть не усвідомлюючи, що ви зробили — розв'язали проблему чи спричинили нову. Вихід із ситуації — працювати над одним завданням за раз і спостерігати, чи вдалося розв'язати проблему. Почніть з найімовірнішої причини, протестуйте її й тільки тоді перевіряйте інші можливі версії.

Панель бізнесу — це процес. Іноді ви зазнаватимете невдач, тому тоді потрібно перевіряти (ремонтувати) одну шкалу за раз. Візьмімо, до прикладу, продажі. Скажімо, ви помітили, що вони значно впали. Ви також бачите, що потік потенційних клієнтів не надто змінився, можливо, навіть збільшився, проте команда продавців продає значно менше. Ви найняли нового члена команди, який має поліпшити ситуацію, проте бачите, що продажі впали ще нижче, аніж ви очікували. Отож, ви беретеся виправляти ситуацію, залучивши іншу «шкалу» панелі: ви даєте новий алгоритм продажу, якого слід дотримуватися. Ви спрямовуєте до них більше потенційних клієнтів, аніж до іншої частини команди, щоб вони швидше пристосувалися до нових реалій. Замість закріплювати одного досвідченого працівника за новачком, щоб навчити його аспектів продажу, тепер двоє працівників вчитимуть нового працівника, а отже, можна сподіватися, усі вони стануть обізнанішими. Якщо ви перевірили все, обсяг продажів має зрости. Але продажі падають. Чому? Річ в алгоритмі продажу? Можливо, на одну людину припадає забагато потенційних клієнтів? Можливо, новачку некомфортно працювати під пильним оком двох працівників, які нависають над ним?

Скасовуємо все, починаємо знову. Темп продажів сповільнився, оскільки у команді з'явився новий працівник. Ви доходите висновку, що ці два факти — взаємопов'язані. Ви звертаєтесь до очевидного — алгоритму — і змінюєте цю шкалу. Ви спрощуєте план. І спостерігаєте. Обсяг продажів не змінився — не збільшився, але й не зменшився. Тепер поверніться до першочергового плану продажів, поверніть початкові налаштування шкали, а тоді поверніться до іншої шкали. Підозрюючи, що потрібно щось змінювати у навчанні, ви приставляєте двох працівників до новачка у команді. Як і раніше, обсяг продажів не збільшився, проте ще швидше впав. Цікаво. Ви знайшли шкалу, яка негативно впливає на продажі. Тепер слід детальніше вивчити цей парадокс.

Тоді ви повертаєтеся до системи, де лише одна людина (ментор) пильнувала новачка — відтак обсяги продажу зростають, але ще не досягають звичного середнього показника. І от вам спадає на думку чудернацька ідея: а якщо просто забрати цього ментора? І от обсяги продажів стабілізувалися. Дивно. Тепер ви точно знаєте причину проблеми, тож починаєте глибше її аналізувати. Виявляється, що коли ментор опікувався новачком, він пропускав дзвінки. Потенційні клієнти телефонували менторам, довго й нудно чекаючи на відповідь. Тож ви змінили години менторства і поліпшили навчання, застосувавши технології — записи дзвінків. Тепер найкращі експерти з продажів укладають угоди, а тоді аналізують записи дзвінків з новачком. І знаєте що? Обсяги продажів зростають з космічною швидкістю.

Іноді проблема, знайдена вами на панелі в одній категорії, може насправді виникнути з іншої. Наприклад, проблема на етапі «Збирання коштів» може виникнути, якщо платити людям за роботу, яку вони ще не виконали. Чудово, проте якщо бізнес стикається з проблемою грошових потоків, чи справді ця проблема — зі збиранням? Ви можете побачити, що показники продажів впали, а кількість потенційних клієнтів залишається незмінною. Що це означаєте? Можливо, потенційним клієнтам доводиться платити наперед, тож ніхто нічого не купує. Як виправити ситуацію? Тестувати одну шкалу за раз. Спробуйте скасувати вимогу передоплати і подивіться, як це вплине на ситуацію. Якщо все стане на свої місця, ви знайшли причину. Проте якщо ситуація не змінилася, тоді — це дуже важливо — поверніть усе на свої місця (вимогу передоплати) і пробуйте виправляти інші аспекти. Ви повинні тестувати кожну шкалу окремо, щоб знайти причину.

Коли ви випробовуєте одразу кілька шкал, які могли б вплинути на загальний результат, то тільки віддаляєте себе від розв'язання проблеми. Перша зміна може налагодити все, а друга — звести ваші зусилля нанівець, тож навіть якщо ви виправили ситуацію, потім лише погіршите її, самі того не знаючи. Іноді ви змінюєте безліч шкал, але це не розв'язує проблеми, а ви й далі не знаєте, чому ж усе не так. Іноді ви випробовуєте кілька шкал одразу, але ніщо не допомагає, проте тепер ви не маєте певності, чи щось узагалі допомогло, чи ви, навпаки, перекреслили виправлення іншою шкалою... чи, може, жодна шкала нічого не виправила. Випробовуйте одну шкалу за раз, шукайте найімовірнішу причину проблеми, а тоді оцініть результат. Залиште одну шкалу, спробуйте іншу, а потім оцініть результат. Послідовно перевіряйте кожну шкалу, допоки не знайдете причину проблеми, і тільки після цього спробуйте перевірити одразу кілька шкал, якщо для виправлення ситуації потрібно залучити кілька шкал одночасно.

Головне — лінійність процесу, залучення однієї шкали за раз, від найбільш імовірної до найменш імовірної причини, допоки не знайдете рішення. Якщо ви спробуєте застосувати одразу кілька шкал виміру, не зважаючи на результат, то так і не дізнаєтеся, яка шкала мала ключовий вплив на ситуацію. З огляду на результати визначте, якою буде наступна шкала для аналізу. Врахуйте, що ця шкала може бути тісно пов'язана з попередньою проаналізованою шкалою.

Може здатися, що випробовування однієї шкали за раз — часозатратна справа. Постає запитання: «Чи можна взагалі випробовувати більше від однієї шкали за раз?» Якщо ми аналізуємо конкретний результат, де шкала потенційно впливає на загальну ситуацію, відповідь — ні. Вам потрібно застосовувати одну шкалу за раз. Проте якщо ваша компанія працює, продукуючи різні результати, шкали відокремлені одна від одної (вони впливають на різні результати), ви можете застосувати різні шкали одночасно. Приміром, я визначив, що вузьке місце виникло на етапі Конвертування, тож варто спробувати переглянути попередні процеси роботи з потенційними клієнтами, які так і не стали нашими клієнтами. А ще у мене вузьке місце у процесі Доставки, тому що клієнти змушені чекати на консультацію виконавчого спеціаліста. Відтак я хочу спробувати проводити групові консультації замість зустрічей сам на сам. Ці шкали впливають на різні результати, тож я спробую перевірити їх одночасно. У моєму бізнесі така можливість є, тож ми перевіряємо обидві шкали одночасно. Кожна поліпшує свій конкретний результат.

Знаю, вам здається, що роботи зі шкалами доволі багато, можливо, ви сумніваєтеся у власній здатності визначити потребу виправляти певні аспекти бізнесу, проте це не так. Ви все зможете.

ПРИЄМНИЙ КЛОПІТ

Я зазвичай не телефоную по роботі о першій ночі, проте іноді криза у бізнесі вимагає негайної реакції. Я щойно прилетів нічним рейсом до Берліна, щоб презентувати компанію «Profit First», і сонно перевіряв пошту, коли помітив листа від Сінді Томасон з темою «Я задихаюсь!». Перші слова остаточно мене збудили:

Я оніміла, у мене з’явилося стільки можливостей.

Я написав у відповідь, щоб домовитися про термінову телефонну розмову. Сім годин різниці зіграли на користь Сінді, тож перша година ночі — час дзвінка.

ФБК — це потужна сила. Так само потужна, як Люк Скайвокер зі світловим мечем. Коли ви усвідомите, що можете зрушити гори, навіть не виконуючи роботи, у вас з'явиться небагато або ж багато можливостей. Сінді пережила це на власному досвіді, адже далі у листі йшлося:

Майку, усі ці штуки з нішею працюють, ФБК працює, мої працівники, як бджілки, обслуговують клієнтів як навіжені, а я виконую на ринку роль ФБК. Проблема в тому, що мені бракує працівників — бджілок, тож чи може Бджола-Королева взяти відпустку? Не впевнена, чи варто призупиняти маркетинг, колись у мене було двоє постачальників, які хотіли, щоб саме я виробляла контент.

Цей клопіт — чудовий, проте у мене немає інструментарію, щоб з ним упоратися. Можете спрямувати мене у правильному напрямку?

Я ділився історією Сінді впродовж усієї книжки, можете пригадати, вона ніколи не могла знайти собі місця. Голос у Сінді впродовж усієї розмови звучав напружено.

— Я не можу задовольнити потреб. Я більше не можу підтримувати той рівень послуг, який приніс нам славу, задля усіх потенційних клієнтів.

ФБК — це приплив, який підіймає усі човни. ФБК — це основа бізнесу, на якій усе тримається.

ФБК лікарні Кейп Код — це лікарі, які здійснюють огляд. Це пріоритет лікарні, який захищають. Що сталося?

Лікарня створила репутацію місця, де вам одразу нададуть невідкладну допомогу. А це відкриває шлюзи. Пацієнти, як і чоловік моєї сестри, обминають інші лікарні і добираються до лікарні Кейп Код.

Сінді працює для онлайн-комерсантів. Потоки грошей у цій справі доволі складні. Гроші витрачають абияк, тож ФБК Сінді — давати раду цьому божевіллю і просто, зрозуміло та спокійно доносити інформацію. Клієнти обожнюють компанію Сінді, тому що нарешті вони знайшли того, хто може комунікувати з ними і розв'язувати їхні специфічні проблеми. Того, хто розуміє їх з пів слова (сила ніші) та постачає саме те, що їм потрібно (сила ФБК).

Коли вони знайшли Сінді, безліч клієнтів почали розповідати про її компанію іншим. Ось що відбувається, коли ви виконуєте ФБК. І який результат? Роками Сінді була провідною бухгалтеркою і залучала нового клієнта раз на місяць. Коли вона визначила власну нішу та націлила на неї маркетинг, темпи збільшилися, і вона вже залучала потенційного клієнта щодня. Це вже неабияке досягнення. А коли вона звернулася до ФБК та супутніх завдань, то почала продукувати потенційних клієнтів щогодини. Такий темп роботи змусив найбільш непосидючу людину просто задихатися.

Сінді пояснила, що сталося. Завдяки своїй репутації ведучої популярної серії вебінарів для покупців «Amazon» її запросили прийти на шоу та поділитися стратегіями управління грошовими потоками.

— Через годину після анонсу моєї участі у шоу кількість потенційних клієнтів різко зросла, — розповіла мені Сінді.

Деякі покупці на «Amazon» уже чули про неї від інших онлайн-продавців. Щойно вони побачили її ім'я у списку на сайті, одразу сконтактували з нею, щоб дізнатися про послуги. Цей потік потенційних клієнтів сумарно з клієнтами, які з'явилися після її участі у шоу, забезпечував компанії Сінді понад 25 потенційних клієнтів щодня.

О 1:15 я зрозумів суть проблеми. Оскільки ФБК налагодилася, збільшився потік потенційних клієнтів. Етап «Приваблювати» у ПКПЗ проходив дуже швидко. Проте потік потенційних клієнтів тепер застряг у вузькому місці етапу Конвертування. Сінді не могла конвертувати потенційних клієнтів у реальних достатньо швидко. Люди розпитували про бухгалтерію, а тоді були змушені чекати. Вона могла сяк-так упоратися, коли з'являвся один потенційний клієнт на день, але от один на годину — це було просто нереально. Над бізнесом зависла загроза, а гарну репутацію могли просто знищити.

Тож наступні 45 хвилин ми працювали над тим, щоб розв'язати проблему з вузьким місцем. У такому разі можна спробувати кілька варіантів. Наприклад, знайти спосіб швидше обслуговувати потенційних клієнтів. Ви можете найняти ще одного працівника для відділу продажів чи автоматизувати процес комунікації, створивши відео про продажі. Бізнесу Сінді не підходив жоден з цих варіантів. Ми обговорили її бачення компанії, а тоді повернулися до проблеми.

Сінді розповіла мені про клієнтів, яких хотіла б обслуговувати, і бажані обсяги доходів та прибутків. Ми врахували цифри бажаних доходів та прибутків у довготерміновій перспективі та поставили запитання: «Що потрібно, аби втілити це у реальність?» Відтак отримали розписані на дванадцять місяців обсяги бажаних доходів та прибутків.

Тоді я запитав:

— Із якою кількістю клієнтів ти хотіла би працювати, щоб досягти такої мети?

Сінді визначила, що однієї сотні клієнтів якраз достатньо, щоб кожен клієнт становив не більше ніж 5 % від доходу, але й не замало, щоб Сінді знала кожного клієнта і, за бажання, могла комунікувати з ними всіма.

Кожен клієнт повинен принести компанії вісім тисяч доларів на рік (цей рік), щоб досягти поставленої Сінді мети. Інакше кажучи, коли вона конвертує потенційного клієнта у реального, а цей новий клієнт приносить компанії, скажімо, три тисячі доларів на рік, вона не зможе отримати бажаний дохід. Можливо, клієнт тільки виграє, оскільки співпрацюватиме з бухгалтером онлайн комерції світового рівня. Проте Сінді не зможе досягти поставленої мети.

Знаючи, що показники конверсії Сінді повинні становити вісім тисяч доларів на рік, ми одразу перенесли нововведення в онлайн-комунікацію з клієнтами. Від другої години ночі, через годину, відколи я прочитав листа Сінді з проханням про допомогу, потенційні клієнти, які подавали заявки, уже не отримували автоматичної відповіді: «Дякуємо за виявлений Вами інтерес, ми зв'яжемося з Вами у зручний для Вас час». Тепер потенційні клієнти отримували таку відповідь:

Вітаю [ім'я]!

Дякуємо за виявлений інтерес до бухгалтерії та за те, що ви поділилися інформацією про Ваш бізнес та потреби.

Наша компанія — маленька організація. Наш президент, Сінді, разом зі своїм чоловіком (та бізнес-партнером) Дейвом, пильнує кожнісінький рахунок. Аби підтримувати найвищий рівень послуг, якого очікують наші клієнти (і чого вимагаємо ми самі), важливо обмежити кількість клієнтів, яких ми обслуговуємо. Зазвичай клієнт інвестує у наші послуги близько 8000 доларів на рік. З поваги до Вас хочу поділитися цією інформацією, щоб Ви визначили, чи така інвестиція (зважаючи на те, що, коли ми визначимо Ваші потреби, ціна може зрости або зменшитися) відповідає Вашим очікуванням.

Якщо така інвестиція відповідає Вашим очікуванням, будь ласка, напишіть нам, щоб ми могли сконтактувати телефоном. Я залюбки знайду час, щоб ми визначили, як наші бухгалтери можуть Вам допомогти. Будь ласка, скористайтеся посиланням на календар зустрічей, щоб призначити зустріч у зручний для Вас час.

[*Призначити зустріч із Брі*]

Якщо Ви шукаєте дешевші варіанти, дозвольте запропонувати серію місячних вебінарів, де ми пропонуємо консультацію щодо прибутку та освітній курс про онлайн-бухгалтерію. Якщо Вас зацікавив дешевший варіант, напишіть мені, тоді я розповім про нього детальніше.

Ще раз дякуємо за те, що ви сконтактували з бухгалтером, і не забувайте: прибуток понад усе!

Брі

(Помітили, від кого прийшла ця автоматична розсилка? Брі! Пам'ятаєте її? Сінді дібрала для неї правильну роль, а здійснювати дзвінки щодо продажів — частина її обов'язків.)

Проблему з вузьким місцем розв'язано. Ще день потік потенційних клієнтів не вщухав, проте клієнти самостійно порівнювали власні можливості з очікуваннями компанії, а команда Сінді приділяла увагу лише тим потенційним клієнтам, які відповідали цим очікуванням. Бізнес працював стабільніше та краще, ніж будь-коли раніше.

Сінді вже знала, де виникне наступна проблема. У процесі Постачання. Більші та кращі клієнти тільки приходили, усі вони хотіли (і заслуговували) висококласного обслуговування. Тож Сінді заклопотано розробляла процеси, щоб надавати дедалі кращий сервіс — одна шкала за раз.

КОЛИ ВИ ВИЗНАЧИТЕ ФУНКЦІЮ КОРПОРАТИВНОЇ БДЖОЛИ-КОРОЛЕВИ, РОЗРАХУНКИ ЗВІЛЬНЯТЬ ВАШ ЧАС

Пам'ятаєте історію Лізі Кікер? Вона заснувала франшизу «Anytime Fitness», коли її чоловік був в армії. Лізі вперше започаткувала власну справу у другому класі. Вона виготовляла кольорові аркушики і продавала зшитки цих аркушиків однокласникам за один долар. Підприємництво — у Лізі в крові. Проте, коли вона тільки починала роботу в сфері фітнесу, її історія надто нагадувала безліч інших. Вона уклала контракт з компанією «Fortune 100», щоб розробити програми пілатесу та йоги, і попри довгі години роботи та хороші результати рідко привозила додому чеки. Тоді Лізі вирішила ризикнути і придбати три ділянки нової фітнес-франшизи «Anytime Fitness». До її планів не входило працювати 80 годин на тиждень. Ні. Відкривши усі локації, вона планувала максимально зменшити обсяги роботи.

Лізі відкрила першу локацію разом зі своїм шестимісячним сином, який тупцяв перед нею в ходунках. Тоді відкрила ще дві локації, а потім ще дві. Хоч як дивно, вона — майстер застосування закону Паркінсона, який ми розглядали у першому розділі. Вона виконувала ще більше справ, поки її чоловік проходив військову службу. Не маючи часу на роботу, вона побудувала бізнес, який працював на неї. Знаєте, бізнес із годинниковою точністю.

Можете пригадати, усі локації були у різних штатах (лише одна у штаті, де Лізі жила на той момент), і попри ці труднощі (хм, можливості) Лізі виконувала свою роботу. Вона застосувала стратегію показників для кожного аспекту власного бізнесу та систему відстежування прогресу. Через секунду розповім, як саме.

Через кілька років п'ять локацій Лізі за рік генерували семизначні суми, вона керувала бізнесом з дому, витрачаючи не більше від п'яти годин на тиждень. Так, мене ця цифра досі вражає! Можу повторити ще раз. Можливо, навіть зараз. Лізі зазвичай витрачала місяць, щоб підготувати локацію, проте, коли зала починала повноцінно функціонувати, вона витрачала тільки *п'ять годин на тиждень*, щоб управляти *усіма п'ятьма локаціями*. Вони з чоловіком продали свої зали, тож тепер Лізі допомагає підприємцям розвивати бізнес, використовуючи самотужки створені та перевірені методи та керуючи власними франшизами.

Сказати, що я дуже хотів поговорити з Лізі, — це не сказати нічого. Коли ми говорили по телефону, вона одразу поділилася власними методами налаштування панелі, які допомогли їй вести бізнес «на автоматі». Лізі використала... тадааам... дві панелі. Перша — щотижнева електронна таблиця, у яку кожен працівник, який опікувався продажами, вписував дані. І так на кожній з п'яти локацій. Байдуже — чи це просто менеджер з обладнання, чи особистий тренер, чи тренер, який управляє власними продажами, усі вони щотижня вписували дані, з яких формували один звіт.

Щотижнева електронна таблиця містила кілька важливих показників, які стосувалися новачків: нові продажі, поновлення, скасування і будь-які типи «замороження» абонементу. Такі дані давали змогу простежити щоденну діяльність, наприклад: скільки зустрічей відбулося, скільки телефонних дзвінків було прийнято, скільки нових учасників з'явилося. Урешті, простежувалися сумарні рівні продажів (у відсотках) для кожної локації.

— Електронна таблиця дуже допомагала, — розповіла Лізі, — а я витрачала якихось п'ять хвилин, щоб усе переглянути, оскільки показники (а їх було сім, якщо точно) давали імпульс бізнесу. А я вже могла детальніше розглянути індикатори проблем. До того ж менеджери на місцях переглядали щотижневі показники, а тоді, на зустрічі у понеділок зранку, менеджер звітувала про всі дані за тиждень.

Лізі не переглядала власну панель цілий тиждень, замість неї це робив менеджер. Лізі лише переглядала сумарну тижневу панель, щотижня витрачаючи на це кілька хвилин. Маючи ці звіти, вона могла виснувати, потрібно щось поліпшувати чи ні.

— Понеділкові зустрічі я проводила з шістьма ключовими членами команди, я й досі роблю це як консультант для бізнесу, котрий ми рекламуємо. Я слухаю їхні міркування про все, що відбувається, а тоді даю настанови та мотивую рухатися вперед. Залежно від пори року я можу проводити додаткову зустріч, проте не довше від тридцяти хвилин. Просто переглядаємо показники.

— Цифри ніколи не брешуть, — пояснила Лізі. — Під час зустрічей менеджерка пояснює, які обставини привели до таких показників. Вона може сказати: «Я знаю, що показники тут нижчі, просто чоловіка Бріттані перевели на нове місце служби, тому зараз ситуація така».

Лізі може визначити, чи така ситуація тимчасова, наприклад через те, що її працівниця у стресі через переведення чоловіка на нове місце служби, чи ці показники ілюструють значно більшу проблему, яку необхідно вирішити.

— Наприкінці місяця у мене назбирувалося безліч звітів. Попри панель з усіма ключовими показниками щомісяця я детально аналізувала усі цифри, — вела далі Лізі. — Електронна таблиця дуже проста. Перша лінійка — це цілі на рік. Друга — це показники за минулий рік для тих самих цілей. А третя лінійка — показники на цей момент, які ілюструють, як ми рухаємося до мети. Ми могли сказати, звідки почали, куди йдемо, чого плануємо досягти наступного місяця і яка ситуація зараз. До прикладу, я могла подивитися на минулорічні показники за липень, порівняти їх з показниками у липні цього року і визначити, що зробити, щоб наблизити показники до бажаного результату. Коли ви визначаєте цілі та плани для бізнесу, змін не уникнути, особливо якщо ваша команда збільшується. Ви можете втратити працівника, щось може зірватися. Показники можуть різко змінитися, а панель допомагає мені побачити цілісну картину.

Пам'ятаєте, Лізі була безпосередньо тільки на одній локації на самому початку, коли під час перших тижнів мала особисто переконатися, що всі знають ФБК і те, як її виконувати.

— Я мала власне уявлення про те, якими повинні бути зали, тож я прекрасно розуміла, як розділити власне бачення з членами своєї команди, — сказала Лізі.

Вона розповіла про ФБК компанії членам команди та громаді. І — нічого дивного — нових працівників наймала також на основі ФБК. Менеджер залів, який може управляти малим кораблем, але надто поспішає, не допоможе нічим. Менеджер залів, який робитиме все, що від нього залежить, щоб надавати клієнтам першокласний сервіс, проте у якого не завжди все добре, — це нормально. ФБК — завжди на першому місці.

Чи змогла б Лізі вести власний бізнес з іншого штату, працювати п'ять годин на тиждень (після того як усе на локації налагодили), якби чітко не визначила ФБК? Якби не навчила персонал виконувати ФБК? Якби клієнти не відчували, що можуть цілком покластися на ФБК? Якби не було добре налагодженої панелі, яка допомагає оцінити ситуацію? Ніколи. Тим більше Лізі була захоплена можливістю змінити рівень ожиріння у країні, це додавало мотивації, а історії успіху клієнтів переконували, що вона виконує власну місію попри відстань між локаціями.

Нещодавно мій батько зазнав нападу, чим сильно налякав усю родину. Коли його привезли до лікарні, одразу підключили до апаратів, які вимірювали життєві показники — пульс, кров'яний тиск та температуру. Жоден із цих показників не виявив проблеми, проте, оскільки вони життєво важливі, їх постійно вимірювали. А «вузьке місце» вдалося знайти завдяки симптомам: слабкість, зневоднення, галюцинації. Попередній діагноз — інсульт або інфекція сечовивідних шляхів (зважаючи на симптоми, які проявлялися раніше). Обстеження показали, що то інфекція сечовидільних шляхів, тож батькові одразу дали антибіотики. Лікарі виписували те, що потрібно, тож він повільно, проте впевнено одужував. Дані аналізів відображали, що він ішов на поправку. Два тижні тому ми відсвяткували дев'яностоліття батька, дужого чоловіка, який одним подихом задув усі свічки. Якби показники вимірювали не те, що треба, можу тільки уявити, якими тяжкими були б наслідки.

Чітко визначивши ФБК та переконавшись, що ваша команда постійно, без помилок виконує її, ви також зможете моніторити здоров'я свого бізнесу, зробивши панель із простих показників. Ви повинні зважати на цифри, які відображатимуть ваші очікування щодо чотирьох важливих частин бізнесу: Приваблювати (потенційних клієнтів), Конвертувати (продажі), Постачати (ваші обіцянки) та Збирати (їхні обіцянки). Цифри не брешуть. Проте вони й не розкажуть вам усієї історії. Вони просто позначають можливості, які можна виправити або застосувати. Маючи такі показники, дійте та аналізуйте. Нарешті ви зможете відійти від бізнесу і керувати ним за допомогою цифр. Ви й надалі зможете відчувати радість та задоволення, поки бізнес зростатиме. Навіть якщо працюватимете лише кілька годин на тиждень.

ГОДИННИКОВА ТОЧНІСТЬ У ДІЇ

А тепер знайдіть двадцять хвилин, щоб визначити основні показники, які ви хочете використати, щоб створити власну панель. Пам'ятайте: усе має бути просто, адже надто важко відстежувати багато показників. Поставте на телефоні будильник чи таймер на двадцять хвилин і визначте ключові показники, які пильнуватимуть здоров'я вашого бізнесу.

Ідеальний показник завжди повинен ураховувати виконання ФБК, а також проблеми, які ви визначили у ПКПЗ. Що, на вашу думку, ви можете зробити, щоб поліпшити показники ПКПЗ? Класифікуйте показники та час від часу відстежуйте прогрес. Яка частина вашого бізнесу під найбільшим ризиком, якщо виникнуть проблеми з ПКПЗ? Які аспекти бізнесу ви хочете поліпшити? Визначте показники, які допоможуть усе відстежувати.

Важко самотужки чи потребуєте допомоги експерта, щоб налагодити бізнес, який працюватиме самостійно і *точно, як годинник*? Радий повідомити, що моя зустріч з Адрієнн Дорісон переросла у бізнес-партнерство. Разом ми створили «Run Like Clockwork» — обширну систему, створену, щоб допомогти вам та вашій команді впорядкувати кожну частину вашого бізнесу. Якщо ви хочете дізнатися, як ми можемо вам допомогти, зайдіть на RunLikeClockwork.com.

РОЗДІЛ 9

СПРОТИВ (І ЩО З ЦИМ РОБИТИ)

Мій нещодавній тур до Австралії в ролі спікера несподівано став схожим на чотиритижневу відпустку. У той час я працював над цією книжкою і саме випробовував процес годинникової точності у власному бізнесі. Гадаю, саме тому моя робота — це не зовсім традиційний підхід порівняно з іншими авторами та консультантами. Спочатку кілька років я випробовував концепцію на власному бізнесі, а тоді почав про неї писати. А тоді, у процесі написання, почав випробовувати систему не лише на власному, а й на інших бізнесах. Процес повторювався знову і знову.

Удосталь насолодившись шведським столом під час сніданку з першокласним десертом у легендарному, хоч і старомодному готелі «Miss Maud» у Перті, я сьорбнув кави і відкрив ноутбук. Я думав про фінальний елемент системи, коли минулого тижня поговорив з австралійською підприємицею Летицією Муней. Унісши корективи, я нарешті завершив основу книжки, тож не мав чого робити. Я вже подумав ще раз пройтися біля шведського столу, проте це тільки б додало кілька зайвих сантиметрів до моєї талії. Я вистукував пальцями по столу і роздумував, що б зробити. Перевірив пошту. Нічого. Перезавантажив. Знову нічого. Якщо ви коли-небудь жахалися переповненої поштової скриньки, повірте на слово: це не можна порівняти з тим жахом, який тебе охоплює, коли бачиш порожню скриньку. Мені здалося: я нарешті подолав найбільший бар'єр на шляху до бізнесу, який працює автоматично, — власне его. Проте, на жаль, це було не так.

У Перті, на іншому кінці світу, я перебував на протилежному боці земної кулі — далеко від рідного Нью-Джерсі. Різниця в часі між цими двома точками — дванадцять годин, тож мій день став ніччю і навпаки. Отже, моя команда спала, поки я весь день працював у далекій Австралії. А коли мої люди прокидалися і бралися до роботи в Нью-Джерсі, я спав і мені снилися креветки на грилі. З такою величезною різницею в часі коли моїм підлеглим щось і знадобиться, вони не зможуть одразу зі мною зв'язатися, як і я з ними.

Через кілька днів склалося враження, що я нікому в цьому світі не потрібен. Цілковита відсутність зв'язку. Різниця між свободою і нікому-не-потрібністю величезна. Справді, мене наче під холодний душ поставили. Я завжди хотів бути вільним від власного бізнесу, але ніхто мені не телефонував, навіть не просив реквізитів банківської картки, щоб оплатити офісну вечірку з піцою. Ну що ж, прийняти таку ситуацію було важко. Моя команда не просто самостійно вела бізнес, вона вела його без мене. Я витратив роки, розробляючи компанію, яка зможе працювати без мене, і от живий *доказ*, що я скинув компанію зі своїх плечей. Я досяг того, чого насправді не потребував? Це краяло мою душу.

Сам-один я сидів за столом, а в голові роїлося безліч думок. Я — сам самотою в Австралії, замкнений в одномісному номері з данською випічкою та яблучними десертами, а моєму офісу байдуже. Розумієте, я не був потрібен жодній живій душі. Отже, паніка! Вони взагалі помітили б, якби я вирушив у похід і не повернувся?

То що робити? Єдине, що залишається робити людині, у якої раптом з'явилося багато вільного часу: повернути себе назад у бізнес. Я почав надсилати мейли із запитаннями та проханнями. Я завалив роботою себе й інших. Я встромляв палиці в колеса добре налагодженої машини, яку сам і створив. Щойно моя команда у Нью-Джерсі прокидалася, бачила перед собою дюжину моїх мейлів, які сповільнювали роботу. Команда застрягала на завданнях, просячи моєї поради, як усе розв'язати. Відтак я зовсім завантажив свій робочий графік в Австралії. Геніально, еге ж? Якщо ви хоча б на секунду подумали, що це розумне рішення, просто уявіть картинку: я сиджу за столом, навколо — гора їжі й австралійські бабусі (які полюбляють частенько навідуватися до «Miss Maud»), записую голосові повідомлення-вказівки для команди і в результаті ускладнюю роботу власній компанії.

Скажу чесно: я ніколи не претендував на звання найрозумнішого інструмента власної компанії. Інструмента, звісно. О'кей, звичайнісінького інструментика. Я маю на увазі не розум, а власне его. Така вже людська природа. Ви могли відчути таку саму потребу у власному бізнесі чи інших аспектах життя — бути потрібним. Можливо, коли відправляли дітей до коледжу. Знаєте, ми з дружиною пережили це. В одну мить будинок, у якому постійно вирувало життя, спорожнів. І що далі? Спочатку вас просто вражає відчуття полегшення у «перший день нового життя», коли діти тільки-но вийшли за двері. А тоді настає час обідати, а вже ніхто не кричить: «Ма, а що в нас на обід?» А потім заважає дихати відчуття власної непотрібності. Боляче! Тож ви берете телефон і телефонуєте дітям, утручаєтеся в їхні справи, робите все можливе, щоб про вас не забували. Я вже відпустив двох дітей до коледжу, а ще одне дитя от-от туди вирушить. Моє его просто відмовлялося відпускати останню дитину — власний бізнес. Знову «вставляючи» себе у компанію, я намагався оселити «дорослу дитину» у власному будинку, під своїм крилом. Не надто добре для команди, не надто добре для мене.

Річ у тім, що ми потрібні нашим дітям, навіть коли вони вирушають у коледж, ми потрібні членам власної команди, коли вони самостійно ведуть бізнес. Просто ми потрібні їм *трішки інакше*.

Невміння давати раду власному его — ще один спосіб протистояти процесу оптимізації, який я детально описав у цій книжці. Коли ви починаєте втілювати систему годинникової точності, можете наштовхнутися на спротив та несприйняття команди, партнерів, колег, друзів, сім'ї... і власний. Готуйтеся. Сплануйте. А головне — будьте терплячі. До себе й до інших. Зміни — це важко, друже. Ми усі — люди. А люди — ну самі знаєте...

ВІДЧУТТЯ НЕ ЗБІГАТИМУТЬСЯ З РЕАЛЬНІСТЮ

Іронія в тому, що створення систем — це тяжка робота, але вона не потребує всього часу. Ви не друкуватимете весь час. Ви не зустрічатиметеся з іншими людьми постійно. Ви не будете зайняті. Ви сконцентруєтеся на найважчій роботі — мисленні.

Роздуми про власний бізнес, *Розробка* власного бізнесу потребують багато енергії та концентрації. Отже, оскільки усі ми люди, природний інстинкт змушує нас відволікатися, працюючи. Можливо, звучить дивно, але важка робота — легша, аніж важкі роздуми. Це справді так.

Приміром, у вас два варіанти: 1) вирити яму за п'ятнадцять хвилин; 2) скласти кубик Рубика за п'ятнадцять хвилин. І хоча вирити яму — робота фізично складніша, багатьом людям її виконати легше. Оскільки ми (майже) гарантовано побачимо результат — викопану яму, більшість людей до цієї роботи візьмуться. А тепер спробуйте хоча б кілька хвилин складати кубик Рубика. Та вас одразу дістане, що той *** жовтий квадратик посередині досі *** далеко від інших *** жовтих квадратиків! Тому ми радше, викинемо кубик, вийдемо на двір і під дощем копатимемо яму. Процес розмірковування потребує значно більше енергії, значно більше терпіння і значно більше сконцентрованості.

Окрім того, коли ми «думаємо» і «нічого не робимо», нам здається, що ми не корисні власному бізнесу, оскільки ми зазвичай не отримуємо швидкого результату процесу нашого мислення. Ми хочемо одразу отримати задоволення від перевірки завдань у списку, заповнення квот, надання послуг та досягнення мети.

Правду кажучи, мислитель виконує дуже *серйозне* завдання. Йому навіть присвятили статую, знаєте — *Мислителя*, тому що він зрозумів, що основна мета — не виконувати завдання, а думати, як його виконати. Зробити всю ту фігню — не мета. Мета — щоб *компанія* виконувала всю цю фігню. Замість виконувати роботу потрібно *подумати*, хто б міг її виконати.

Не обманюйте себе, вважаючи, що, коли ви сидите голяка, спершись підборіддям на кулак, ви не працюєте. Усі ж знають, що найкращі ідеї спадають на думку тоді, коли ви приймаєте душ! Чому? Тому що ви не працюєте — жодного мейлу, дзвінка, нічого такого. Але ви виконуєте найважливішу роботу: думаєте. Тепер, коли я подорожую, завжди шукаю сауни, тому що це те саме, що душ на астероїді (там я не роблю нічого… хіба що рухаюся). Я просто сиджу і думаю, абсолютно впевнений: саме там я виконую свою роботу найкраще.

Хочете дізнатися, як розробити бізнес, який працюватиме самостійно і точно, як годинник? Ставте великі важливі запитання і дозвольте собі поміркувати над ними. Пам'ятайте: те, що ви оголений, зовсім не означає, що ви не працюєте!

СПРОТИВ ПАРТНЕРІВ

Уже й не злічити, скільки разів бізнес-партнер казав мені: «Ти недостатньо працюєш. Нам потрібно, щоб ти працював більше». Я розумію, чому Рон так почувався. Він так і застряг на етапі «зробити все». Усе — важливе. Усе — надзвичайно важливе. Усе — термінове. Рон казав:

— Колись ти тут кола намотував, ніхто не працював так наполегливо, як ти. А тепер тебе й не видно.

Річ у тім, що, як ми з вами знаємо, ми перейшли з етапу Реалізації до Розробки, проте в іншої частини світу, навіть у бізнес-партнера складалося враження, що я просто відсторонився від власного бізнесу.

У Рона золоте серце. Я люблю його і знаю, як він піклується про наш бізнес, наших клієнтів та нашу місію — викорінити підприємницьку бідність. Він усе приймає близько до серця, він хоче, щоб кожен набув унікального досвіду. У світі бізнесу немає людини, якій я довіряю більше, ніж йому.

Упорядковуючи «Profit First Professionals», ми присвячували одну зі щоквартальних нарад тому, аби пояснити всім працівникам, що ми робимо, щоб виконувати та підтримувати ФБК. Я пояснював, що прибуток понад усе — це концепція, створена за вісім років до започаткування нашого бізнесу, яку я потім описав у своїй першій книжці та статті для журналу «Wall Street Journal». То були часи, коли я працював над концепцією, поліпшував її, щоб утілити. Я пояснив, що моя робота тепер — стратегічне планування. Масштабне стратегічне планування. Презентація концепції та пошук тих, хто також міг би презентувати її. Коли «Profit First Professionals» тільки починалась, я все робив сам. Тільки я і Рон, тоді нам треба було опікуватися Реалізацією. А тепер мені слід опікуватися Розробкою.

Ми зустрілися з Роном наодинці, і я попросив перейняти у мене щоденні клопоти. Він зовсім не зрадів. Точилося багато важких та запеклих дискусій, у яких він доводив, що я повинен більше часу проводити *в* бізнесі та витрачати менше часу на написання та виступи. Як я вже казав, наша ФБК — поширення інформації про викорінення підприємницької бідності, тож Рон просив мене не про те, що допомогло б бізнесу зростати, радше навпаки. Проте для Рона, який щодня був зайнятий, мій план здавався цілком нелогічним.

Його цілком зрозумілий спротив моїм намаганням відсторонитися (і відсторонити його) від ведення «Profit First Professionals» проявився, коли ми найняли нового працівника — Біллі Енн. Вона доволі добре ладнала з технологіями, що мене дуже вразило, оскільки тоді я був єдиним членом команди, який мав достатньо навичок для роботи з технологіями. Маючи більше досвіду в цій сфері, аніж інші п'ятеро офісних працівників повного робочого дня, разом узяті, я цілком логічно керував розробкою нашого додатку. Проте, оскільки зосередився на виконанні ФБК і досі був змушений управляти іншими проєктами, то рідко працював над технічним проєктом.

У той час ми розробляли дуже важливе для членів «Profit First Professionals» програмне забезпечення. Я керував проєктом п'ять місяців, проте зміг лише створити цілком функціональне, але зовсім не придатне для використання програмне забезпечення. То був не той рівень, коли наші працівники могли використовувати програмне забезпечення. Це підтвердилося, коли після випуску програмного забезпечення працівники «Profit First Professionals» далі віддавали перевагу електронним таблицям та паперовій документації.

Я зустрівся з Роном, розповів йому, що відбувається з проєктом, і сказав:

— Я хочу віддати це завдання Біллі Енн. Вона все розрулить.

Рон уперся, що я повинен далі працювати над проєктом:

— Коли ти до чогось берешся, Майку, проєкт уже на твоїй відповідальності. Тобі слід наполегливіше працювати. Пахати.

У словах Рона була частка правди, співзвучна з його власним досвідом. Проте цей досвід не відповідав операційній ефективності, радше застосуванню грубої сили «будь продуктивнішим». Гадаю, усьому вина — лакрос.

У старшій школі ми з Роном грали в одній команді. Рон грав краще, ніж я (і, як виявилося зовсім нещодавно на грі випускників, він досі грає краще). Кожен член команди повинен навалюватися всією масою тіла. Рон надто добре знав золоте правило лакросу: якщо будь-який гравець припинив гру чи грає кепсько, капітан повинен грати ще краще. Ви не шукаєте способів, як робити менше, ви робите більше, більше, більше і ще більше.

Звісно, лакрос — це спринт. Гра триває годину. Бізнес — це марафон, де «гра» триває роками, десятиліттями чи навіть усе життя.

— Ми не гравці у лакрос, Роне, — сказав я. — Ми власники компанії. Ми повинні діяти як власники. Поки не найняли тренерів, тобі слід виконувати цю роль, а мені — опікуватися нашим ФБК. Ми повинні тренувати працівників і дати їм переможну стратегію. Ми тепер поза полем.

Я гадаю, Рон мене слухав, але не почув. Наша зустріч закінчилася не надто приємно. Відтак, з поваги до Рона, я залишився лідером технологічного проєкту. Але що мені *вдалося* підготувати, з дозволу Рона, це тест. Я попросив Біллі Енн допомогти мені з невеличкою частиною проєкту, який вона зробила так швидко, що я й оком не встиг змигнути. Тоді я повернувся до Рона, розповів про допомогу Біллі Енн і показав результати. Рон сказав:

— Вау! А вона моторна. Спробуймо ще раз.

Він погодився передавати Біллі Енн дедалі більше завдань. Через три тижні, продемонструвавши досягнені

Біллі Енн результати, я переконав Рона забрати мене з проєкту. Тепер Біллі Енн керує проєктом. Що важливо — Рон переконав сам себе. Він розумний і прагне вчитися, проте, як і нам з вами, йому комфортно з тим, що знайоме. Він працював на полі наполегливіше, аніж будь-який інший гравець, зокрема і я. Він працював у компанії більше, аніж будь-хто з колег. І тому досяг успіху. Проте тепер важка робота стала для нього комфортною. Іноді найбільший спротив чините навіть не ви, а ваші бізнес-партнери чи команда виконавців. Вони потребують підтримки під час змін. Почніть з маленьких кроків на шляху до організаційної ефективності та доводьте тестами, що кожен член вашої виконавчої команди повинен перейти до Розробки і відійти від Реалізації.

А тепер, оскільки я вже не працюю над проєктом програмного забезпечення, у мене з'явився час, щоб зустрічатися з міжнародними партнерами та вести переговори щодо міжнародних контрактів для «Profit First Professionals». Під керівництвом Фемке Ґоґема ми відкрили нову локацію в Нідерландах і майже без зусиль залучили тридцятьох членів. Тоді ми відкрили локацію в Австралії під керівництвом Лаури Елкаслассі, яка довела, що може служити громаді (та збільшувати організацію) у неймовірний спосіб. Далі — Мексика, Японія та інші країни. Вони виконують різні завдання, проте ФБК — завжди пріоритет.

Ви зіткнетеся з труднощами, партнерами, які й далі гратимуть, як капітани, а не тренери чи власники. Не тому, що вони помиляються чи просто погані люди. Вони роблять те, що звикли робити. Попрацюйте з партнерами. Досягніть компромісу, потім ще одного, поки вони не побачать плюсів організаційної ефективності.

Я на день поїхав до Чикаґо і зустрівся зі своїм старим другом Річі Мандерсом. Його компанія «Freescale Coaching» досягла неабиякого успіху, налагоджуючи ефективну роботу, зростання та прибутковість для компаній, які вкладають 10 тисяч доларів, щоб отримати нагоду повчитися в нього рік чи більше. Так, йому дуже добре вдається.

Ми прямували Мічиґан-авеню, і я запитав Річі:

— Досягнувши такого успіху, допомагаючи компаніям зростати, що б ти назвав головною і найбільшою перепоною на шляху бізнесу?

Я був певен, він скаже щось про фінанси, маркетинг чи/і продукцію.

Річі подивився на мене:

— Усе просто. Проблема — це завжди брак комунікації і чіткості в команді виконавців. Завжди.

Система годинникової точності — не для вас. Це система для всієї вашої компанії. Про неї мають знати всі. Усі повинні бути на одній сторінці. Усі повинні почати перехід від Реалізації до Розробки.

КОЛИ СПРОТИВ ЧИНЯТЬ ІНШІ

Перейшовши на етап Розробки і досягнувши оптимального міксу 4P у власному бізнесі, ви, напевне, зіткнетеся зі спротивом персоналу, постачальників, акціонерів (якщо вони у вас є) і навіть клієнтів. З цим спротивом упоратися легше, ніж зі спротивом партнерів, оскільки відповідальність на вас. Ви не затверджуєте прийняті рішення з тими, у кого немає відповідних повноважень.

Спротив не означає, що ви обрали неправильний шлях чи що вам тепер доведеться розв'язувати конфлікти, які виникли нізвідки. Ви повинні бути готовими до цього спротиву та наперед розробити стратегію протистояння — це допоможе вийти із ситуації. Звісно, спротив — це результат страху та невпевненості. Чітка комунікація, як і управління очікуваннями, ваші відповіді на їхні запитання та побоювання, ваші переконання допоможуть позбутися цих відчуттів.

Деякі люди надто тісно прив'язані до традицій, спадку та корпоративної культури компанії. Їхні відгуки допоможуть вам легко та успішно перейти до бізнесу годинникової точності. Урешті, ви не можете передбачити кожну помилку чи неправильне рішення, проте люди, які разом з вами працюють на цей бізнес, точно допоможуть їх виявити.

Коли Рус Соукап, авторка книжки «Жити краще, витрачаючи менше»[1] почала працювати з Адрієнн Дорісон над налагодженням її бізнесу, точного як годинник, вона визначила, що ФБК компанії — це дизайн продукції. Вони створюють продукти, які полегшують жінкам життя, а зростання їхнього бізнесу залежить від поліпшення цієї продукції та створення нових пропозицій.

Рус — перша, хто виконує ФБК у власній компанії, а її книжка «Жити краще, витрачаючи менше» стала бестселером за версією «New York Times». Вона створює планери та інші корисні штуки. Ви не здивуєтеся, дізнавшись, що на її плечах забагато завдань, тож треба було передати частину з них іншим працівникам. Вони з Адрієнн поставили мету: звільнити три дні на тиждень, щоб Рус змогла зосередитися на розробці та розширенні концепції компанії. Незабаром стало зрозуміло: для досягнення

---

1 Книжка не перекладена українською. (*Прим. пер.*)

поставлених цілей потрібно залучити ще більше людей. Рус запросила нових комерційного та креативного директорів, це дуже допомогло.

Рус сказала Адрієнн:

— Ці три дні, дані мені для того, щоб «зосередитися», допомогли усім нашим відділам ще більше наблизитися до мети. Вони визначили, скільки разів я досягала поставленої мети, — це один із їхніх показників. Ми поки що на півшляху до неї. Усі добре і злагоджено працюють та проявляють ініціативу, коли треба щось зробити.

Рус пояснила, що вперше не переживала за випуск важливого продукту. Оскільки вона почала застосовувати у бізнесі годинникову точність, плинність кадрів у компанії дорівнювала нулю.

Рус також переглянула спосіб розв'язання конфлікту в компанії й налагодила систему, щоб розділяти проблеми та знаходити рішення. Наприклад, колись тільки Рус переймалася прибутком та грошовими потоками. Коли вона роздала команді завдання, щоб досягти конкретної мети — отримати прибуток, одразу ж наштовхнулася на спротив. Річ не в тім, що люди не хотіли зосередитися на отриманні прибутку, просто вони по-новому подивилися на власну роль у компанії.

— Словами не передати, наскільки це неймовірно, — додала Рус. — Коли ми тільки починали, четвертий квартал був просто жахливим. Ми тільки набирали ще більше людей і ледь-ледь трималися на плаву ці два місяці. Підлеглі підходили до мене і переконували, що ми все робимо правильно, що ми впораємось. Вони брали управління до власних рук, за чотири дні створювали новий продукт і знищували його.

Коли ж команда почала підтримувати мету, що поставила Рус, рішення, що їх вона прийняла, та їхні наслідки, наступний квартал перевершив усі рекорди прибутковості. Рус сказала:

— Коли я бачу, скільки зусиль вони докладають, ще більше хочу довіряти власній команді. Я така вдячна їм: за те, що вони вірять і борються за це, за прибуток, за мене, тому що вони знають, як це важливо.

Коли бізнес розвивається, ви стикаєтеся не лише з цілком очікуваним спротивом команди та партнерів, а й зі спротивом тих, від кого такої реакції зовсім не чекали. Сім'я може перейматися тим, що тепер у вас значно більше свободи, і хвилюватися, можуть виникнути фінансові проблеми. Колеги дивуватимуться, чому це ви вимкнули режим трудоголіка і присвячуєте час новому способу ведення бізнесу. Не важливо, хто чинить цей спротив, пам'ятайте: вони, як і ви, — звичайні люди. Вони зрозуміють. І ви теж. Як кажуть, беззаперечний доказ — прибутковий бізнес, який працює з годинниковою точністю.

ГОДИННИКОВА ТОЧНІСТЬ У ДІЇ

Активно обговорюйте своє бачення та плани щодо бізнесу. Поговоріть та вислухайте партнерів, колег, підрядників, клієнтів та членів родини. Відкритий жвавий діалог запускає безліч гвинтиків у процесі трансформації бізнесу, який працюватиме самостійно. Дії — це все, тож почніть розмову просто зараз. А краще: замість перебивати всіх навколо дійте!

РОЗДІЛ 10

ЧОТИРИТИЖНЕВА ВІДПУСТКА

— Через два роки ми з родиною житимемо в Італії. Сьорбатимемо лімончело на балконі, милуючись Римом.

Коли Ґреґ Редінґтон оголосив про свої наміри нашій організаційній групі, одразу привернув до себе увагу. Ми не очікували на таке. Коли хтось питав: «Як життя?», зазвичай були типові відповіді: «Та нічо нового», «Усе добре» чи «Такий біль у ... [заповніть пропуск]». Але Італія? А? Шо за...?

Спочатку ми вирішили, що Ґреґ жартує, що він просто бовкнув, не подумавши. Коли ми зрозуміли, що це серйозно, оніміли.

— Ґреґу, ти маєш на увазі Італію? Італію? Оту країну у формі черевичка? Чи ти про нову Маленьку Італію, яка в нашому місті з'явилася? — спитав я, вражений його бажанням облишити успішний бізнес у Нью-Джерсі та назавжди вирушити в іншу країну. Принаймні достатньо надовго, щоб Рим став новою домівкою, а Пантеон — улюбленою зупинкою, де можна випити горнятко ранкової кави.

Ґреґ — засновник ТОВ «REDCOM Design & Construction», фірми, яка здійснює будівельні роботи у Нью-Йорку та Нью-Джерсі. Він створив з власного бізнесу величезну компанію з річним оборотом 25 мільйонів доларів. Йому неймовірно подобалася власна робота, проте бізнес досі залежав від нього. Ґреґ хотів від життя більшого, прагнув мати більше часу на власне життя. Він хотів звільнитися від виконання ФБК.

У Ґреґа вроджений талант — скрупульозність. Ви помітите це в тому, як він одягається, як доглядає власний дім, як говорить. Він особливий. Він дуже уважний до деталей. Він точний. «REDCOM» створив собі репутацію скрупульозної компанії. У тій сфері частенько трапляються помилки у конструкціях, переробки і спонтанні зміни, проте «REDCOM» виконує проєкт від початку до кінця. Вони зводять неймовірні конструкції, такі ж ідеальні, як... знаєте, як Пантеон. Тільки у Нью-Джерсі. Проте до того часу ФБК компанії виконував Ґреґ. Останній крок на шляху до бізнесу, який працюватиме самостійно, — передати ФБК комусь іншому. Ґреґ хотів зробити це масштабно, втіливши давню мрію.

Коли мої друзі-керівники взялись випитувати, він розповів, що давно хотів переїхати з родиною на рік до Рима, в Італію. Він здійснив останній крок, щоб налагодити бізнес із годинниковою точністю. Він відійшов від бізнесу, щоб той працював самостійно. Результат — просто неймовірний. Ґреґ повернувся з Італії через два роки, його бізнес збільшився вдвічі — вдвічі збільшився річний прибуток (50 мільйонів доларів) і кількість працівників у компанії.

Ось над чим я працюю і от до чого закликаю вас. Я не про цифри, а про свободу, коли ви можете залишити бізнес, а він рухатиметься вперед. Ви вже пройшли довгий шлях. Ви пройшли ці сім кроків і, сподіваюся, уже побачили, як вони вплинули на ефективність вашого бізнесу. Ви заспокоїлися і розробили системи. Та зрештою, навіть якщо ви просто прочитали цю книжку — ви вже випередили більшість підприємців. Тепер час запланувати чотиритижневу відпустку.

Ви зможете. Я обіцяю, ви зможете. Звісно, хтось вирішить, що ви жартуєте, коли ви розкажете про свій план. Ви можете зіткнутися зі спротивом друзів, які, можливо, заздрять вам, адже з певних причин не можуть узяти чотиритижневу відпустку. Ви можете стикнутися із сильним спротивом сім'ї, яка хвилюватиметься через гроші. Ви можете... Ні, закресліть... Ви точно наштовхнетеся на спротив колег, які не віритимуть, що чотиритижнева відпустка — можлива, що власники бізнесу на неї заслуговують. Усе гаразд. Із власного досвіду скажу, що спротив інших — це зазвичай сигнал, що ви робите щось неординарне для вже встановленого типу мислення, який хоче, щоб усе було, як раніше. Звісно, вам треба розвіяти сумніви членів родини у фінансовому плані, щоб вони також насолоджувалися відпусткою (прочитайте «Прибуток понад усе»), але на решту просто не зважайте. Ви напрацювали систему, а тепер насолоджуєтеся плодами власної праці.

Навіть якщо ви проведете чотири тижні сидячи на ґанку і спостерігаючи за білочками, — і вам, і вашому бізнесу стане тільки краще. Урешті ваш бізнес може працювати і навіть зростати без вас. Чи простіше буде керувати таким бізнесом, коли ви повернетеся? (Дуже. Нереально. Максимально просто.)

Вам не слід відкладати відпустку. Ґреґ не відкладав. Після двох років життя у Римі йому важко дався переїзд із Італії. Тож коли він повернувся в компанію, приніс із собою частинку Італії. Ні, не лімончело. Ґреґ привіз «Fiat Cinquecento». Легендарне мініавто припарковане в офісному «ангарі», його виставили на показ та іноді дозволяють трохи покататися. Теплими весняними днями і Ґреґ сідає за кермо, щоб трішки поїздити. Не містом, звісно, а Маленькою Італією.

А як щодо роботи у власному бізнесі? Чи охоче Ґреґ повернувся до роботи — виконання ФБК? Загалом так. У цьому й полягає сила годинникової точності. Ніхто не змушує вас полишати бізнес — але ви вільні піти. Отже, ви вільні та можете робити те, що вам до душі. Ґреґ обожнює керувати проєктами детальних конструкцій. Коли він повернувся з омріяного відпочинку в Італії, почав робити те, що справді хотів робити. Ґреґ став особливим гравцем у компанії. Він уже не втручається, щоб «щось поправити». Компанія чудово працює й так, а він може виконувати роботу, яка вдається йому найкраще і яка подобається йому найбільше. А результат — надзвичайний!

ЧОМУ ЧОТИРИТИЖНЕВА ВІДПУСТКА?

Більшість бізнесів проходять повний цикл саме впродовж чотирьох тижнів. Це означає, що вони здійснюють діяльність у чотирьох аспектах ПКПЗ: Приваблювати, Конвертувати, Постачати, Збирати. Якщо ви проаналізуєте останній місяць діяльності свого бізнесу, виявиться, що ви докладали зусиль, щоб привабити клієнтів. Можливо, якийсь клієнт порекомендував вас іншим, можливо, ви запустили рекламу чи виступили на конференції, можливо, ви надіслали безліч листів, можливо, хтось відвідав ваш сайт чи все разом. Можливо, за ці чотири тижні ваш бізнес доклав зусиль, щоб потенційні клієнти стали новими клієнтами. Можливо, вам телефонували, щоб замовити продукцію чи активно тиснули на опцію «купити зараз» на вашому вебсайті, можливо, спрацювала розсилка поштою. Якщо коротко, ви спробували (сподіваюся, вам навіть удалося) змусити когось купити вашу продукцію.

Упродовж останніх чотирьох тижнів ви, певне, працювали над проєктом, створювали продукцію чи доставляли товари. Упродовж чотирьох тижнів ви керуєте грошовими потоками, щось витрачаєте, а щось (сподіваюся) заробляєте.

Через чотири тижні більшість бізнесів зазнають внутрішніх проблем або труднощів, великих чи малих, міжособистісних конфліктів у команді, епідемії грипу, збоїв техніки, хтось щось забув, хтось згадає, що треба щось зробити, але, на жаль, щось не те. Упродовж цих чотирьох тижнів ви, напевне, зіткнетеся із зовнішніми проблемами, як-от незадоволені клієнти, випуск нової продукції конкурентами, помилка в бухгалтерії, збій у доставці продукції.

Якщо ви відійдете від бізнесу на чотири тижні, напевне, він зіткнеться зі щоденними труднощами, тож слід знайти спосіб виконати усю роботу і розв'язати проблеми за вашої відсутності. Якщо ви їдете лише на кілька днів, бізнес може відкладати розв'язання проблем до вашого повернення. Проте якщо ви поїдете на кілька тижнів, бізнесу доведеться вистояти самостійно. Якщо він зможе протриматися чотири тижні самостійно, ви знатимете, що налагодили його з годинниковою точністю. Можете повісити на дверях табличку «Годинникова точність» і насолоджуватися свободою, якщо хочете.

А тепер нумо протестимо цей клятий бізнес і витягнемо вас із офісу в інше місце. Можливо, у Рим, випити там лімончело з Ґреґом та його дружиною. Або проведіть цілий місяць з другом. Байдуже, що ви будете робити, чи поїдете кудись, — головне витягти вас із офісу: фізично і ментально. Нам треба вас витягти і відокремити від команди.

РЕАЛЬНО ВІЗЬМІТЬ ВІДПУСТКУ

Роками я думав, як витягнути себе з бізнесу. Байдуже, що я робив — опікувався Реалізацією, приймав Рішення замість інших, Розподіляв роботу, звертався до Розробки, — завжди здавалося, що я потрапив у тенета власного бізнесу. Я був певний, що «просто мушу там бути». І, як уже поділився з вами у першому розділі, навіть коли вряди-годи я таки брав відпустку, то насправді себе не «відпускав» — фізично я був далеко, але завжди на зв'язку. Кілька разів на день я зв'язувався з офісом, постійно перевіряв пошту, частенько «змивався», щоб зателефонувати клієнтам, написати план чи просто попрацювати. Одного дня я раптом зрозумів, як *справді* піти у відпустку, яка відірвала б мене від бізнесу і змусила його працювати самостійно.

Я поїхав у Мен.

Що ж, у штаті Мен — безліч місць, де можна бути на зв'язку. А от ми обрали місце, де це практично неможливо.

Ми провели відпустку в таборі «Grant's Kenebago Camps» серед гір та озер. Я втиснув відпустку у щільний робочий графік, проте в поспіху уважно не прочитав сайт табору. Я побачив напис «харчування за принципом *all inclusive*». Я побачив красиве озеро. Я побачив, як родини катаються на човнах і розважаються, широко усміхаючись.

Але якось упустив, що на цих картинках мама, тато й діти були в камуфляжному одязі.

Коли ми приїхали до табору, швидко виявилося, що ми забронювали сімейний відпочинок у мисливсько-рибацькому таборі. І «сімейним» у цьому таборі було тільки те, що там полювали на сім'ї *оленів*.

Ми були повністю ізольовані від зовнішнього світу — ані телефонів, ані телебачення, ані... нічого. Єдина радіостанція, яку нам удалося знайти... і та виявилася канадською... французькою мовою. У школі я вивчав іспанську. *Yo no hablo frances. — Я не розмовляю французькою.*

Першого дня я наче мав детоксикацію. *Бізнес без мене рухне*? Наступного дня я взявся аналізувати ситуацію. *Я можу щодня їздити в сусіднє місто, щоб зв'язатися зі світом*. Найближче містечко — за годину їзди, і я на повному серйозі роздумував над тим, щоб щодня діставатися того міста, щоб перевірити, як там справи на роботі. *Або я можу просто насолоджуватися відпочинком із сім'єю*. Оце й усе. На третій день я заспокоївся і почав отримувати задоволення від відпустки.

Я впевнений, ви не здивуєтеся. Мій бізнес таки не рухнув. Чи виникли у команди проблеми? Звісно. Чи змогли мої люди розв'язати їх самостійно? Деякі — так. Проблеми, які їм не вдалося розв'язати, відклали, щоб я звернувся до цього після повернення. Вони добре впоралися, виправдали очікування клієнтів, а отже, навіть якщо й виникали проблеми, клієнти знали, що все буде добре.

А ми просто насолоджувалися неймовірним відпочинком! Ми лазили скелями, ходили в гори і плавали озером на човнах. Ми бачили гусей і лосів. Відпочинок видався на славу, тож ми вирішили, що лось — це тепер наш талісман. Відпочинок був класним і безтурботним, хоча на перший погляд може здатися, що то трохи тупо, але це кредо нашої родини.

Тепер, згадуючи цю відпустку, яка цілком змінила моє життя, я тішуся. А цими смішними історіями про «напад кажана» і «атаку п'явок» ми з Крістою радо поділимося з вами за обідом. Ми згадуємо кожну деталь цих та інших історій. Робота, яку я пропустив? Про неї нічого не згадаю. Справді, не пам'ятаю жодної бізнес-ідеї, над якою ми тоді працювали.

Пишучи цю книжку, я планую відпустку на чотири тижні та насамперед думаю, як забезпечити повну ізоляцію від зовнішнього світу. Мені треба самому протистояти слабкості знайти собі виправдання, щоб «перевірити, що там на роботі» та не пустити все коту під хвіст. Коли ви думаєте про те, куди хочете вирушити у відпустку, що хочете спробувати, урахуйте, чи хочете бути на зв'язку. Пам'ятаєте мою історію про перший візит до Австралії? Тоді я був в іншому, геть іншому часовому поясі, аніж моя команда, тож відчував, що не маю з нею зв'язку, — хоча й міг надсилати мейли, виходити на відеозв'язок та писати тексти. Народ, я використовував ці технології, щоб тільки ставити палиці в колеса та бісити власну команду! Вам доведеться повністю відключитися від світу й обрати місце, де ви просто не зможете перевірити, що відбувається у вас на роботі. Хороший спосіб. Пам'ятайте, ви не робите павзу, яка потрібна, щоб відпочити від бізнесу, це бізнес відпочиватиме від вас.

Проведіть відпустку, про яку мріяли, з тими, кого любите, проте з твердим наміром залишатися за межами досяжності роботи.

Насолода від відпочинку відволікатиме вас від думок про бізнес, а неможливість зв'язатися з командою вбереже від спокуси «перевірити, що там твориться» і просто послати все.

Головна мета планування чотиритижневої відпустки — звільнити вас від бізнесу, щоб він працював самостійно. Це останній крок хірургічного відокремлення вас від вашого близнюка — бізнесу. Це тест, який треба пройти, щоб бути певним, що ви зможете жити одне без одного. Якби цей тест був у формі пляшечки з ліками, там містився б попереджувальний напис: «Може змінити ваше життя».

А тепер вам залишається втілити всі ці кроки, навіть якщо ви працюєте самі на себе, тому що навіть такий бізнес може здобути часткову незалежність від власника, який Реалізовує все сам. Ви можете автоматизувати процеси та доставки. Технології та підрядники можуть дати певну незалежність бізнесу будь-якого розміру.

Чотиритижнева відпустка створена для власника бізнесу. Ми маємо дати вам свободу. Якщо ви хочете, щоб ваш бізнес досягнув найвищого рівня годинникової точності (вільне і спокійне плавання), ви можете також дати чотиритижневу відпустку працівникам. Моя асистентка Келсі іде відпочивати на три місяці того самого року, коли у мене запланована чотиритижнева відпустка, проте саме цього року наша компанія дає найкращі показники за всю історію.

Чотиритижнева відпустка — це не обов'язково екстравагантність. Ви можете робити все, що заманеться, вкладаючись у бюджет, який можете собі дозволити. Треба досягти такої мети:

1. Фізично не контактувати з офісом.
2. Віртуально не контактувати з офісом. Це можливо, навіть якщо у вас є зв'язок чи WiFi.
3. Дозвольте бізнесу працювати самостійно, без вашого втручання. Можете поїхати в Мен (класно), відвідати мачуху (не зовсім Мен, але все ж таки...). Це не з'їсть увесь ваш бюджет. Бізнесу такий відпочинок потрібен, щоб зростати. *Вам* такий відпочинок потрібен, щоб зростати *самому*.

ОПЕРАЦІЯ «ВІДПОЧИНОК»

Плануючи чотиритижневу відпустку, почніть з дати. Плануйте завчасно: за вісімнадцять — двадцять чотири місяці. Так, можна й швидше вирушити — через шість місяців. Так, можна дуже швидко вирушити — просто завтра. Проте у вас, напевне, забракне часу на підготовку. Якщо ж ви плануєте чотиритижневу відпустку більше ніж за рік наперед, у вас з'явиться можливість жити та працювати ці самі чотири тижні календарного року, що є важливим для ефективного планування.

Коли ви сплануєте відпустку, певне, одразу помітите зміни у власному ставленні. Спочатку ви подумаєте: «Трясця, що я накоїв?» Це нормально. Мине двадцять чотири години. Тоді помітите, що зосередилися не на короткочасних чи термінових справах. Замість думати: «Як мені все це вирішити сьогодні?» — ви спитаєте себе: «Як зробити так, щоб це сталося без мене?», «Що змінити, щоб цей аспект бізнесу працював без мене?»

Аби полегшити вам життя, я поділив завдання, які маєте виконати, на різноманітні вказівники. Вони допоможуть вам триматися курсу, щоб потрапити до Рима, штату Мен чи Рима в Мені (такий існує) або куди захочете на двадцять вісім днів.

ВІСІМНАДЦЯТЬ МІСЯЦІВ ДО ВІДПУСТКИ. ПОВІДОМТЕ ПРО ЦЕ

1. Позначте у календарі час відпустки. Забронюйте. *Зараз*, поки читаєте ці рядки. Не відкладайте на потім. Від цього залежать ваша свобода й успіх компанії.
2. Повідомте сім'ї, коханим, людям, які змусять вас дотримати свого слова, особливо якщо вони поїдуть з вами! Вони понесуть вас у цю відпустку на руках.
3. Повідомте про це мене. Якщо ви ще цього не зробили, напишіть мені на пошту Mike@OperationVacation.me, розкажіть, що вирішили взяти чотиритижневу відпустку. Аби переконатися, що я не пропущу повідомлення, напишіть у темі листа: «My Clockwork commitment».

ШІСТНАДЦЯТЬ МІСЯЦІВ ДО ВІДПУСТКИ. ПРОВЕДІТЬ АНАЛІЗ ЗАТРАТ ЧАСУ

Проведіть аналіз затрат часу вашої роботи. Як мінімум, виконайте для себе всі вправи годинникової точності.

ЧОТИРНАДЦЯТЬ МІСЯЦІВ ДО ВІДПУСТКИ. РОЗКАЖІТЬ ПРО ЦЕ КОМАНДІ

1. Розкажіть команді про своє зобов'язання взяти чотиритижневу відпустку. Поясніть, навіщо це робите та яких результатів хочете досягти. Поясніть плюси для бізнесу і команди.
2. Заохочуйте працівників ставити запитання і ділитися тим, що турбує. Дайте їм можливість самостійно досягти результату (пам'ятаєте етап Розподілу роботи для зростання бізнесу?).
3. Заручіться підтримкою працівників, щоб здійснити цей план. Чітко поясніть, що ви не хочете, щоб вони працювали ще більше або відкладали розмови з клієнтами до вашого приїзду. Скажіть їм, що головна мета — максимально автоматизувати бізнес. Головна мета — ніколи не відкладати роботу, тому що це не розв'яже проблем. Головна мета — не уникати, а/і розв'язувати проблеми без вас.
   Можна запропонувати кожному прочитати книжку «Точний, як годинник», щоб вони розуміли процес.
4. Налаштуйте в команді ефективну комунікацію:
   а) чітко визначте зони відповідальності для кожної ролі у вашому бізнесі (хто відповідальний за якісне виконання роботи) і визначте «запасного» для кожної ролі, якщо призначений відповідальним не впорався із завданням;
   б) налагоджуйте щоденний ритм роботи. Стаціонарно чи віртуально, але обов'язково. Перевіряйте важливі показники. Кожен працівник повинен розповідати, яке важливе завдання виконав учора, яке важливе

завдання виконуватиме сьогодні та чому взагалі воно важливе. Передайте інформацію іншим працівникам і поділіться власними новинами та оновленнями. Запис такого ритму моєї компанії доступний на сайті Clockwork.life.

ДВАНАДЦЯТЬ МІСЯЦІВ ДО ВІДПУСТКИ. ЗМЕНШУЙТЕ ОБСЯГИ РЕАЛІЗАЦІЇ

1. Проведіть зустріч із командою і визначте, що треба робити, щоб ви не опікувалися Реалізацією. Розпишіть план дій, щоб позбутися, упорядкувати чи передати ваші завдання, зокрема ФБК.
2. Тепер у працівників два місяці, щоб налагодити систему годинникової точності. Обговоріть це.
3. Якщо ви з командою ще не виконали всі вправи годинникової точності, зробіть це зараз.
4. Упродовж двох місяців зробіть усе можливе, щоб Реалізація потребувала менше ніж 80 % вашого часу. Позбудьтеся, упорядкуйте, передайте. Можливо, ви уже витрачаєте на Реалізацію менше від 80 % — це чудово! Тоді спробуйте скоротити Реалізацію ще на 10 % і приділіть цей час Розробці.
5. Визначте, хто також може опікуватися ФБК, щоб ви не виконували цю роль самотужки.
6. Візуалізуйте чотиритижневу відпустку і те, як вона вплине на ваш бізнес. Що, на вашу думку, може статися за вашої відсутності? Наскільки добре працюватиме бізнес без вас?
7. Забронюйте відпустку, якщо ще цього не зробили: зробіть резервації, відкрийте депозит, придбайте квитки —

виконайте все, що потрібно, щоб виконати своє зобов'язання. Друже, вороття немає!

8. Ви також можете дістати професійну допомогу для налагодження організаційної ефективності. Дехто починає відвідувати тренажерну залу самостійно, дехто досягає значно кращих результатів, працюючи під пильним наглядом тренера. Ви можете відвідати сайт RunLikeClockwork.com і знайти свого «тренера», щоб бізнес працював, як ви уже знаєте, точно, як годинник.

ДЕСЯТЬ МІСЯЦІВ ДО ВІДПУСТКИ. СКОРОЧУЙТЕ ЧАС НА РЕАЛІЗАЦІЮ

1. Підготуйте для себе актуальний аналіз затрат часу. Переконайтеся, що витрачаєте на Реалізацію менше від 80 %.
2. Зустріньтеся з командою та скоротіть час, виділений на Реалізацію, до 40 % (чи менше). Час, який з'явився, приділяйте Розробці.

ВІСІМ МІСЯЦІВ ДО ВІДПУСТКИ. ОЦІНІТЬ ПРОГРЕС ТА СТВОРІТЬ БЕКАПИ

1. Знову проведіть аналіз затрат вашого часу. Переконайтеся, що витрачаєте менше ніж 40 % часу на Реалізацію.
2. Зробіть усе можливе, щоб через 60 днів ви витрачали на Реалізацію вже 0 %.
3. Зустріньтеся з командою, спрогнозуйте та оцініть прогрес.
4. Створіть бекапи та скоротіть обсяг роботи для кожного працівника.

ШІСТЬ МІСЯЦІВ ДО ВІДПУСТКИ. ПРОВЕДІТЬ ТЕСТ

1. Проведіть тест — візьміть відпустку на тиждень. Виїжджайте з міста кудись, де немає інтернет-зв'язку. Або розвіртуальтеся і залишайтеся вдома. Просто не ходіть до офісу, не працюйте віддалено.
2. Зустріньтеся з командою в перший день свого повернення. Перевірте, що спрацювало, а що ні. Поліпшуйте та виправляйте.
3. Підтвердіть плани на чотиритижневу відпустку.
4. Зробіть усе можливе, щоб зменшити етап приймання Рішень та Розподілу роботи до 5 %, а Розробки — до 95 % за два місяці.

ЧОТИРИ МІСЯЦІ ДО ВІДПУСТКИ. ПРОВЕДІТЬ ІЩЕ БІЛЬШЕ ТЕСТІВ

1. Перший тиждень: проведіть тест — візьміть відпустку на тиждень. Без зв'язку всі сім днів.
2. Другий тиждень: поверніться на тиждень. Зустріньтеся з командою, проаналізуйте ситуацію, позбудьтеся всіх перепон на шляху до чотиритижневої відпустки.
3. Третій тиждень: візьміть іще одну тижневу відпустку. Без зв'язку.
4. Четвертий тиждень: зустріньтеся знову, щоб проаналізувати ситуацію, виправіть те, що потрібно.

ДВА МІСЯЦІ ДО ВІДПУСТКИ. ЗАПЛАНУЙТЕ ПОВНУ ВІДСУТНІСТЬ ЗВ'ЯЗКУ

1. Проведіть іще один аналіз затрат часу. Підтвердіть, що Реалізація потребує 0 % часу. Якщо ні, створіть план, щоб досягти цього показника якнайшвидше.

2. Заплануйте повну відсутність зв'язку з командою. Хто відповідатиме за моніторинг мейлів, соціальних мереж, комунікаційних платформ? Коли ви підете, працівники повинні змінити паролі та не давати їх вам аж до вашого повернення. Так вони керуватимуть ситуацією, а ви не матимете на неї впливу. Двох зайців. Одним пострілом.
3. Хто відповідатиме на дзвінки? Якщо ви залишатиметеся на зв'язку, дайте цей номер команді. Або внесіть передоплату за телефон на чотири тижні, на випадок екстрених ситуацій.
4. Хто матиме інформацію про ваше місцеперебування і про те, як з вами зв'язатися, на випадок екстреної ситуації? Якщо це справа життя і смерті — чиїхось особисто чи бізнесу загалом.
5. Виділяйте 99 % часу на Розробку. Не зможете витрачати усі 100 %, оскільки вам доведеться ділитися інсайтами з командою, а відтак Розподіляти та приймати Рішення замість інших. Проте головна мета — мінімізувати витрати часу на ці етапи.

ОДИН МІСЯЦЬ ДО ВІДПУСТКИ. СТАНЬТЕ СПОСТЕРІГАЧЕМ

1. Станьте спостерігачем власного бізнесу. Будьте суворі, насамперед, до себе. Переконайтеся, що не Реалізовуєте і не приймаєте Рішень.
2. Делегуйте завдання, які залишилися.
3. Дозвольте етапу Розробки стати природним доповненням вашої чотиритижневої відпустки. Основна мета цих чотирьох тижнів — випробувати бізнес та переконатися, що він може працювати без вас. Ви — підприємець, а це означає, що, хоч ви і не берете безпосередньої

участі у щоденній діяльності, Розробка відбуватиметься під час подорожі. Що вдієш? Аби підготуватися, збережіть кілька інструментів, щоб час Розробки був продуктивним. Завітайте до улюбленого магазину канцтоварів чи в інтернеті купіть маленький блокнотик, який може вміститися у кишені (маленький чи який можна зігнути), і ручку. Коли відчуєте натхнення, можете використати ці речі, щоб зберегти свої думки на папері.

4. Перегляньте всі «хвости». Не підтягайте їх, натомість задокументуйте, що вони є. Проблема в тому, що наявність цих «хвостів» означає, що ви не позбулися, не передали чи не впорядкували чогось. Віддайте ці «хвости» комусь.
5. Візьміть із собою у відпустку компаньйона. До вашої чотиритижневої відпустки залишилося тільки чотири тижні!

ТИЖДЕНЬ ДО ВІДПУСТКИ. ВІЗЬМІТЬ ВІДПУСТКУ ПРОСТО В ОФІСІ

1. Візьміть відпустку просто в офісі. Головна мета — не опікуватися Реалізацією взагалі. Жодного дедлайну, окрім особистих справ. Вам потрібно зосередитися на чомусь справді важливому, а не на терміновому. Насправді вам не треба знати, що ж справді терміново. Ваша команда повинна давати всьому раду, наче це найтерміновіші справи.
2. Коли щось іще, окрім Розробки, забирає ваш час — Розподіліть цю роботу між членами команди. Навіть ті завдання, які ви тихенько приберігали для себе. Знаєте, усі ті завдання, які навіть після налагодження бізнесу,

вам здається, не зробить ніхто, крім вас. Так, я ж вас знаю. Ми ж наче близнюки. Зроблені з одного тіста, друже. Час здійснити останній крок...

ЗА ДЕНЬ ДО ОПЕРАЦІЇ «ВІДПОЧИНОК»

1. Надішліть останній мейл (на наступні чотири тижні) на мою пошту Mike@OperationVacation.me із заголовком «I'm outta here!»[1]. Я ваш партнер і повинен знати, що ви виконали своє зобов'язання, перш ніж кудись вирушите.
2. Попросіть асистента, чи кому там ви довіряєте власні акаунти, змінити паролі до пошти, фейсбуку і всіх інших акаунтів, щоб лише вони мали до них доступ.
3. Посадіть п'яту точку в автівку. І вирушайте у відпустку!

ПОКИ ВИ ВІДСУТНІ

1. Мені не дуже вдається медитувати у традиційному сенсі. Сидіти, викрутивши ноги, й ооммкати — якось надто вже некомфортно для мене. Проте я зрозумів, що можу втратити зв'язок із реальністю чи фантазувати. Не знаю, коли точно таке відбувається, проте можу з певністю сказати, коли такого не буває... коли я зосереджений на роботі. Коли я відпочиваю, ходжу в гори, катаюсь на велосипеді, сиджу в кав'ярні, сауні чи приймаю душ — у такі чарівні моменти спадають на думку геніальні ідеї. *Дозвольте цьому статися.*

---

[1] «Я поїхав». (*Прим. пер.*)

2. Тримайте блокнот напоготові. Завжди. Я використовую маленький перекидний блокнотик, який разом з ручкою вміщається в моїй кишені. А на телефоні — диктофон, який я застосовую, щоб записувати думки та ідеї. Те, що ви перебуваєте чотири тижні у відпустці, зовсім не означає, що ви не можете записувати бізнес-інсайти та цілі, які можна переглянути, коли повернетесь.
3. Об'єднуйтеся. У рутинній роботі ми часто забуваємо про тих, кого любимо, друзів чи навіть незнайомців, які могли б чимось із нами поділитися, — усі вони на останньому місці у списку нагальних справ. Ми надто швидко рухаємося, щоб об'єднуватися. А тепер ви — у відпустці, тож виділіть час, щоб послухати тих, кого любите, зупинитися, щоб потеревенити з туристом, торговцем чи вуличним артистом.
4. Фотографуйте. Певне, ви і так це робитимете, проте я додаю це важливе завдання до вашого списку, тому що треба зробити хоча б одну пам'ятну фотографію на згадку про чотиритижневу відпустку. Чому? Після повернення ви вставите її в рамочку і повісите в офісі — як візуальне нагадування про те, що вам вдалося зробити, і стимул вирушити у наступну подорож.

КОЛИ ВИ ПОВЕРНЕТЕСЯ

1. Проведіть організаційну зустріч у день повернення в офіс. Напишіть потижневий графік на наступні чотири тижні. Ми збираємося обговорити, поліпшити, переглянути, поліпшити, переглянути і знову поліпшити.
2. Під час зустрічей проаналізуйте, що спрацювало, а що ні. Що виправдало ваші очікування? Які труднощі стали

для вас несподіванкою? Що ви забули вирішити перед від'їздом? Які аспекти потребують поліпшення? Чотиритижнева відпустка визначить, що ви не планували чи не очікували. Виправляйте та поліпшуйте ці аспекти.

3. Заплануйте наступну чотиритижневу відпустку через дванадцять місяців. Це стане звичкою. Можливо, ви захочете взяти ще більшу відпустку — на 52 тижні чи взагалі відпустку на все життя.

Ви помітите, що я не написав у жодному пункті: «Проінформуйте клієнтів про свою чотиритижневу відсутність». Неабиякий успіх — це коли клієнт скаже: «А я й не помітив, що вас не було». Звісно, якщо ви працюєте в бізнесі, де ваша відсутність — можливий ризик для клієнтів, вам треба їх поінформувати. Наприклад, ви — лікар, до якого в терміновій справі може звернутися пацієнт. Якщо ви допомагаєте вести звітність 50 клієнтам і вирушаєте в останні чотири тижні встановленого для сплати податків терміну (погано, звісно, якщо ви так зробите), можете попередити клієнтів і пояснити, як вийти із ситуації. Я переважно не попереджаю клієнтів, проте орієнтуйтеся за ситуацією.

Я зрозумів. Я прошу вас зробити те, що зараз здається неможливим. Як спланувати чотиритижневу відпустку, якщо ви спите чотири *години* на день? Я хочу надихнути вас узяти на себе таке зобов'язання, проте з власного досвіду знаю, що значно важливіше пообіцяти щось не таке масштабне.

Роками від багатьох підприємців та власників бізнесу, які сповідували принцип «Прибуток понад усе» я чув слово «майже». Багато людей не використовували всю систему, а виконували необхідний мінімум — відкладали маленький відсоток від прибутку і клали на депозит. Але навіть ця невеличка зміна неймовірно впливала на їхній бізнес, настільки неймовірно, що вони пошепки розповідали про це мені, ніби не вірячи, наскільки магічно проста дія впливає на зростання їхнього бізнесу.

Я хочу, щоб ви спланували відпустку, а ваш бізнес працював самостійно, проте попрошу вас опустити планку. Спростити завдання.

Зробіть дві речі, щоб змінити ваш бізнес:

1. Виділіть 1 % часу на Розробку.
2. Визначте ФБК.

Виділивши таку незначну кількість часу на Розробку, ви зможете втілити й інші кроки, описані у цій книжці, або придумаєте новий чудовий продукт чи розв'яжете якусь проблему. Так само й просте розуміння, що таке ФБК, змінить вашу щоденну діяльність.

Дві зміни. От і все. Ви зможете. Коли втілите їх, можете взятися до інших. Книжка з вами, поки ви не будете готові до «цілковитої годинникової точності». Я теж буду з вами, незважаючи ні на що.

ПІСЛЯМОВА

Ми з Раяном Лі зустрілися десь за годину до мого від'їзду. Я вирушав до студії MSNBC, щоб зафільмувати частину шоу для підприємців «Ваш бізнес», ведучою якого була Дженніфер Рамберґ («Джей Джей Джей»). Виявилося, що я міг узяти із собою на шоу гостя. Коли того ранку букінг-менеджерка підтверджувала час мого приїзду, вона сказала про це.

І хоч перспектива вирушити на прогулянку студією MSNBC та шоу «Суботнього вечора у прямому ефірі» у легендарному Джі-І-Білдинг Нью-Йорка надзвичайно приваблива, складно знайти людей, чий графік дозволив би так спонтанно вирушити зі мною без попередження за тижні чи місяці.

Я знаю Раяна багато років, проте ми ніколи не зустрічалися особисто. Як грім серед ясного неба прозвучала моя пропозиція (за годину до зйомки) скласти мені компанію і піти на студію. Він відповів через кілька секунд: «Я б залюбки. Я планував піти в кіно, але це почекає. Побачимось за годину».

У кіно? То був четвер, зйомки пополудні. Звісно, Раян наперед узяв відгул, щоб повести свою дитину в кіно на день народження. Можливо, хотів трохи розвіятися, на кілька годин відволіктися від безжально щільного графіка роботи.

Коли ми зустрілися, виявилося, що мої припущення далекі від правди. Річ у тім, що Раян керує «Freedym», бізнесом вартістю кілька мільйонів доларів, де віртуально працюють кілька найманих робітників. Він працює лише кілька годин на тиждень. Решту часу витрачає на роздуми про бізнес, вироблення стратегії бізнесу, моніторинг бізнесу. А ще насолоджується хобі — переглядом фільмів і улюбленим заняттям — дозвіллям з дружиною та дітьми. Він проводить з ними майже кожен день.

Тож я сидів у зеленій кімнаті, візажистка посипала моє обличчя пудрою, готуючи до шоу, а я засипав Раяна запитаннями.

— Та я ще ніколи не бачив людини з таким вільним графіком і успішним бізнесом! Чому в мене так не виходить?

Раян узяв виноградину, підкинув у повітря, щоб зловити ротом, але виноградина впала йому на щоку. Відповідаючи на моє запитання, він повторив спробу зловити виноградину, цього разу успішно.

— Майку, тобі потрібна система. Система, про яку ти знатимеш на початку дня і якої дотримуватимешся до кінця дня. А реагувати слід тільки на незаплановані ситуації. Якщо таких немає — відстежуй прогрес, а якщо незадоволений результатом, внось невеликі корективи.

Раян узяв ще одну виноградину, закликаючи мене зловити її ротом, і кинув через кімнату. Я швидко перехилився набік, щоб її спіймати, чого ніяк не очікувала візажистка, тож рум'яна (які повинні були зробити мої щоки трохи червонішими) посипалися мені на ніс, який одразу став яскраво-рожевим. Буквально за мить я перетворився на чолов'ягу, який *надто* захопився випивкою. Виноградина пролетіла повз, відскочила і ціла-цілісінька приземлилася на підлогу.

Раян і оком не змигнув:

— У нас ніколи не було точного і добре налагодженого процесу залучення нових клієнтів. Ми пробували соціальні мережі та різні типи реклами. Проте надто хаотично. Я не міг визначити, чи щось із цього всього спрацювало. Я не розумів, що для нас нормально, і не знав, що треба поліпшити. А потім ми створили системи, якими керувала одна людина. І повторювали весь процес щодня. Розмірковували. Повільно, але впевнено поліпшували цю систему і не відходили від неї. Тепер ми точно знаємо, що робимо щодня, щоб залучити клієнтів. Ми маємо одне місце, де розміщуємо рекламу. Ми знаємо, що писати, який заголовок і картинки використовувати. А тоді просто оцінюємо все. Якщо показники свідчать про те, що підхід не працює, ну... тоді перевіряємо (один елемент за раз), і воно починає працювати.

Ще одна виноградина злетіла в повітря. Раян упіймав її, і я побачив, як виноградина зникла у нього в роті.

— Прибутки збільшилися вдвічі. Ми вже могли передбачити. Я передав процес колезі, який узявся його виконувати й приймав рішення, щоб усе працювало як слід. Я просто спостерігаю за цифрами, а коли щось не так — аналізую глибше. Тепер я витрачаю ще більше часу на улюблені справи: проводжу час із родиною і вкотре переглядаю найкращий фільм — «Вовченя».

Усе, що сказав Раян, — актуально. Усе, про що він говорив, — працює. Усе, що він каже, — правильно. Ну, окрім фільму «Вовченя». Усі ж ми знаємо, що найкращий фільм усіх часів — це «Термінатор-2».

Історія Раяна — не особлива. Це не якийсь там недосяжний досвід, який можуть набути лише кілька людей. Ця історія не про везіння, чи карму, чи важку працю на початках, коли людина тільки заснувала компанію. Ця історія не про сплачені податки чи корисні знайомства. Ця історія — про системи. Ваш бізнес може ледве триматися на плаву або застрягнути в рутині. Можливо, ваш бізнес захлинається у справах чи боргах або і те, й інше. Можливо, ви тільки починаєте, а можливо, готові здатися. Хоч які обставини, у вас — власна версія історії Раяна.

Раян — не мудріший за вас, у нього не більше везіння, ніж у вас. Насправді колись він теж загруз у власному бізнесі. Він гарував, як кінь, даючи раду боргам, три роки не беручи собі зарплату, щоб вистачило грошей для працівників. Через стрес у Раяна так боліли руки, що він не міг відкрити пляшку з водою. Ноги боліли так, що несила було ходити. Тепер він цілком здоровий, як і його бізнес.

Байдуже, що у вас є, а чого немає. Байдуже, з якими труднощами ви зіткнулися і яких помилок припустилися. *Усе* це не важливо. Ви можете створити бізнес, який працюватиме самостійно. До прочитання цієї книжки ви могли не знати, як цього досягти. Тепер ви озброєні системою, яку можна втілити.

Я вірю, що система працює. Я вірю у вас. Я знаю, що система працює, і я певен, що ви можете її застосувати. І не можу дочекатися ваших фотографій з відпустки у Мені. Чи в Іспанії. Чи в Антарктиці. Хоч що ви запланували, вирушайте у чотиритижневу відпустку.

Розробляймо бізнес, який працюватиме самостійно і точно... як годинник.

ПОДЯКИ

Гадаю, автор книжки — це наче фронтмен гурту. Фронтмен перебирає на себе увагу не тому, що на ньому дивні вузькі латексні штани, а тому, що він стоїть на краєчку сцени і кричить у мікрофон. Але ж музики не було б, якби не було всієї групи. Усі повинні злагоджено працювати, щоб створити класну музику. Не надто справедливо, що вся увага дістається фронтменові. Так само нечесно, що я, як автор, перебираю на себе всю увагу. Зі мною на сцені — крутезна група. Дозвольте їх відрекомендувати.

На ударних — Анянетт ЕйДжі Гарпер. Якщо я — душа цієї книжки, то вона, безумовно, серце. Кожна моя книжка — це наша спільна з ЕйДжі робота. Вона прихильниця якісної писанини і чіткості у комунікації. Поки що «Точний, як годинник» — найважчий проєкт, який ми втілили разом. Після шести років і одного викинутого рукопису (я цілком серйозно) проєкт нарешті готовий. «Точний, як годинник» — це найкраще, що ми з Анянетт змогли дати. Дякую, ЕйДжі.

Автор пісень — Каушік Вісванас. Каушік (оголошений «найкращим у світі редактором») ніколи не погоджується на «досить добре». Ніколи. Він під корінь вирубав «Точний, як годинник» і допоміг підготувати набагато кращу книгу. «Точний, як годинник» — у рази краща завдяки Каушіковим зусиллям і любові до якості. Дякую тобі, Каушіку.

Соло-гітара — Ліз Добрінська. Я працюю з Ліз уже понад десять років. Кожен вебсайт, кожна графіка, обкладинка оригінального видання «Точний, як годинник» були створені руками Ліз. Її здатність генерувати і втілювати ідеї щоразу мене вражають! Дякую тобі, Ліз.

Ритм-гітара — Амбер Даґґер. Я називаю її своїм МенЗапЧарК — Менеджер Запуску Чарівних Книг. Вона поширювала інформацію про книжку, ще коли навіть рукопис не був готовий, і продовжує невтомно розповідати про неї. Усе, що вона робить, — від серця (тому в МенЗапЧарК є частинка «Чарівний»). Дякую тобі, Амбер.

Бас — Адрієнн Дорісон. Бас — це інструмент, який поєднує всі звуки. Саме цю роль виконує Адрієнн у «Точний, як годинник». Вона створила RunLikeClockwork.com спеціально для того, щоб підтримувати підприємців, які того потребують. Вона єдина, кому я можу довірити таку відповідальну справу (і до того ж вона справді, справді добре знає, що робить). Дякую тобі, Адрієнн.

На бек-вокалі — Келсі Айрес. Я ніколи не зможу повною мірою подякувати за співпрацю з Келсі. Вона — значно більше, ніж просто мій особистий асистент. Вона — моя права рука, мій світлий розум і чудовий друг. А ще вона — найдобріша душа, яка коли-небудь ходила цією планетою. Для мене велика честь працювати з тобою, Келсі. Я буду довіку вдячний тобі за титанічні зусилля, яких ти доклала, щоб допомогти підприємцям у книжці «Точний, як годинник». Дякую тобі, Келсі.

І останній, проте не менш важливий фанат (вона — це цілий фан-клуб) — моя дружина, Кріста. Я глибоко вдячний тобі й нашим діткам за те, що ви підтримали мою мрію — писати книжки, які викорінять підприємницьку бідність. Я люблю тебе і наших дітей значно сильніше, ніж можу висловити. Дякую за нашу спільну мандрівку. Я живу тобою.

ГЛОСАРІЙ

Активний аналіз затрат часу. Процес, який допоможе визначити, скільки часу ви чи ваші колеги витрачаєте на роботі. Використовуйте цей інструмент, щоб виявити, скільки часу ви приділяєте кожному з 4Р.

Готель «Miss Maud». Місце, яке точно треба відвідати, якщо ви побуваєте у Перті, Австралія. Замовте шведський стіл і скуштуйте яблучне печиво. Така смакота — вмерти можна!

Закон Паркінсона. Теорія про те, що люди збільшують попит на ресурс відповідно до пропозиції ресурсу. Наприклад, що більше часу виділено на виконання проєкту, то більше часу потребуватиме його реалізація.

Зобов'язання. Коли ви визначили ідеальну пропозицію вашого бізнесу (зважаючи на можливості та бажання), ви визначаєте тип клієнта, якому ця пропозиція підійде найбільше, і зобов'язуєтеся спрямувати всі зусилля на обслуговування клієнта цього типу.

Метод «Прибуток понад усе». Процес надходження наперед визначеного відсотка від доходу компанії на банківський рахунок (для накопичення прибутку, перш ніж ви вирішите розпорядитися цими коштами інакше). Спрямування прибутку відбувається перед оплатою рахунків. Увесь процес задокументовано у книжці «Прибуток понад усе».

Огрядний татусь. Ім'я мого реперського альтер его. Чи справді я паралельно працюю над кар'єрою репера?

Гадаю, відповідь на це запитання ви зможете знайти в ґуґлі.

Операція «Відпочинок». Рух читачів (і не лише читачів) книжки «Точний, як годинник», які спочатку виділяють час для себе, а навколо цього будують власний бізнес. Скидається на метод **«Прибутку понад усе»**, коли спочатку ви розподіляєте прибуток, а потім налагоджуєте бізнес так, щоб він приносив цей прибуток.

Оптимальний мікс 4P. Оптимальний мікс для компанії — це 80% Реалізації, 2% — для ухвалення Рішень, 8% — на Розподіл роботи та 10% — для Розробки. Це не оптимальний мікс для підприємців чи власників бізнесу, не зовсім оптимальний для працівників, проте таке відсоткове співвідношення оптимальне для всього бізнесу (компанії, яка створена завдяки спільним зусиллям багатьох людей).

Пастка виживання. Безперервне кільце реакцій на термінові завдання і нехтування важливими. Так бізнес тримається на щоденних термінових справах. Створення бізнесу годинникової точності визволить вас із пастки виживання.

Першочергова Робота. Найважливіша роль, яку виконують працівники. Вона має очолювати список завдань.

Підприємець, який працює самостійно. Власник та виконавець у власному бізнесі.

ПКПЗ. Чотири важливі кроки у роботі вашого бізнесу: Приваблювати потенційних клієнтів, Конвертувати потенційних клієнтів у реальних, Постачати обіцяний товар чи послугу клієнтам, натомість Збирати оплату. Здебільшого дотримується послідовності ПКПЗ, але не завжди. Іноді бізнеси, наприклад, спочатку збирають кошти, а потім надають послуги. Інші ж можуть надавати послуги потенційним клієнтам.

Позбутися, Передати і Порядкувати. Виконайте один із цих кроків, щоб віддати роботу, яка відволікає від виконання ФБК чи Першочергової Роботи. Цей процес зазвичай передає етапи Реалізації та прийняття Рішень працівникам «нижчого рівня», Розробку та Розподіл роботи — працівникам «вищого рівня».

Топклієнт. Визначені вами найкращі клієнти. Зазвичай це клієнт, який платить найбільше і з яким вам комфортно працювати. Процес визначення та «клонування» топклієнта описано в моїй книжці «План гарбуза».

ФБК. Функція Корпоративної Бджоли-Королеви. Основна функція вашого бізнесу, від якої залежить успіх компанії.

«Чітос». Просто жахливі чипси. Хіба що ви заллєтеся пивом. Тоді вони не такі вже й погані. А якщо випити ще, тоді ці «Чітос» магічним чином стають дуже навіть смачними.

Чотири Р (4Р). Чотири типи діяльності, чотири етапи роботи, на які витрачає час кожен працівник компанії. Вони або Реалізовують проєкт, або приймають Рішення щодо роботи для інших, або Розподіляють роботу між працівниками, або опікуються Розробкою роботи. Здебільшого працівники опікуються всіма 4Р.

Чотиритижнева відпустка. Більшість бізнесів проходять усі види діяльності у чотиритижневий період. Тому ви, як очільник бізнесу, повинні відійти від управління компанією на чотири тижні, щоб змусити бізнес працювати самостійно. Узявши на себе зобов'язання піти у чотиритижневу відпустку, ви одразу налаштуєтеся на те, щоб компанія працювала самостійно.

«Grant's Kenebago Camps». Тепер це вже наша сімейна традиція. Ніхто з нас не полює, не рибалить, тож ми вочевидь вирізняємося на місцевому фоні. Але тепер цей табір — наша частинка. Якщо ми з вами колинебудь зустрінемося, попросіть мою дружину розповісти історію про кажана... То наша улюблена.

ВІД АВТОРА

Дякую за прочитання книжки «Точний, як годинник». Найбільше мені хотілося б допомогти втілити ваше бачення бізнесу. Сподіваюся, ця книжка наблизила вас до мети.

Хочу попросити вас про невеличку послугу. Жодних зобов'язань.

Чи могли б ви опублікувати чесний відгук про книжку «Точний, як годинник»?

Я прошу тому, що відгуки — найефективніший спосіб для підприємців та бізнес-лідерів дізнатися про книжку та визначити, чи буде вона для них корисна. Ваш відгук, навіть одне чи два речення, у цьому допоможе. Залишити відгук можна на вебсайті (чи вебсайті книгарні), де ви придбали книжку.

Знову ж таки, я прошу вас залишати тільки чесні відгуки. Якщо вам сподобалася книжка, напишіть про це. Якщо ні, також поділіться своїми враженнями (лише спробуйте мене не ображати). Якщо книжка не справила враження, поділіться й цим.

Для мене важливо, щоб інші підприємці знали про ваше правдиве бачення книжки «Точний, як годинник».

Дякую. Бажаю, щоб цей рік став для вас найуспішнішим. Ви все зможете!

Майк

ЗМІСТ

Популярне видання

Серія «Бізнес»

МІХАЛОВІЦ Майк

Точний, як годинник.
Оптимізуйте свій бізнес, щоб керувати собою

Провідний редактор *К. В. Озерова*
Редактор *О. М. Кузьменко*
Технічний редактор *Д. В. Заболотських*
Художній редактор *В. О. Трубчанінов*
Дизайнери й верстальники *І. О. Гнідая, В. О. Верхолаз*

Підписано до друку 08.12.2021.
Формат 60x84/16. Ум. друк. арк. 16,74.
Наклад 2100 прим. Зам. № 7977.

Термін придатності необмежений

ТОВ «Видавництво “Віват”»,
61037, Україна, м. Харків, вул. Гомоненка, 10.
Свідоцтво ДК 4601 від 20.08.2013.
Видавництво «Віват» входить до складу ГК «Фактор».

Придбати книжки за видавничими цінами та подивитися детальну інформацію про інші видання можна на сайті vivat-book.com.ua
тел.: 0-800-201-102,
e-mail: ishop@vivat.factor.ua

Щодо гуртових постачань і співробітництва звертатися:
тел.: +38 (057) 782-82-20, e-mail: info@vivat.factor.ua

Адреси фірмових магазинів «Книгарня Vivat»:
м. Харків, вул. Квітки-Основ'яненка, 2,
тел.: +38 (057) 341-61-90, e-mail: bookstorevivat@gmail.com
м. Львів, пл. Галицька, 12,
тел.: +38 (032) 235-51-77, e-mail: bookvivatlviv@gmail.com

Видавництво «Віват» у соціальних мережах:
facebook.com/vivat.book.com.ua
instagram.com/vivat_book

Віддруковано згідно з наданим оригінал-макетом у друкарні «Фактор-Друк»,
61030, Україна, м. Харків, вул. Саратовська, 51,
тел.: +38 (057) 717-53-55

Factor Druk
PRINTING HOUSE

Дякуємо, що обираєте нас!

Вас вітає команда «Vivat» — найбільшого універсального видавництва в Україні. Щороку ми ретельно добираємо й публікуємо тільки найкращі зразки літератури нонфікшн: висвітлюємо провідні тенденції у сферах бізнесу, мотивації та саморозвитку, культури й мистецтва, презентуємо науково-популярні, біографічні та публіцистичні новинки. Упевнені, що кожне наше видання здатне надихнути на свіжі ідеї та оригінальні рішення.

Поповнити книжкову поличку ви можете у фірмових «Книгарнях Vivat» за адресами:

м. Харків, вул. Квітки-Основ'яненка, 2,
м. Львів, пл. Галицька, 12,

а також на сторінці нашого онлайн-магазину
vivat-book.com.ua

З повагою, команда видавництва «Vivat»

vivat-book.com.ua

@vivat.book.com.ua

@vivat_book

@vivat_publishing

Читай. Мрій. Дій.